文眞堂現代経営学選集Ⅱ 10

マズローと経営学

―― 機能性と人間性の統合を求めて ――

山下　剛　著

文眞堂

まえがき

　1954 年に初版，1970 年に第 2 版が出版された A. H. マズロー『人間性の心理学（*Motivation and Personality*）』（小口忠彦監訳，1971 年；1987 年）において展開された内容は，欲求階層説として一般にも多くの人に知られており，とりわけ心理学・経営学の領域では研究対象として積極的に取り上げられ論議されてきているところである。マズローはいろいろな本を書いているが，その中でも特にこの本が読まれているのは周知のとおりである。
　『人間性の心理学』がマズローの代表的な著作であるが，他にも『完全なる人間（*Toward a Psychology of Being*）』（上田吉一訳，1964 年；1998 年）の初版が 1962 年，第 2 版が 1968 年に，『創造的人間（*Religions, Values and Peak-Experiences*）』（佐藤三郎・佐藤全弘訳，1972 年）が 1964 年に，『自己実現の経営（*Eupsychian Management*）』（原年廣訳，1967 年）が 1965 年に，『可能性の心理学（*The Psychology of Sciences*）』（早坂泰次郎訳，1971 年）が 1966 年に，『人間性の最高価値（*The Farther Reaches of Human Nature*）』（上田吉一訳，1973 年）が 1971 年にそれぞれ出版されている。
　なお，マズローは論文も数多く執筆しており，その中でも"A Philosophy of Psychology"（1957）を「心理学の哲学」と題して訳したものを本書の最後に載せている。
　マズローは経営学の領域でも広く深く読まれて，例えば，マズローに注目させる契機となった D. マグレガーの『企業の人間的側面（*The Human Side of Enterprise*）』（高橋達男訳，1970 年）が 1960 年に出版され，マズロー理論が実証的な支持を得られるのかどうかという問題を提起した C. P. アルダファーの『生存，関係性，そして成長（*Existence, Relatedness, and Growth*）』が 1972 年に出版されている。また，P. F. ドラッカーも同時期に『マネジメント（*Management*）』（野田一夫・村上恒夫監訳他，1974 年）において「マズローの批判」について取り上げている。比較的最近では，2001 年に *Maslow on Management*（1998）の翻訳書として『完全なる経営』が出版され，金井壽宏

教授による監訳者まえがき・解説でマズロー欲求階層説が論じられ,「自己実現はモチベーションの問題ではない」という理解を示されている。

このように経営学でもさまざまな論者がさまざまな形でマズローを取り上げているが,多くの人は一言で言えばモチベーションの領域においてマズローを取り上げた。

経営学を組織目的達成・機能性の追求という観点から見たとき,従業員のモチベーションをいかに高めるかは非常に重要な問題であり,この観点から考えたとき,生理・安全・所属と愛・承認・自己実現という5つの基本的欲求が階層をなしていると把握するマズローの理論はわかりやすく,したがって有力なものとして取り上げられるのもある意味で当然の成り行きである。

欲求階層説はモチベーションを高めるために用いられてきた。しかし,機能性中心で人間を捉えるという場合,人間は資源として把握されることになり,モチベーションの領域においてもできるだけ容易にモチベーションを高めるべく,そこに関わる範囲でマズロー理論も取り扱われることになる。結果として経営学は,マズロー欲求階層説のすべてをそのまま受け取ることなく,とりわけ欲求の5段階目,自己実現については十分に注目しないまま現在に至ることとなった。

自己実現の理解まで入れてはじめてマズローの理解はその本質に即したものとなるし,組織の機能性と同時に人間性を追う経営学にはそうしたマズローをそのまま受け取るだけの器がある。経営学において自己実現は軽視されているが,自己実現を軽視したままではマズロー理論はモチベーションを高める役割さえも十分に果たさないのではないか。

本書は経営学においてマズローがそのまま受けとられることがなかったのはなぜなのかを問おうとするものである。そのために,経営学においてマズローがどう取り入れられてきたのか,それに対してマズローが問題としてきたことは何なのかを問い直す。その上で,マズローから経営学を展望する。

2019年1月25日

山下　剛

目　次

まえがき……………………………………………………………………… i
凡例…………………………………………………………………………… ix

序章　自己実現と現代社会……………………………………………… 1
Ⅰ．欲求階層説と自己実現 ……………………………………………… 1
Ⅱ．マズロー自己実現論と現代社会 …………………………………… 8
　　1．現代の人間と自己実現 ………………………………………… 8
　　2．現代社会における自己実現の意味 ……………………………11
　　3．自己実現の阻害要因 ……………………………………………16
　　4．自己実現と経営学 ………………………………………………17
Ⅲ．むすびと本書の構成 …………………………………………………21

第1章　マズロー理論はモチベーション論か
　　　──経営学におけるマズロー理論の位置づけ──……………28
Ⅰ．はじめに ………………………………………………………………28
Ⅱ．マズローの欲求階層説 ………………………………………………29
Ⅲ．モチベーション論におけるマズロー理論の位置 …………………31
　　1．内容論・過程論とマズロー理論 ………………………………31
　　2．モチベーション論の発展に伴うマズロー理論の評価の変遷 …32
　　3．マズロー理論再評価の動き ……………………………………34
Ⅳ．マズロー理論はモチベーション論ではない ………………………36
　　1．いくつかの論点 …………………………………………………36
　　2．欲求階層説とモチベーション論 ………………………………38
　　3．自己実現的人間再考 ……………………………………………40
Ⅴ．マズロー理論と経営学 ………………………………………………42

1．モチベーション論の基本的性格と経営学の課題 ……………… 42
　　2．マズロー理論の経営学における意義 …………………………… 44
　Ⅵ．おわりに ………………………………………………………………… 46

第2章　マズローの基本思想
　　——その心理・科学観—— ……………………………………………… 50

　Ⅰ．はじめに ………………………………………………………………… 50
　Ⅱ．心理学の哲学 …………………………………………………………… 51
　Ⅲ．マズローの科学観 ……………………………………………………… 57
　　1．科学のあるべき姿 ……………………………………………… 57
　　2．科学と価値——科学概念の拡張①—— ……………………… 61
　　3．科学と経験——科学概念の拡張②—— ……………………… 64
　Ⅳ．マズロー自己実現論における「配慮から生まれる客観性」の視点 … 70
　　1．「欲求充足の意味」についての複線的把握 …………………… 70
　　2．存在認識にまつわる危険性 …………………………………… 72
　Ⅴ．「第三勢力」という位置づけの妥当性 ……………………………… 73
　　1．フロイトとマズロー …………………………………………… 73
　　2．哲学的アプローチを有するマズロー理論 …………………… 77
　Ⅵ．おわりに ………………………………………………………………… 79

第3章　マズローの自己実現論
　　——フロムの自由論との対比から—— …………………………… 85

　Ⅰ．はじめに ………………………………………………………………… 85
　Ⅱ．マズローの自己実現論 ………………………………………………… 87
　　1．その意図 ………………………………………………………… 87
　　2．マズローにおける自己実現的人間 …………………………… 88
　　3．マズロー理論における欲求階層説の意味 …………………… 95
　Ⅲ．自由と自己実現——フロムとマズロー—— ……………………… 103
　　1．フロム『自由からの逃走』における自由論 ………………… 103
　　2．フロムの自由論から見たマズロー自己実現論の意味 ……… 111

Ⅳ．おわりに ……………………………………………………… 119

第4章　マズロー管理論の体系
——マグレガー Y 理論との根本的な相違性—— …………… 124

　Ⅰ．はじめに ………………………………………………………… 124
　Ⅱ．マグレガーの X-Y 理論とその管理論 ……………………… 126
　　1．X-Y 理論と管理論 ………………………………………… 126
　　2．マグレガーの管理観と科学観 …………………………… 128
　Ⅲ．マズロー管理論の基底にある基本思想 ……………………… 130
　Ⅳ．自己実現の経営（Eupsychian Management） …………… 133
　　1．経営の目的をどう考えるか ……………………………… 133
　　2．自己実現と責任 …………………………………………… 136
　　3．自己実現の組織——シナジー論—— …………………… 138
　Ⅴ．マズロー管理論とマグレガー管理論は同一か ……………… 148
　　1．経営の目的と科学観——「人間操作」問題をめぐって—— … 149
　　2．リーダーシップ，パワーとフォロワー ………………… 152
　　3．組織と環境 ………………………………………………… 154
　　4．「Y 理論」の取り扱い …………………………………… 155
　　5．科学の責任 ………………………………………………… 156
　Ⅵ．おわりに ………………………………………………………… 158

第5章　欲求階層説は ERG 理論に超克されたのか
——欲求階層説と実証研究—— ……………………………… 165

　Ⅰ．はじめに ………………………………………………………… 165
　Ⅱ．マズローの思想と方法 ………………………………………… 166
　　1．その心理学観 ……………………………………………… 166
　　2．その科学観 ………………………………………………… 167
　Ⅲ．アルダファー ERG 理論は欲求階層説を超えたのか ……… 168
　　1．社会科学としてのマズロー理論の位置づけ …………… 168
　　2．アルダファー ERG 理論とその評価 …………………… 171

3．ERG理論の限界 ………………………………………… 175
　Ⅳ．おわりに ……………………………………………………… 177

第6章　ドラッカーとマズロー
──「マズローの批判」をめぐって── …………………… 179

　Ⅰ．はじめに ……………………………………………………… 179
　Ⅱ．ドラッカー『マネジメント』における「マズローの批判」 ……… 180
　Ⅲ．マズローの管理論とドラッカーへの批判 ………………… 183
　Ⅳ．ドラッカー「マズローの批判」の意味するもの ………… 186
　　1．マズローに対するドラッカーの共感 ………………… 187
　　2．ドラッカーは「マズローの批判」を受容したのか ……… 189
　Ⅴ．おわりに ……………………………………………………… 192

第7章　自己実現とウェーバー官僚制問題
──組織社会における自己実現の問題── …………… 195

　Ⅰ．はじめに ……………………………………………………… 195
　Ⅱ．ウェーバー官僚制論と抑圧性問題 ………………………… 196
　　1．ウェーバーの官僚制論 ………………………………… 197
　　2．マーチ＝サイモン『オーガニゼーションズ』と官僚制問題 …… 199
　　3．官僚制と抑圧性問題 …………………………………… 204
　Ⅲ．マズロー理論と官僚制問題 ………………………………… 208
　　1．マズローの自己実現論 ………………………………… 208
　　2．自己実現論から科学論，管理論へ …………………… 210
　　3．マズロー理論と抑圧性問題
　　　　──マズローとウェーバー官僚制── ……………… 212
　　4．マズロー理論における抑圧性克服の意味
　　　　──マズローとサイモン── ………………………… 215
　Ⅳ．おわりに ……………………………………………………… 220

第8章　自己実現と経営学
　　　――金井壽宏「完全なる経営」論について―― …………… 223

　Ⅰ．はじめに ……………………………………………………………… 223
　Ⅱ．経営学におけるマズロー理解と『完全なる経営』………………… 224
　　１．経営学におけるマズロー理論の位置づけ ………………………… 224
　　２．『完全なる経営』とマズロー理論………………………………… 225
　Ⅲ．「ユーサイキアン・マネジメント」と経営学 …………………… 226
　　１．「ユーサイキアン・マネジメント」の背景
　　　　――自己実現と現代社会―― ……………………………………… 226
　　２．マズロー「ユーサイキアン・マネジメント」の位置づけ ……… 229
　Ⅳ．「ユーサイキアン・マネジメント」と「完全なる経営」………… 231
　　１．人的資源管理論・組織行動論とマズロー自己実現論 …………… 231
　　２．自己実現と精神的健康 ……………………………………………… 234
　　３．「ユーサイキアン・マネジメント」と「完全性」……………… 236
　Ⅴ．おわりに ……………………………………………………………… 238

終章　マズローと経営学 ………………………………………………… 242

　Ⅰ．経営学におけるマズロー …………………………………………… 242
　Ⅱ．マズロー理論の本質とその現代社会における意味 ……………… 243
　　１．欲求階層説 …………………………………………………………… 243
　　２．自己実現の概念 ……………………………………………………… 246
　Ⅲ．経営学と「人間操作」問題 ………………………………………… 248
　Ⅳ．マズローと経営学 …………………………………………………… 249

付　翻訳：A. H. マズロー「心理学の哲学」（1957） ……………… 252
　A. H. Maslow (1957) "A Philosophy of Psychology" (Fairchild, J. E. (ed.),
　Personal Problems & Psychological Frontiers, Sheridan House, pp.224-244.)

　あとがき……………………………………………………………………… 275

参考文献……………………………………………………280
初出一覧……………………………………………………288
索引…………………………………………………………289

凡　例

　外国語文献の引用について以下の点をことわっておく。

1. いずれの公刊物についても，訳書のあるものは訳書を参照している。ただし，訳文は必ずしも訳書にしたがっていない。訳文についてはすべて筆者の責任である。
2. 引用ページは原著ページのみを示した。
3. 本書において参照した外国語文献は，必ずしもオリジナルのものではなく，近年に出版されたペーパーバック版であることが少なくない。その場合，引用ページは参照したペーパーバック版のページを記し，出版年もペーパーバック版の出版年を記している。ただし，日本語に訳して著書タイトルを表記する場合は，オリジナルの出版年を記した。

    例）P. F. ドラッカー『マネジメント』(Drucker, P. F. (1993) *Management: Tasks, Responsibilities, Practices* (Harper Business edition), Harper Business. Originally published in 1974.)を引用した場合，下線部のような違いが出ることになる。

    「P. F. ドラッカーは，『マネジメント』(1974) の第19章「労働者と働くこと：理論と現実」に，…」（本書179-180頁）

    「すなわち，「マズローが理解していなかったのは，充足されることで欲求は変化するということ」である（Drucker, 1993, pp.195-196)。」（本書181頁）

4. 原著において強調するためにイタリック表記となっている箇所の日本語表記については，傍点を付すことで対応している。

序章
自己実現と現代社会

　これまで少なからぬ経営学者がマズロー（Abraham Harold Maslow 1908-1970）を取り上げてきた。マズロー自身は心理学者である。しかし，経営学者はマズローを取り上げた。そして，当のマズローも経営について論じた。これはゆえなきことではない。

　まず，知悉の事柄とは思われるが，改めて，A. H. マズローの欲求階層説についてマズローの言葉に沿いながら書いてみよう。

Ⅰ．欲求階層説と自己実現

　マズローは欲求階層説を主著『動機と人格（*Motivation and Personality*, 邦題：人間性の心理学）』（1954, 1970）において，いくつかの章にまたがって展開している[1]。

図表序-1　基本的欲求の階層

出所：Maslow（1970）より筆者作成。

人間には，基本的欲求と呼びうる，生理（physiological）・安全（safety）・所属と愛（belongingness and love）・承認（esteem）・自己実現（self-actualization）という5つの欲求がある（図表序-1）[2]。この「人間の基本的欲求は相対的優勢さの階層の中で組織される」（Maslow, 1970, p.38）。つまり，どうしても満たす必要のある，緊急性の高いものとそうでないものとの間で階層が構成される。低次と高次が区別され，すべての欲求が満たされていない場合は，まずその中の最も低次の欲求が表に現れてくる。そして，その低次の欲求が満たされると，より高次の欲求が発現してくることになる。

　5つの基本的欲求の中で，まず真っ先に現れるのが，生理的欲求である。

　「あらゆる欲求が満たされていない場合，有機体は生理的欲求によって支配され，その他の欲求は単純に存在しないものとなるか，あるいは背景に追いやられる」（Maslow, 1970, p.37）。

　ここで，生理的欲求によって「支配される」ということの意味は，その人の認知や行動がその観点から組織されるということである。マズローは次のように述べている。

　「そのとき，有機体全体を飢えていると性格づけることが理に適っている。というのは意識がほとんど完全に飢えによって支配されているからである。あらゆる能力は，飢えをしのぐことに費やされる。…（中略）…。受容器や効果器，知性，お金，習慣，あらゆるものが今や単に空腹を満たすための道具とみなされる。」（Maslow, 1970, p.37）

　すなわち，日々，飢えているような状態にいる人間は，どうしたら飢えをしのげるかという観点からさまざまな物を見ることになるし，考えることになるし，行動することになる。その対象の色や形その他諸々よりもまずそれが食べるということにどう結びついているかが何より重要である。そしてその間，他の欲求はひとまずは背景に退くことになる。

　逆に，そうした飢えている状態から毎日ひとまず食事はとれるという状態になってくると，より高次の安全の欲求が表に出てくる。安全の欲求とは，「保証・安定性・依存・保護を求め，恐怖・不安・混沌から逃れること，構造・秩序・法・境界線を求める欲求」等を指す（Maslow, 1970, p.39）。「現代社会における，平均的な子どもや，目に見える形ではないが，平均的な大人は，安全

で，秩序だった，法則性のある，組織された世界を一般に好む。すなわち，頼りになる世界，予測できないことや，管理できないこと，混沌やその他の危険なことが生じない世界であり，どんな場合でも，力強い両親や保護者がいて，さまざまな危害から守ってくれる世界である」(Maslow, 1970, p.41)。戦争，病気，天災，犯罪，等々が日常茶飯事の世の中であれば，自分の身にいつ何時どんな災いが降りかかるかわからない。このような状態にあるとき，人はまずもって，安全性についてある程度予測可能な状態をつくろうとする。

安全の欲求に関するマズローの次の指摘は，現代においても起こりつつあることである。

「安全欲求が社会情勢の中で切迫して求められることになるのは，法や秩序，社会の権威が本当の脅威にさらされるときである。混沌の脅威，あるいは暴力革命主義の脅威がある場合は，多くの人間の中で，どんなより高次の欲求があっても，安全欲求が優勢となり，そこに後退してしまうことが予測されうる。このような場合の，普通の，九分通り予測される反応は，独裁政権や軍による支配の受容がより容易に生じるということである」(Maslow, 1970, p.43)。

安全の欲求が満たされてくるときに現れてくるのが「所属」の欲求である[3]。すなわち，「孤独や村八分，拒絶の痛みを痛烈に感じるようになり，友達がいないこと，根無し草であることの痛みを痛烈に感じるようになる」のである (Maslow, 1970, p.43)。人は，食物や安全等が確保されてくると，社会関係上の自分の足場を求めるようになってくる。自分が帰る場所として，家族・友人・愛する人等々が必要なのである。

この欲求は，マズローによって現代的なものとして把握されている。例えば，子どもたちへの有害な影響があるものとして，「転居の多いこと，居場所がないこと，産業化により強制される過度の移動，祖先がわからないこと，人の祖先・素性・集まりを軽蔑すること，自分の家や家族，友達やご近所と切り離されること」等が挙げられている (Maslow, 1970, p.43)。

これは，かつての共同体的な社会では存在しなかった問題である。かつての共同体的な社会であれば，自分が生まれた場所を離れることも，そこから離れて食べていくことも容易ではなかった。逆に，生まれた場所では，半ば自動的に，足場となる社会関係が与えられており，働く場が与えられており，食べて

いくことができた。こうした場合，あえて「所属」を欲するまでもなく，一生，その共同体の社会関係の中で過ごすことになる。これに対して，現代は，「働く場」が企業をはじめとする組織となり，それも自動的に与えられるわけではない。そして，鉄道・自動車・飛行機など交通技術が発達して移動が容易になったことで，就職・転勤でさまざまな土地に移動することになった。地域のコミュニティー関係が希薄となり，祖先との関係が希薄になってきている。現代は，自分の居場所を得る「所属」を，基本的な欲求として意識的にもって活動しなければならない社会なのである。

さて，こうして何らかの組織・集団に属することができるようになると，今度は，そこにおいて認められたいという欲求が出てくることになる。承認の欲求である。これについてマズローは，「現代社会におけるあらゆる人々は（病理的例外は若干あるとしても），安定的で，確固とした根拠に基づく，高い評価に対する欲求ないし願望，自己尊敬や自尊心，他者からの尊敬を求める欲求ないし願望をもっている」としている (Maslow, 1970, p.45)。

この場合，そこには2つの願望がある。1つは，自分で自分を認める，自尊心に対する願望に対応するものであり，「強さ・達成・適性・熟達や能力・世界に直面する自信，および独立や自由を求める願望」がある (Maslow, 1970, p.45)。そして今ひとつは，他者から認めてもらう他尊に対する願望に対応するものであり，すなわち，「評判・名声（これは他の人々からの尊敬や承認と定義できる）・地位・有名さ・威信・優越・評価・注目・重要性・尊厳・真価の承認を求める願望」である (ibid., p.45)[4]。承認の欲求とは，いわば組織・集団の中で自らの存在意義を得たい，価値のある存在として自信を得たいという願望の表れである。

承認欲求の当該個人への影響について，マズローは次のように述べている。

「承認の欲求が満たされていると，自負の感覚，自らに価値があるという感覚，強さ・能力・適性を有しているという感覚，自分が世の中の役に立っているという感覚が与えられることになる。逆に，これらの欲求が満たされていない場合，劣等感・弱いという感覚・無力さに苛まれることになる」(Maslow, 1970, p.45)。

承認の欲求は2つの願望から成り立っているが，そのうちの一方のみに立つ

ことには危険性がある。例えば，自尊心を他者の意見にのみ基づかせる場合は，なすべき仕事に対する自分の実際の能力や妥当性とかけ離れてしまう可能性がある。「最も安定した，それゆえに最も健全な自尊心は，表面的な名声や知名度，正当な根拠のないお世辞ではなく，他者からの受けるに値する尊敬に基づくものである」(Maslow, 1970, p.46)。それは，その人の真の意味での意思の力・決断力・責任に基づいた能力や達成から得られるものである。

さて，こうした承認の欲求が満たされたときに，発現してくるのが自己実現の欲求である。自己実現はその「自己実現」という名称から自己中心的・利己的な欲求と捉えられることも少なくない。しかし，自己実現とはむしろ，そうしたこととは正反対の欲求である。マズローは自己実現を，「人がそうでありうるものであらねばならない (what a man *can* be, he must be)」という欲求であるとしている (Maslow, 1970, p.46)。これは何を意味しているであろうか。

マズローは『動機と人格　第2版』の第11章「自己実現的人間」(なお，初版では第12章) において，「自己実現的人間 (self-actualizing people)」の特徴について1章を割いてまとめている[5]。ここに，マズローの自己実現についての考えが明確に示されている。

まず，第11章の副題は，「心理的健康の研究 (a study of psychological health)」である。この「心理的健康」こそ自己実現の含意に他ならない。第11章では，さまざまな特徴が記してあるが (Maslow, 1970, pp.149-180)，それらをまとめれば，マズローが「自己実現」において見ていたものが「心理的健康」であることがわかる[6]。

自己実現的人間の特徴として，まず真っ先に挙げられるのは，「現実のより効果的な認識と現実とのより快適な関係性」である。さらに，「自己・他者・自然に対する受容性」「自生性・単純性・自然性」「問題中心性」「超然性」「自律性」「理解・評価の新鮮さの持続」が挙げられる (Maslow, 1970, pp.153-164)。これらを別の言葉に置き換えるならば，自己実現的人間の特徴はまず何よりも，対象に対する健全な認識，偏見のないあるがままの現実の認識にあるということである。そして，こうした認識の力に基づいて，人類や他者に対して愛をもって同一視する，あるいは謙虚に対応するという人間関係についての特徴をもち (ibid., pp.165-168)，また，創造性を有している (ibid. pp.170-

171)。これらをまとめて言えば、すなわちマズローが「自己実現」という言葉に込めた意味とは、健全なる認識に基づく健全なる意思決定を行う能力、この意味での「心理的健康」に他ならない。

　自己実現とは心理的に最も健康な段階である。したがって、先に述べた欲求階層における5つの欲求の「高次」と「低次」の別には、既に述べた「緊急性の有無」も意味されているが、もう1つには、「包括的な健康に向かう (general healthward)」傾向があると述べられることになる (Maslow, 1970, p.99)。

　生理・安全・所属と愛・承認・自己実現という各欲求は、人間とは個人的であると同時に社会的、身体的であると同時に精神的な存在であることを示している。各欲求の充足は、こうしたさまざまな側面についての健康を含意する。そして、それぞれの欲求について、それが高次であればあるほど、利己性が減じられ、社会的となり、本能的というよりも意識性が求められることになる。そして、「より深い幸福、心の平穏、人生の内面における豊かさ」がその人に生まれる (Maslow, 1970, p.99)。逆に言うと、「低次」であるとは、すなわち、欲求がより利己的なものになるということである。生理・安全・所属と愛・承認の各基本的欲求は、高次になればなるほど、利己的ではなく、利他性・社会性が必要な欲求になっている。こうして、最も高次である自己実現とは、心理的に最も健康な状態であり、その欲求は単に利己的な欲求なのではなく、利己性と利他性が矛盾しない状態だと言うことができる。

　このような自己実現とは、どのような状態であるか。例えば、医師の日野原重明は次のように述べている[7]。

　　「病む人の喜びを私の喜びにしよう。
　　　病む人の悲しみを私の悲しみにしよう。
　　　病む人から与えられる鍵で、
　　　私たちの心の扉をひらこう。」
　　　　（日野原重明『生きていくあなたへ　105歳　どうしても遺したかった言葉』幻冬舎，43頁）

　自己実現と言うが、自己とは何であろうか。一言で言うことは難しいし、さまざまな考え方がありうるであろう。だが、自分のことだけを考えるのが自己ではない。人間は誰しも自分のために生きたいが、できることなら、同時に、

人のために生きたいと考えるのが自然である。「人のために生きたい」ということもまた「自己」である。そして，その延長線上に「自己実現」はある。それは，他人のために生きることが自分のために生きることであり，自分のために生きることが他人のために生きることである状態である。

　では，人が自己実現できないのは何故だろうか。まず，ここまで述べてきた自己実現にはさまざまな要素があることがわかる。1つには，「自分のために生きることが他人のために生きることである」という考え方，いわば価値をもつ必要がある。しかし，こうした考え方をもっているだけで，このように行動できるわけではない。それは，現在の状況・事実に対する的確な認識と，現状において存在する自他の諸々の対立・葛藤を受け入れ，それらを統合する力が必要になる。

　先ほどの日野原重明の言葉で言えば，「病む人の喜びを私の喜びにしよう」「病む人から与えられる鍵で」と言っても，実際にどうしたらそのように考えることができるのか。普通は，病む人の喜びと私の喜びは異なるのである。それは，事実をどう認識するかにかかる。それは，その人がどのような経験を積むかに依存し，またその人がもっている事実を相当に掘り下げなければできない。

　これは簡単なことではない。できる人の方が圧倒的に少ないであろう。だから人は，ときに「自分は自己中心的である」と悩んだり，「自分が他の人の犠牲になっている」と悩んだりするのである。

　自己実現は簡単なものではない。その簡単ではない自己実現に対して，それをどのように実現していくのか。マズローはこの問いに対して，1つには，欲求という観点から応えようとしたのである。

　基本的欲求とは，その充足なくしては生きていくことのできない必要物である。それらが充足されなければ，人間はその欲求に囚われざるをえない。低次の欲求が充足されていなければ，他者に目を向ける余裕はなくなる。その人の行動は利己的となるし，認識も偏ったものとなる。では，どうしたらよいか。そのときその人に求められている低次の欲求を充足させるのである。そうすれば，他者に目を向ける余裕ができる。そして，他者に目を向けることと自己の利害は必ずしも矛盾するものではないという，その可能性に気づくようにな

る。そしてまた，現状の事実に対して，私利に囚われない，より偏りの少ない客観的な認識が可能となってくるし，そのような認識に立てば，自分のためであると同時に他人のためでもある統合的な意思決定の可能性が開けてくる。このようにして，低次欲求の充足が高次欲求を発現させる，そして心理的な健康が実現されていくと考えるのが，マズローの欲求階層説であり，自己実現論である。

II．マズロー自己実現論と現代社会

1．現代の人間と自己実現

　これまで経営学者がマズローを取り上げてきたし，逆にマズローも経営を論じた。なぜであろうか。それは，結論から言えば，自己実現という問題は，資本制社会であり組織社会である現代においては，経営の観点から見たときにこそ，その意味が出てくるからである。

　資本制社会・組織社会たる現代とそれ以前の共同体的な社会では何が異なってくるであろうか。マズローの欲求階層説の記述にはすでに，こうした観点の洞察が含まれている。しかし，マズロー自身は現代の人間を，現代がいかなる社会であるかという観点から描いているわけでは必ずしもない。したがってここでは，マズローの欲求階層説の記述を踏まえつつ，現代の人間と自己実現の関係について見ておきたい。

　現代社会をそれ以前の共同体的な社会と比較すると，1つには，現代の人間は職業に生きているということが言える。職業という観点から現代の人間について考えてみよう。

　人間が職業に生きるのは分業の結果である。アダム・スミスは『国富論』において次のように述べている。

　「しかしながら分業は，それが採り入れられるかぎり，どんな技術（art）の場合でも，労働の生産力をそれに応じて増進させる。この利益の結果として，さまざまな職業（trades）や仕事（employments）がたがいに分化してきたように思われる」(Smith, 1976, p.15)[8]。

もちろん，分業自体は共同体的な社会からあった。しかし，共同体的な社会における分業は，現代における組織内の分業とは質が決定的に異なっていた。馬場克三教授は次のように述べている。

　「自然発生的な形態においては，分業は生理的原因に基づく家族または種族内部での年齢，性別による分業として現われる。これらの分業が持続する限りでは，個々人の特殊職業領域への拘束が生ずる。しかもこれらの拘束は，しばしば身分的な制度にまで成長する。しかしそれでもなお，いまだ個々人は，完全に「個人」として自立化することにより同時に自らを「社会」の構成員として非自立化させるには至らないのである。」（馬場, 1989, 43頁）

　共同体的な社会においては，「協業以前にすでに結合の紐帯が強く作用している」（馬場, 1989, 43頁）。すなわち，地縁・血縁による結合の紐帯があらかじめ存在し，その上に，それらの紐帯に拘束されて，協業・分業が展開されるということである。

　こうした共同体的な社会の分業に対して，資本制社会の分業は次のようなものとなる。

　「すなわち，商品交換によって労働力そのものがすでに商品と化し，その結果，全く個別化され，商品交換による以外には何らの結合の契機を持たなくなった生産者が，資本によって初めて結合に持ちきたらされ，初めて協業関係に入るのである。」（馬場, 1989, 43頁）

　これは，「商品交換の価値法則と資本の競争の原理によって支配される」という意味での社会的分業として現れる。そして，この意味での社会的分業を前提として，技術的分業が展開されていく[9]。ここで，技術的分業とは，経営者の「意識的な計画に基づく」分業を指す，作業場内の分業，組織内の分業である（馬場, 1989, 39頁）。社会的分業は，「競争と無政府性」を特徴としており（同上, 42頁），この点，社会的分業と技術的分業は対照的であるが，技術的分業は社会的分業があってはじめて展開が可能となったものである。

　この段階において人間は，「職業」に就く存在となる。

　すなわち，資本制社会・組織社会において人間は，地縁・血縁による紐帯から切り離された存在として，孤立化・孤独化した「個人」となり，経営者・管理者の意識的な計画による組織内の分業が展開される中で，「職業」に就くこ

とになる。

　現代において人間は「特定の職業に専念することによって自活する」ことになる（馬場，1989，44頁）。あえて言えば，現代の人間は「職業人」として生きている。それは，社会的分業の一翼を担う存在，役割を果たす存在であると同時に，技術的分業つまり組織内分業の中で，組織の一員として生きる存在である。

　さて，職業人として生きるという場合には，自己実現は意識的に追求されることになる。共同体的な社会の場合には，その地縁・血縁の関係性の中で，なされるべき仕事も人間関係も生計の立て方も自ずと決まってくる。そこに選択の余地はない。これに対して，職業人はこれらすべてを選択することになる。自然・自動的に与えられるということにはならない。意識的に追求しなければならないのである。現代は格差社会，ブラック企業といった問題が生起しているが，これらのことは，まさに現代において自己実現が各人に対して決して自然・自動的には与えられていないということを示している。

　また，格差社会やブラック企業等々の問題は，自己実現は個人的な問題でもあるが，同時に社会的な問題でもあるということを示唆している。

　すなわち，現代の職業人たる諸個人においては，自己実現は2つの局面をもっている。つまり，共同体のきずなから切り離された「個人」としての自己実現と，組織の一員として社会的に役割を担う「管理者」の一人として生きる上での自己実現である。かつてC. I. バーナードは『経営者の役割』において，個人人格と組織人格が存在することを指摘した。人間は，個人としての動機・目的・信念をもつと同時に，公式的な組織の一員として組織メンバー・顧客・周囲の人々に対して何をなさねばならないか，いかなる役割を果たさねばならないかという問題を抱えることになる。自己実現とはありうるものであるということであるが，非公式の関係性に身を置く個人と，組織の公式的な関係性の中で社会に対して影響力を発揮する管理者とでは，同一の人間の行動であるとしても，置かれた状況と責任の質が異なり，在り方の質が異なってくる。したがって，現代においては個人人格と組織人格，言い換えると，個人と管理者それぞれの局面における自己実現，およびその欲求の充足が求められるのである。

格差が生まれていること，過労死・過労自殺が存在するということは，それらの人々の自己実現が阻害されているということに他ならない。それは，一方において「個人」として自己実現が阻害されているということであり，他方において「管理者」として，健全なる意思決定力に欠けている，すなわち自己実現が得られていないということを意味するのであり，他者の自己実現を阻害しない，むしろ促進する意思決定が求められることになる。

以上の意味において，自己実現は現代的な問題であり，現代社会において個人的な問題であると同時に社会的な問題である。そして，個人的であると同時に社会的な観点をもって自己実現を論じたのがマズローであった。

2．現代社会における自己実現の意味

現代社会の諸問題を見据えて，そうであるからこそ自己実現を論じたのがマズローであった。マズローは論文「心理学の哲学」において次のように述べている。

「かなり無遠慮に述べるとすれば，私は世界が心理学者によって救われるか，あるいはまったく救われないかのいずれかであろうと考える。心理学者は今日生きている人びとの中で最も重要な存在であると思う。人類の運命は，今を生きているどんなグループの人びとよりも，心理学者たちの双肩にかかっていると思う。人間の幸せと不幸せを構成する，戦争と平和，搾取と友愛，憎しみと愛，病気と健康，誤解と理解という重要問題のすべては人間性のよりすぐれた理解にだけは負けるだろう，と私は考える。医術や物理や法や政治・教育・経済・工学・ビジネス・産業は道具立てに過ぎない。」(Maslow, 1957, p.224)

「これらの道具立て——産業・生産力など——はすべて，悪い人間の手にかかれば悪くなり，よい人間の手にかかってのみ，よいもの・望ましいものとなる。悪い人間の不健康さを治す唯一の道はよい人間を生みだすことである。」(Maslow, 1957, p.224)

自己実現とは，マズローによれば，「心理的健康」の実現である。もちろん，自己実現はさまざまな観点から位置づけることが可能である。マグレガーらが行ったように動機づけの観点からそれを位置づけてもよい。しかし，マズロー自身は「心理的健康」として位置づけたのである。このことは何を意味してい

るであろうか。

　マズロー理論とは，前節で述べたようにモチベーション＝動機づけの問題を扱う理論というよりもむしろ，「意思決定」，特に「認識」の問題に迫ろうとした理論であると言える。

　意思決定とは，H. A. サイモンが『経営行動』(1947) において明確に示したように，価値前提・事実前提に立った，代替案の列挙・各代替案の結果の確定・比較評価のプロセスである。すなわち，何らかの価値観に立って，諸々の事実を認識し，選択肢をつくり出し，そのそれぞれの選択肢の結果を想定し，その想定された結果を比較して１つの選択肢を選んでいくというプロセスである。したがって，意思決定においては，どのような価値を有しているかとともに，事実をどう認識するかが根本的な問題となる。

　この認識の問題については，例えば，K. E. ワイクが『組織化の社会心理学 第２版』(1979) において「イナクトメント」の概念を用いて，人間が主体的につくり出しているものであることをすでに論じているし，またそれによって人間の意思決定の不思議さ・奇妙さ・面白さについて明らかにした。

　これに対してマズローが明らかにしようとしたことは，人間諸個人が「健全な」「よい」意思決定をなす力を身につけるにはどうしたらよいかということであった。すなわち，利己的であると同時に利他的，個人的であると同時に社会的な意思決定をする力である。この立場から考えたときにマズローの辿りついた概念が「自己実現」であると言える。

　このような意思決定が可能となるためには，まずもって認識を広め深めていく必要がある。健全な意思決定において，何よりも重要なのは事実をどう認識するかである。事実がそれ自身あらゆる意思決定の材料であると同時に，この事実をどう認識するか，どのような経験を積むかは，その人間がいかなる価値をもつかの土台ともなるからである。自然・社会，世の理のより広いより深い把握にこそ，諸個人の心理的健康を見ることができるのであり，この意味で，人間の「存在」の根本的な把握，存在認識，そこから生まれる存在価値に立って統合的な意思決定ができるということがマズローの言う自己実現の含意にはある。先述の『動機と人格 第２版』第11章の自己実現の記述は，この意思決定力の中身を詳述したものと言える。いずれにしても，自己実現とは，この

ような意思決定が可能になる域にまで人間性を向上させていくということである。

このような自己実現は，前項で述べたように，資本制社会・組織社会たる現代において次のように位置づけることができる。すなわち，自己実現は，中世までの共同体的な社会から資本制社会へと移り変わる中で，それまでの原始的な結びつきから切り離されて「個人化」が進むことによって，個人の中で意識されざるをえなくなったものであり，またさらには，資本制社会において社会的分業が展開されて個人がその一翼を担う中で，また組織が次第に巨大化し組織内分業が展開される中で，したがって個人が職業に生きる中で，必要となってきたものと言える。

ここには先述のとおり，個人が意識的に基本的欲求の充足を図る必要性が出てきたこと，および個人と同時に管理者としての自己実現の必要性が出てきたという意味があるが，この点についてもう少し見ておこう。

まず第1に，「個人化」の結果として，マズローの指摘する5つの基本的欲求が意識されざるをえなくなったという点である。マズローの自己実現論の基礎には，先述の欲求階層説がある。すなわち，人間には基本的な欲求（basic need）として，生理・安全・所属と愛・承認・自己実現という5つの欲求があり，この5つが低次から高次に向かって階層をなしていると把握する。これは人間の基本的な必要物（basic need）を把握し，また人間を個人的であると同時に社会的な存在として，また身体的であると同時に精神的な存在として把握しており，この意味で人間をトータルに描くものである。

これらの5つの欲求は，時代の如何を問わず，人間が生来もっているものだとしても，意識されるようになったのは現代においてである。

例えば，E. フロムは『自由からの逃走』において，人間は，共同体のきずなから切り離されて個人化が進み，ある意味において自由になったが，他方で孤立していくことで「所属の欲求」や「承認の欲求」について意識的に充足する必要性が生じ，そうした欲求に囚われる存在となったことが語られている。

共同体的な社会であれば，「所属」はそれほど意識しなくても得られるし，自分の役割を得るために誰かと競う必要もないから「承認」を意識する必要もそれほどない。だが，資本制社会・組織社会たる現代においては，「所属の欲

求」も「承認の欲求」も各人が意識的にならなければ満たしていくことはできない。そして，こうした現代社会の特徴を背景として，「自己実現」を意識的に追求しなければならないという問題も出てくるのである。

　ただし，そこには，フロムが論及していない自己実現の側面もある。それは，社会的分業が展開される中で，職業として社会の中で，組織の中でいかなる役割を果たすかを諸個人が意識的に考えなければならなくなっているという意味においても，自己実現は追求される必要が出てきたということである。

　このことは，自己実現には個人としての自己実現という局面と管理者としての自己実現の局面があることを意味する。すなわち，人間の個人化・職業人化に伴う第2の意味は，現代においては，自己実現はいわば諸個人が有すべき力として求められているということである。

　現代においては，諸個人が「健全なる意思決定」をなす力を身につけることが求められていると言っていい。

　まず，現代における人間は誰しも，個人として共同体ほどの結びつきをもたない他者との関係性の中で日々意思決定しなければならないし，また格差社会と言われる中で，職業人として自らのキャリア形成のための意思決定をも為さなければならない。

　ただ，こうしたことよりもさらに重要なのは，組織社会である現代において，職業人たる諸個人は誰しも組織の一員，管理者として，消費者・従業員・地域住民等々，さまざまな人々の自己実現を阻害しないような意思決定を為していく必要があるということである。それは，共同体的な社会にはなかったきわめて大規模な組織体における意思決定であり，そうした大規模な組織体における意思決定では，世の中に対する豊かさ・便利さの提供等の目的的結果がきわめて巨大となると同時に，自然・社会環境破壊という随伴的結果もきわめて巨大なものとなっている。すなわち，現代の人間は，組織において，目的的結果とともに随伴的結果も視野に入れた複眼的な意思決定をなす力が求められる存在となっているのである。

　現代の人間，現代の社会において，ここまで述べてきたいずれの局面においても求められるのは，意思決定の健全性であり，そのために必要なものは，諸個人の心理的健康である。現代において自己実現は，意識的に追求される必要

がある。

　では，現代において諸個人の自己実現を担うものは何か。現代における人間は組織に生きている。したがって，組織をいかに経営ないし管理するかこそが，諸個人を自己実現に向かわせるか否かの大きなカギを握っていると言っていい。したがってマズローは，臨床や教育よりもはるかに大きな単位で人々を自己実現に向かわせうる場として，企業および経営にも注目することになった。そして，自らが提起する管理を「ユーサイキアン・マネジメント（Eupsychian Management＝自己実現の経営）」と呼んだ。非常に鋭い着眼だったと言える。

　ただし，マズローの認識以上に，経営において自己実現は重要であると言わねばならない。それは，現代においては組織が諸個人の自己実現の場であると同時に，ここまで述べてきた大規模組織体における意思決定の問題，随伴的結果の問題を考えるときには，組織を経営していく上で，健全な意思決定を下す能力，いわば諸個人の管理者としての自己実現がどうしても必要だからである。

　もちろん，これまで，例えば経営学の中ではさまざまな学者によって語られてきたように，自己実現に対してその域にまで完全に達している人はなかなかいない。それは理想である。そして，理想論は実践的ではないという人がいる。しかし，理想は重要であると考えられる。例えば，トヨタを考えてみよう。このトヨタ生産方式の二本柱の１つとして，有名なジャスト・イン・タイムがある。これは，「必要なときに必要なものを必要なだけ」という標語の下，在庫ゼロを目指すものである（大野耐一『トヨタ生産方式』ダイヤモンド社，1978年，小川英次編『トヨタ生産方式の研究』日本経済新聞社，1994年など）。ジャスト・イン・タイムは，トヨタをしてもまだ完全には実現できていない。在庫は少なからず存在している。しかし，そうであるから，このジャスト・イン・タイムを唱える意味はないと言うことができるだろうか。むしろ逆に，そのような理想を規定できたからこそ，トヨタ生産方式は世界で冠たるものとなることができたと考えることができる。

3. 自己実現の阻害要因

　さて，組織社会たる現代において，このような意味をもつ諸個人の自己実現は，ひとえに「組織をどう経営・管理するか」にかかっていると言える。ただこれに対して，企業をはじめとする組織はむしろ自己実現を阻害するような形で発展してきた。それがいわゆる官僚制の問題である。

　官僚制とは法・規則中心の組織であり，それは M. ウェーバーが指摘したように，きわめて機能的であるがゆえに，現代において欠くことはできない。法は，コンプライアンス＝法令遵守が声高に叫ばれているとおり，現代においてもっとも正当性の根拠として捉えられているものである。あらゆる組織はこの法に縛られながら，自身も規則・マニュアルを整備する。それは決して硬直的なものではない。現代における官僚制の背後には，科学的管理の活用があるからである。科学とは，対象と方法を限定した上で，情報を収集し，分類・分析し，法則を抽出して，公式化するものである（三戸, 2002）。この科学的管理による組織の技法は洗練され，現代においては，取り上げるべき情報を明確化して情報を収集する技法としての「見える化」が常識となり，その情報が分析されて，知的にはさまざまな「理論」が生まれ，実践的には「改善」が施されて多様な「規則・マニュアル」の現出となる。これが適用されるのは，組織の末端を担う現場労働者だけではない。それは，ますます上位の管理者層にも適用されるようになりつつある。経済産業省が「消費生活用製品のリコールハンドブック」を出しているが，それについて，朝日新聞は，「緊急記者会見の開き方まで指南する」ものであると指摘している（『朝日新聞』2007年11月27日朝刊）。つまり，経営のトップ層にもマニュアルが求められる時代だということである。

　官僚制を支える科学，人間行動の科学には，意識的であるかどうかはともかく，人間行動をコントロールしようとする発想，いわば「人間操作」という発想がある。それは心理学の用語で言えば，行動主義における刺激－反応（S-R）図式として現出したものである。この点について，行動主義の創始者である J. B. ワトソンが次のように述べているのはきわめて示唆的である。

　「行動主義者がつねに自分の前におくルール，測定器具は次の問いにある。すなわちその問いとは，私は，自分が見ているこの行動の小片を〈刺激と反応

(stimulus and response)〉という点から述べることができるか、である。」(Watson, 1925, p.6)

「行動心理学の仕事は、人間の活動を予測し、コントロールできるということにある。」(Watson, 1925, p.11)

この行動主義は、その後、刺激と反応の間に有機体（O）を介在させたS-O-R図式によって、その受動的な見方が克服されたとされたが、生物学者であり一般システム理論を展開したL. vonベルタランフィは、その著『人間とロボット』(1967) において、S-O-R図式になったとしても操作心理学としてのその本質はまったく変わらないと喝破した[10]。

官僚制、人間の操作による抑圧性、その問題点はどこにあるだろうか。それは、人間を心理的に不健康にするという点、人間の健全に意思決定する力を育むよりもむしろ奪うという点にある。それは、あたかも鉄道や自動車等の交通手段の発達が移動の便利さをもたらすと同時に人間の基礎体力を奪っていったように、あるいはまた、ワープロの発達によって漢字が書けなくなるように、人間の意思決定する力を奪っていくのである。それは、人間諸個人の視野を狭め、意思決定に際して、全体的な観点から意思決定すること、言い換えると、随伴的結果に対する配慮を失わせる。これが、官僚制による人間の抑圧性の問題である。とりわけ、科学的管理の急速なる展開は、人間行動のコントロールをますます精緻なものとし、組織の機能性を飛躍的に高める一方で、人間の抑圧性についてもそれをより大なるものとしていった。この意味では、自己実現とは、科学とは何かという問いかけを必要とする問題でもある。

この「人間操作」という発想は、組織の中でのみ用いられているのではない。例えば、企業を例にとれば、それは従業員をどうコントロールするかだけでなく、消費者・株主・地域住民等々に対して、その発想が適用されることになる。

4. 自己実現と経営学

現代社会において、諸個人の自己実現は経営にかかっている。それは、諸個人の自己実現は経営学にかかっているということでもある。

経営学はある意味で、マズロー理論の存在意義を高めてきたと言えるであろ

う。その大きな契機となったのが D. マグレガー『企業の人間的側面』（1960）であった。ただし，マグレガーも，それ以降の経営学も注目したのは，マズローの欲求階層説であった。これに対して，マズローの「自己実現」論それ自身については，これまでのところ必ずしも十分に研究されてきたとは言い難い。

　なぜであろうか。1つには，前節でみた経営学における急速なる科学化の進展という問題があったと言える。

　自己実現は共同体的な社会から資本制社会へと移りゆく中で諸個人に意識されることとなり，また資本制社会において胚胎し成立してきた組織社会において，個人的にも組織的にも必要なものとなってきた。組織はその機能性ゆえに官僚制化を進展させたが，環境が急激に変化していく現代において，その官僚制としての組織を支えてきたのが科学であった。この場合，科学は，意識的にせよ無意識的にせよ，官僚制の機能性に資する知識・情報を提供することを旨とし，それゆえに，心理学にしろ，経営学にしろ，社会科学は，人間の全体像を把握するというよりも，「人間をどうコントロールするか」という人間操作の観点からその理論構築がなされ，その有効性を確認すべく実証にかけられることになる。そこに，人間に対する抑圧性が生じてくる。

　こうした科学の動向に，異を唱えたのがマズローであった。すなわち，彼は，このような「科学的客観性（scientific objectivity）」を旨とする「正統派科学」を批判し，自然科学とは異なる，人間に対する科学のあり方，社会科学のあり方について問題提起を行い，彼が「科学概念の拡張」と呼ぶ独自の科学概念を示した。それは，主として，彼の『宗教・価値・至高経験（*Religions, Values and Peak-Experience*，邦題：創造的人間）』（1964），『科学の心理学（*Psychology of Science*，邦題：可能性の心理学）』（1966b）において展開されたものであり，マズローが自己実現について研究し，人間についての理解を深めたことから生まれてきたものである。

　マズローにおいて，科学論へと議論が展開していくのは，それがまさに現代における人間の認識を左右する中心的問題だからである。現代においては，科学をどう規定するか，どう考えるかが社会のあり方を決めると言っても過言ではない。こうした中でマズローは，一般に，現代の科学が「物・客体・動物の

科学，過程全体の中の一部分に注目した科学，こうした非人格的な科学を引き継いだ科学のモデル」であって，それは限界・不適切さをもつと考えていた（Maslow, 1966b, p.xiii）。マズローによれば，こうした非人格的なモデルは，人格的な存在，唯一の全体的な存在としての人間の把握に欠けている。かくして，彼は科学概念の拡張を図ろうとした。彼の「科学概念の拡張」は，まさに現代における人間の認識を，物的・動物的・部分的なものから，人格的で・全体的なものへと拡張しようとする試みだと言うことができる。

「人間操作」を超えて，より包括的・全体的な人間を把握するには，科学がどのようにあらねばならないか。科学について語るとき，多くの場合，それがいかなる手続きを踏まねばならないかが語られる。すなわち，どのようにして客観性を担保するか，正確で，厳密で，信頼できる知識を得るためにはどのような手続きが必要かが語られるのである。そしてまた，価値についての言及を避けようとする。これはいわば手段中心の科学観である。

これに対してマズローは，問題中心であるべきを説き，科学の目的から語る。すなわち，人間についての知識と物や動物についての知識は目的が異なるとする。

科学的な知識はいずれも人間の幸福に資するためにある。その観点から考えると，物や動物については，それをどのようにコントロールするかを目的とすればよいが，人間については，そうではない。人間についての知識は，各人が他人をコントロールするのではなく，自分で自分自身をコントロールできるような知識を提供することが究極的な目的でなければならない（Maslow, 1966b）。

マズローも手段中心の科学を完全に否定するものではない。それは必要なものではある。しかし，その観点だけで科学を規定することに疑義を唱える。そのために，マズローは例えば『科学の心理学』において，科学についての次のような事実を指摘する。

まず，科学的な知識にはさまざまなレベルがあるということである。理論が構築され，実証的な支持も得られているような知識ももちろん存在するが，それらもまた，かつては経験レベルで直感的に把握された，それほど正確でも厳密でもない知識の段階を経ているのである。こうした経験レベルで把握されて

いる知識も重要である。格言など実証的に支持がなくても役に立つ知識は存在しているし，あらゆる抽象的な知識も経験的な知識がなければ理解できないからである。

　そして，経験的な知識にも客観性はあるとマズローは指摘する。もちろん，そこに先述の科学的客観性，すなわち，事実として目に見え，確かめることができ，主観が入らないという意味での客観性はない。しかし，客観性にはもう1つ「配慮から生まれる客観性（caring objectivity）」がある（Maslow, 1966b）。それは，対象に入り込むことによって，そのあるがままを把握するという意味での客観性である。この配慮から生まれる客観性は，経験レベルでのみ得られる。

　マズローは，科学的客観性に基づく知識も配慮から生まれる客観性に基づく知識もともに科学であると考えた。したがって，自らが科学概念に対して行った仕事を「科学概念の拡張」と呼んだ。現代においては，「科学」と言えば，通常，マズローの言うところの科学的客観性に立つ正統派科学を指すと言うことができるとすれば，これに対する配慮から生まれる客観性に基づく知識は，「哲学」と言うことができるであろう。

　経営学は，主として，科学的接近で対象に迫ろうとしてきた。これが，経営学がマズローを研究しながら，自己実現については十分な把握を行うことができなかった理由であると考えられる。三戸公教授は，この科学一辺倒の接近が経営学において大勢を占めているという意味でそれらを「主流」と名づける一方で，全体と部分，理論・規範・技術を統合的に把握する哲学的接近を採る学者を「本流」と名づける（三戸, 2002）。組織社会たる現代において，諸個人の自己実現は経営にかかっているが，自己実現は科学的接近だけでは把握することができない。配慮から生まれる客観性をもつ哲学的接近こそが経営学には求められる。そして，そうであってこそ，現代における自己実現は経営学にかかっていると言うことができる。

Ⅲ. むすびと本書の構成

　マズローが提起してからでもすでに半世紀以上が経過する「自己実現」は，今や非常に身近な言葉となっている。例えば，個人が自らのキャリア形成を求められる現代社会において，「自己啓発」は今や誰においても重要事となっている。書店に足を運んでも，「自己啓発」は必ずコーナーの一角を占めており，関連本が並ぶ。そこにおいて欠かせない言葉が「自己実現」であると言っていい。一口に自己啓発と言ってもその内容はさまざまであるが，人生について考えようとする自己啓発書は，実質的に自己実現について論じている。近年ベストセラーになっている岸見一郎・古賀史健『嫌われる勇気』ダイヤモンド社（2013年）はその最たるものと言っていいであろう。

　自己実現とは何であろうか。一般には，それは「個人的なもの」と考えられることも少なくないし，また，その「欲求」としての側面がクローズアップされがちである。その場合には，それをどう充足するかが問題となる。至高経験（peak-experience）などもその観点から取り上げられることになるだろう。

　しかし，自己実現は個人的なものでありながら個人的なものに留まらない。欲求としての側面をもちながら，それに留まらない。人間とは，個人的であると同時に社会的な存在であり，身体的な存在であると同時に精神的な存在である。このようなトータルな存在としての人間の把握に立って，自己にとっても他者にとってもよい，個人にとっても社会にとってもよい意思決定をくだしていく能力，この意味での心理的健康こそが自己実現の本質である。このような意思決定をくだしていく中にこそ，自己実現欲求の充足もある。

　自己実現は現代的な問題である。すなわちそれは，資本制社会・組織社会となって共同体的な社会におけるきずなから切り離された人間が，職業人として社会的に役割を担いながら組織の一員として生きることになったことによって，意識的に追求されなければならないものとなった。まず第1に，人間の基本的な必要物，5つの基本的欲求が自然・自動的には与えられなくなり，また，第2に人間は，非公式的な関係だけでなく公式的な組織の中で，つまり一個人

であるとともに管理者として生きることとなり，このいずれの局面についても自己実現を追求していく必要が生じてきた。組織社会となって組織が大規模化するに伴い，公式的な組織における意思決定は，その影響力と影響の及ぶ範囲がきわめて大きくなり，その意思決定一つ一つについて，そこに関与する諸個人の自己実現の阻害という随伴的結果を考慮に入れる必要性が出てきたのであり，したがって，管理者としての自己実現も求められることになったのである。

マズローは心理学者であった。そしてマズローは，世界が救われるかどうかは心理学にかかっているとしたが，それは，人間の幸・不幸を左右するような社会の諸問題を解決する1つの重要な側面は，諸個人の人間性の問題だと考えたからである。マズロー自身はそこまで述べていないが，社会における一人一人の意思決定が社会を創り上げているという発想がその背後にあったと見ることができる。

現代は財・サービスや雇用を組織に依存し，そうであるがゆえに，つねに組織が引き起こす随伴的結果に左右される社会，組織社会である。このような社会にあっては，組織がどう経営されるかが社会の行方を大きく左右することになるが，その場合も諸種の随伴的結果にどう対応するかは，最後は各人の意思決定にかかっている。この意味でこの問題の根本にあるのは，マズローの言うような人間性の問題にどう向き合うか，この意味における諸個人の自己実現の問題である。しかしその一方で，組織がどう経営されるかが社会の行方を左右するということは，逆に，諸個人の自己実現如何も組織の経営にかかっているということにもなる。したがって，諸個人の自己実現がなるかならないかは経営学にかかっているし，また，自己実現はまさに現代において，経営学において，取り組むべき，しかも欲求充足や動機づけという観点を超えて取り組むべき重要な課題である。

ただし，経営学自体がそのことを自覚してきたかというと必ずしもそうではない。他の社会科学がそうであるように，経営学もまた，科学化を推し進めてきた。マズローの言葉で言えば，科学的客観性を旨とする正統派科学たろうとしてきたと言える。それは，単にそれだけを追求すれば，諸個人の自己実現よりも官僚制（規則中心主義組織）の機能性を追い求めることになり，人間性の

抑圧へと結果しかねないものである。

　以上を踏まえて，本書は以下のように展開される。
　自己実現は経営学にかかっていると言えるが，しかし，経営学自身はマズロー理論を十分に咀嚼してきたわけではない。第1章では，これまでの経営学におけるマズロー理解を総括的に示す。すなわち，マズロー理論は，経営学においてその欲求階層説と自己実現的人間論がモチベーション論＝動機づけ理論として把握されてきたということ，また，そのモチベーション論の中でマズロー理論がどのような位置づけをもってきたかを述べる。しかし，そのような理解に立ったときには，マズローの言説の多くについて，その意味を汲み取ることができなくなる。マズローにおける「自己実現」を「心理的健康の実現」であると解したとき，マズローのさまざまな言説に一貫性を与えることができる。
　第2章では，マズローの自己実現論が依って立つ背景，その思想，すなわち彼の心理学観・科学観を明らかにする。経営学が注目してきたのは，欲求階層説と自己実現的人間論の一部であった。しかし，マズローの自己実現論は，その心理学観・科学観が根底にある。まずマズローの心理学観には，心理学が取り組むべきと彼が考える課題，いわば，マズロー理論の目的が示されている。第2章では，マズロー理論の目的が，一個人のモチベーションの問題ではなく社会的な問題にあること，この意味においての諸個人の心理的健康にあることを論ずる。そして，このような目的をもつがゆえに，彼の考える「科学」においては，「価値」を取り入れ，また，科学的客観性ではなく「配慮から生まれる客観性」が重視されることを指摘する。なお，この点を踏まえたとき，マズロー理論がフロイトや行動主義との対比の中で「第三勢力の心理学」と位置づけられることの妥当性については，そのまま鵜呑みにするわけにはいかなくなってくる。第2章では，この点も確認する。
　さて，以上から明らかになるように，マズロー理論はいわゆるモチベーション論ではなく，心理的健康の実現論である。この意味において，マズロー理論は自己実現論である。では，自己実現とは何か，現代においてどのような意味を有しているのか。この点を第3章で明らかにする。まず，第2章で得られた

心理学観・科学観を踏まえて，マズロー自己実現論の骨子を示す。自己実現＝心理的健康とは何であり，またそれを実現するプロセスがどのようなものであるか，またその意味するところを明らかにする。

その上で，E. フロムの「自由からの逃走」論との対比の中で，フロムの自由論とマズローの自己実現論の異同を確認しながら，現代社会において，自己実現がどのような意味をもっているかを確認する。両者が社会を視野に入れた同じ問題意識を有していたということ，自己実現および5つの基本的欲求という問題が資本制社会の生成・発展，組織社会の進展とともに重要なものとして現れてきたことを示す。

さて，マズロー自身は，現代が組織社会であるという認識は特に示していない。しかし，組織の経営が自己実現においてきわめて重要であることをP. F. ドラッカーやD. マグレガーに触発されて見出すことになる。そして，周知のとおり，マズローは「ユーサイキアン・マネジメント」として管理論を展開した。マズローは管理論を展開したが，それは第3章までに述べられる彼の自己実現論がベースにある。第4章では，体系性がないとされがちなマズロー管理論の体系を示す。また，その上で，マズロー理論とマグレガー理論の関係性を明らかにする。すなわち，マズロー理論と同一視される傾向にあるマグレガーY理論について，両者が根本的に異なるものであることを示したい。

第5章では，C. P. アルダファーのERG理論について取り上げ，その主張の妥当性について確認する。マズロー欲求階層説について，その最も批判される点は，実証による支持がないということである。逆に，実証的な支持を示して，欲求階層説の超克をアピールしたのがERG理論であった。したがって，このERG理論についてどう考えるかを示しておく必要がある。第5章では，マズローの欲求階層説を超克したものとして評価されるアルダファーのERG理論について，それが欲求階層説を超えたものとは言い難いということを示す。マズロー欲求階層説は，今でも，実証研究の対象となっている。しかし，欲求階層説は，このような実証研究の対象となりえるものなのかどうか。この点も第5章で論じる。

第4章・第5章は，マズロー理論をモチベーション論と捉える諸理論との対比である。しかし，経営学においても，マズローをモチベーション論と把握す

る者ばかりだったわけでない。そのように把握しなかった代表的な経営学者がP. F. ドラッカーであった。そこで第6章では，ドラッカーがマズローをどう把握したかを見ていく。両者はそれぞれがそれぞれに言及しており，また両者の応酬がある。同じように社会的課題を見据えながら諸個人の自由・自己実現を企図する両者の応酬はきわめて興味深いものがある。この応酬を概観することで，マズロー理論の本質を再確認し，またマズロー管理論の意義とその限界を確認していく。

　以上を踏まえて，マズロー自己実現論の経営学，組織論に対する意義はどこにあると考えられるであろうか。第7章において，マズロー自己実現論の意義は，ウェーバーが提起した官僚制問題，すなわち，抑圧性の克服という意味においてであることを明らかにする。資本制社会は企業をはじめとする組織の大規模化をもたらし，組織社会を現出させて組織の管理を決定的に重要なものとすることとなった。この組織の管理において，その機能性ゆえに中心的な役割を果たすのが「官僚制」である。現代社会においては，官僚制が不可避のものとして存在しており，そうであるからこそ，諸個人の「自己実現」は，この官僚制をどう運営するか，組織をどう経営・管理するかにかかっている。

　第8章では，マズローの著書 *Eupsychian Management* の復刻版である *Maslow on Management* を監訳・解説しておられる金井壽宏教授の「完全なる経営」論を検討する。経営学において，金井教授監訳『完全なる経営』（2001年）における「まえがき」と「解説」は重要な意味がある。それは，それまでの経営学の定説を必ずしも踏襲しない野心的な理解が示されている一方で，現在の経営学がマズローをどう捉えているかを端的に表してもいるからである。第7章までの自己実現の理解を踏まえたとき，マズロー管理論は金井教授の述べられる「完全なる経営」と言えるであろうか。第8章では，この問題を考えつつ，マズロー管理論がどう受け止められてきたか，マズロー自己実現論を経営学に取り入れるとはどういうことかを考える。

　さて，以上までで言える一つのことは，基本的に経営学においてマズロー理論はそのまま受けとられることなくここまで至っているということである。そこで最後に終章において，ここまでの議論を踏まえながら，経営学でマズローがそのまま受けとられることがなかったのは何故なのかを考える。

本書全体において，人間操作＝人間行動のコントロールはキー概念となっている。各章では，モチベーション論を中心としながらも，行動主義・全体主義・官僚制・組織行動論・人的資源概念等が取り上げられる。これらは一見同類とは考えられないものもあると思われるが，しかしこれらに共通する問題点として人間操作問題を挙げることができる。したがって，各章において強弱はあるもののこの人間操作問題は一貫して取り上げられることとなる。

なお，巻末に，マズローの思想・考え方が端的に表出されていると思われる論文 "A Philosophy of Psychology" の拙訳を付した。

注
1) 『動機と人格』第2版を基にすると，このテーマに関わっていない章は一つもないが，主要なところを挙げると，第3章で人間観，第4章で5つの欲求階層，第5・8章で「欲求充足」の意味，第7章で「高次」と「低次」の意味，第11章・12章で「自己実現的人間」の特徴がそれぞれ論じられている。
2) こうしたピラミッド型の図について，金井壽宏教授は，「マズロー自身がこのような図を書いた箇所はないように思う」とされた上で，「欲求階層説に関するこのような紹介のされ方は，大きくは間違っていない——便利でさえある」と述べられている（金井，2001，419-420頁）。欲求階層説を視覚的に理解できる図である。
3) なお，マズローは，「所属と愛の欲求」としている。マズローは，自己実現的人間の愛についても語っていることから，この「所属と愛の欲求」の「愛」は，もっとも高次の愛とは異なるものであると考えられる。愛は，さまざまな広さ・深さがあり，また，与えられる愛と与える愛があるが，この「所属と愛」の段階の愛は，基本的に，与えられる愛であり，与える愛だとしても，家族や友人など，限られた範囲までである。この後の，自己実現の段階での愛は，与える愛が中心であり，また，人類全般に対するより広く深い愛であると言える。しかし，この段階の「愛」が「与えられる愛」だとしても，単に「所属の欲求」ではないということは大きな意味があると考えられる。この点は第3章で述べる。
4) マズローは，自尊の願望，他尊の願望という順序で説明している。ここで想定されている承認欲求はきわめて健全な承認欲求ということができる。多くの場合，まず他尊を求め，そのうちに，自尊の重要性に気づくという段階を踏むと考えられるが，マズローが想定している承認欲求は，最初から自尊を志向し，そのための強さや能力を身につけ，後から他者にそれを追認してもらうという類の承認欲求である。
5) 厳密に言うと，『動機と人格』における他の章も自己実現的人間について論じていると言ってよく，この1章だけが自己実現的人間について論じているわけではないが，この章が最も直接的に自己実現的人間の特徴を述べている。
6) 本書では，マズローの語る「自己実現」とは「心理的健康」であるという主張を基底においている。しかし，マズロー自身はこの「心理的健康（psychological health）」という言葉には，科学的な目的からすると欠点があるという認識をもっていた（Maslow, 1962, p.iii）。この点をどう考えるかは課題として残っている。
7) あるいは次の一文も自己実現を表現するものと言えるのではないか。
　「絶対なる哲学的根拠をもち

溢るるばかりの健康をもち
　　　すべての人を愛し
　　　すべての人から愛され
　　　言いたいほうだいの一言一句が
　　　したいほうだいの一挙手一投足が
　　　接するかぎりのあらゆる人を喜ばせる
　　　そんな人に私はなりたい
　　　　　　　　（昭和20年7月18日）」
　（三戸公『恥を捨てた日本人』未来社，1987年，235-236頁）。

8) ここでの「職業」は"trade"の訳である。『国富論』の翻訳では，大河内一男監訳（中公文庫，1978年）や山岡洋一訳（日本経済新聞社，2007年）等において，この箇所の"trade"に「職業」の訳が当てられている。

　尾高邦雄『職業社会学』によれば，「職業」について，「イギリス人は occupation といい，フランス人は profession といい，ドイツ人は Beruf という」とし，各国の職業観が反映されていると言う（尾高，1995, 44頁）。また，尾高教授は，職業の3つの要素を，個性の発揮・役割の実現・生計の維持であるとされている。ここで，役割の実現とは，次のように説明されている。

　「職業とはつまり「職分」のことである。それは人間として尽くすべき本分あるいは使命である。各人はそれぞれ一定の社会的分担をもっている。この分担を果たすことは各人に課せられた任務である。そしてこの任務の遂行が職業にほかならない。人間の社会生活は各人がその役割を果たし，これを通じてたがいに協力することによってのみ可能である。すなわち，相互協力，およびこのための役割の実現ということが職業の核心である」（尾高，1995, 28-29頁）。

　スミス『国富論』における文脈もこれに沿っていることから，occupation ではなく trade であるが，ほぼ同じ意味の「職業」のことであると理解していいであろう。『ジーニアス英和大辞典』によると，trade は「（主に手を使う）職業，仕事」とされており，スミスが trade と表現しているのは，国富論が出版された当時の職業の状況を反映していると考えられる。

9) なお，技術的分業が社会的分業を制約するという逆の関係も存在する（馬場，1989, 45頁）。

10) 岸田民樹教授は，経営学においては，一般システム理論，オープンシステム・アプローチで著名であったベルタランフィが，人間に対しても一般システム理論を適用して洞察を加え，「能動的人格システム」として把握されていることが指摘されている（岸田，1986）。なお，拙稿（2009，2014）でも，この点に焦点を合わせて若干論じている。

第1章

マズロー理論はモチベーション論か
――経営学におけるマズロー理論の位置づけ――

I．はじめに

　現代は，一方で自己啓発本が並び若者は「自分探し」にいそしみ，他方でニート，うつ病の増大が問題化している。こうしたことは組織社会において生きる個人の問題として現出し，したがって経営学の問題として現出している。そうした中で「自己実現」を論じ，経営学においても援用されている A. H. マズローはその一般的な著名さから言っても，どう理解されるかがきわめて重要であると言えよう。

　経営学において人間をどう把握するかの問題は避けることができない。それはまず第1に経営，管理する主体が人間自身だからであり，第2に言うまでもなく管理の対象，客体もまた人間だからに他ならない。この後者について経営学は，あくまでもその1側面でしかないが，「人間から行動を引き出す」ことをその課題の1つとせざるをえない。経営学の中でもとりわけ，組織行動論，ミクロ組織論と呼ばれる領域がこの研究を推し進め，その中でも個人の行動を引き出すということについては，いわゆるモチベーション論が大きくその役割を果たしてきたと言うことができる。

　そのモチベーション論において，未だに取り上げられ続けているのが，マズローの理論である。それはまず組織行動論の教科書においてほぼ必ず登場する。また理論研究としては，「実証的な支持がない」という理由のためにやや衰微していたが，レイサム＝ピンダーがマズロー欲求階層説に対する関心が再燃してきていると指摘する通り（Latham & Pinder, 2005），近年マズロー理論

にはその再評価の動きさえある（e.g. Wicker et al., 1993；Ronen, 1994；金井，2001；三島・河野, 2005, 2006；三島斉, 2005）[1]。こうした動きを見ると，マズロー理論には経営学において未だ汲みつくし切れていないものが残っているのではないかと思われる。三島・河野両教授は「マズロー理論に関する経営学的なこれまでの扱いが，表面的に終っていた」と指摘している（三島・河野, 2005）。三島・河野両教授の一連の論稿とアプローチは異なるが，本章でもこの問題意識に立つ。

本章の軸は「マズロー理論はモチベーション論なのか」というテーマである。経営学においてマズロー理論は，モチベーション論として位置づけられる。この点が経営学に対するマズローの貢献であることは論を待たない。だがそれにもかかわらず，このようなマズローの理解では重要な点を見落としてしまうのではないか。

以下ではまず，マズローの欲求階層説について簡単に振り返り，それが経営学においてどのように評価されてきたかを確認する。ただ，そうした評価には，マズロー欲求階層説の論旨から考えた場合にいくつかの疑問が生じる。この疑問の観点からマズロー理論とは何かを考える。

II．マズローの欲求階層説

マズロー理論の中でも，経営学においてまずもって注目されたのはその欲求階層説である。序章で触れているが，ここでも簡単にこれを概観しておこう。

マズローが欲求階層説を展開したのにはいくつかの理由がある。1つには，人間を捉えるということである。彼は次のように述べている。

「われわれが人間の欲求について語っている場合，それは，人間が生きていくことの本質について語っているのである。」（Maslow, 1970, p.xii）

欲求階層説は，すなわち，マズローが示した生理（physiological）・安全（safety）・所属と愛（belongingness and love）・承認（esteem）・自己実現（self-actualization）という5つの基本的欲求とその関係性は，人間が生きていくことの本質を描いたものと言うことができる[2]。

まずは，生物・動物としてのレベルがある。ここにおいては，まず，食べ物を食べ，水を飲み，寝る等ということが必要になる。人間の身体が生きていくために必要な営みである。ここにあるのが生理的欲求である。さらにまた，自己の外部から危害が加えられることがあれば，それに対して身を守る術を講じたくなる。例えば，草食動物は群れをなし，立ったまま寝る。人間も風雨をしのぐべく家を建て，住居に侵入されないように鍵をかける。戦争が起きそうであれば軍備を整え，外交を駆使する。安全の欲求である。

　群れをなすと言ったが，群れをなすことは何も安全のためばかりではない。人間は，一時的にはともかく，長期的に見たときには，孤立には耐えられない。友人，家族，恋人等，人々との愛情のある関係に飢えるようになってくる。自分が生きていく上での足場となる人間関係が，人間には必要なのである。そして，そうなると，そのような関係をつくるべく努力することとなる。これが，所属と愛の欲求である[3]。

　さらに，自分が属している集団・組織・社会において，今度は，自分自身の存在意義を見出したいと考えるようになる。承認の欲求である。この承認の欲求を満たそうと思えば，人間は２つの努力をしなければならない。まず第１に，自分が自分自身を認めるために，自分自身の強さ・能力を向上させ，何ごとかを達成していくことである。しかし，自分の能力を向上させるだけでは十分ではない。それでは，独りよがりに陥る危険性がある。それでは，本当の意味での自尊心はもつことができない。したがって，第２に，他者からの評価・評判・信望，それに伴う地位・名声等が必要になる。もちろんこれは，ただこうしたことがあればいいということではない。その評価・評判が正当なものでなければならない。その人自身の意思の力・決定する力・責任等が評価されていなければならない。

　ここまでの経験を踏まえて来たとき，生物・動物として，人間として，自然や社会との関係性の中で，自らの欲求を満たすべく経験を積み重ねてきた人間は，人間とは何か・自己とは何かについての認識をもつようになってくる。そして，人間および自己の存在に根ざした可能性を探求し，実現しようとする。自分自身の本性に従って，在るところのもので在ろうとする。自己実現の欲求である。

これら5つの欲求は，低次から高次まで階層をなしており，欠乏している欲求の中で，より低次の欲求にその人は支配され，動機づけられる。そして，そのより低次の欲求が充足されると，より高次の欲求が発現してくることになる。

　欲求階層の中で最も高次の欲求が自己実現の欲求である。この段階にあるとき，人間は心理的に最も健康な状態にある。すなわち，低次欲求の充足がより高次の欲求を発現させるということは，より心理的に健康になるということを含意している。心理的に健康であるとは，自身の利己的な欲求に囚われず，その集団・組織・社会の観点から見て，果たすべき課題に焦点を合わせて，状況を認識し，さまざまなコンフリクトに対して統合的な意思決定をしていく力を有していることである。逆に言うと，低次欲求の段階にあるとはどういうことであろうか。低次ということの含意は，マズロー自身もさまざまなものを示しているが，1つには，それがより利己的な欲求だということである。したがって，低次欲求の段階にあるということは，利己的欲求に囚われているということであり，視野の狭い認識・意思決定となる。

　欲求階層説とは，このように，人間が生きるということ，人間が生きるためには何が必要なのか，何に支えられているのかを示唆するものであり，また，別の言い方をすると，人間が視野の狭い・不健全な意思決定をするのは何故か，何に囚われているのかを示すものであり，さらには，そうした不健全さから抜け出し，人間が心理的健康を実現するためには，何をしなければならないか，これらを示すものだということができる。この意味において，マズローが人間の欲求を語ることは人間が生きることの本質を語ることであると述べたことは，まったくそのとおりであると言うことができるのである。

Ⅲ．モチベーション論におけるマズロー理論の位置

1．内容論・過程論とマズロー理論

　では，以上のマズロー欲求階層説がモチベーション論の中でどのように位置づけられているかを簡単に確認しておこう。

まず、モチベーション論とは何か。モチベーション（motivation）という言葉は、ラテン語のmovere（運動）からきており（Steers et al., 2004, p.379）、それは「活動に駆り立てられている状態」を指す（Locke, 2008, p.919）[4]。かくしてモチベーション論の狙いとは一般に、人間行動の方向づけ・強度・持続性について説明し統制することだとされている（e.g. Atkinson, 1964, p.11；Kanfer, 1995, p.330；Locke & Latham, 2004, p.388）。このモチベーション論の性格はその成立当初からのものである。すなわち、ステアースらは「個人は快を探し求め、苦痛を避けることに関する営為に焦点を合わせる」ものと考えるギリシア時代の快楽主義からモチベーション論の発展について説き起こし、これらを含めてモチベーション論が原理的には、人間行動を活気づけ（energize）・方向づけ（channel）・持続させる（sustain）という要素と関わっており、現代のワーク・モチベーション論はこれらの要素が組織における行動を決定する際にいかに相互作用しているかをその精度を高めながら説明しようとする営為に根をもっていると述べている（Steers et al., 2004, p.379）。

以上の原理を背景とするモチベーション論は一般に、動機づけの要因の識別をその狙いとする内容論と、どのように動機づけられていくかその過程を問題とする過程論に区分される。マズロー理論は、欲求階層説が人間行動の動因としての5つの欲求を表したものと解されて一般的に内容論として位置づけられる。他方で、マズロー理論はモチベーションの過程論の中にも位置づけを有する[5]。すなわち、モチベーションの一連のプロセスの中で、その最も初期の段階にある欲求理論としての位置づけを与えられている（e.g. Locke, 1991；2008；Locke & Latham, 2004；Latham & Pinder, 2005）。

2. モチベーション論の発展に伴うマズロー理論の評価の変遷

マズロー理論の核は欲求階層説と自己実現の概念であり、マズロー評の変遷も自ずからこの2点を巡ってのものとなる。

欲求階層説がモチベーションの内容論に与えた影響は周知の通りである。それは人間がもつ諸種の欲求の類型化として把握され、内容論そのものを現出させた。これにはD. マグレガーの影響が大であり、そのX理論・Y理論がマズロー理論の意義づけの方向性を与えたものと言えよう（McGregor, 1960）。こ

のモチベーションの人間類型論は、今日一般的には経済人・社会人・自己実現人という分類に落ち着いていると言える。

マズロー理論を意義づけたのがマグレガーであるとすれば、逆にその批判を方向づけたのが C. アルダファーである（Alderfer, 1969；1972）。アルダファーはマズロー欲求階層説と対比する形で周知の ERG 理論を提起した。ERG 理論はマズローが提示した5つの欲求カテゴリーを、生存（existence）・関係（relatedness）・成長（growth）の3つのカテゴリーに修正したものであり、欲求カテゴリーの分け方、厳格な優勢仮定の有無など4つの相違点を示した[6]。このアルダファーの作業によって欲求階層の数、および階層間の移動法則が、その実証とともに問題視されるに至ったのである。現状、実証がある ERG 理論の方が妥当性があり、欲求階層説は ERG 理論によって修正されたと位置づけるものが多い（e.g. 村杉, 1987；田尾, 1991；Robbins, 1996；二村, 2004）。

さてモチベーション論においては欲求階層説そのものの検証とともに、いわゆる「自己実現人」を越える人間規定を見出すことがもう1つの課題であった[7]。ただしこの点はそれほど劇的な発展を遂げたわけではない。ステアースらの整理を見ても、1970年代以降は過程論の発展期であり（Steers et al., 2004）、内容論の成果はほとんどないと言っていい。ただしその中でもフランクルの議論をベースに構成された「意味探求人」あるいは「意味充実人」が、自己実現人を超えるものとして幾人かの論者に取り上げられている（e.g. 村杉, 1987；金井, 1999；寺澤, 2005）。

この議論が自己実現人を超えるものとして位置づけられるのは、フランクルが自己実現を批判して自らの人間観を示しているからである。

フランクル自身の人間観は次のようなものである（Frankl, 1960；1961；1966）。まず人間は、避けることのできない存在と当為、および主体と客体の間の緊張を有し、その中で「意味への意志（will to meaning）」をもつ。緊張は完全に解消されることはありえず、その有限性を受け入れることこそが精神的健康、人間の成長の前提条件である。これは言い換えるならば、当為や客体を、自己の存在、主体と緊張させたまま保持し、意味を探求していくのが人間なのであって、主体中心を超えた自己超越が重要だということである。

この立場からフランクルは自己実現を批判する。それは、自己実現人を主体

中心，自己中心的な人間像として捉え，したがって客体への配慮，あるいは客体と主体の間の緊張を捉えていないものとして批判するのである。

村杉健教授は，以上の内容を持つフランクルの議論を受けてモチベーション論について再考し，「仕事志向」と「対人志向」という2つの軸からなるマルチ・モチベーション理論を提示した（e.g. 村杉, 1987, 316頁）。ここでは，仕事志向，対人志向のいずれも低い「経済人」，対人志向の高い「社会人」，仕事志向の高い「自己実現人」が把握された上で，仕事・対人いずれの志向も高い「理念モチベーション」が提示され，この全体が把握される人間モデルをもって「意味探求人」と規定する。

また寺澤朝子教授は，「物的自己目的の追求」と「社会的自己目的の追求」という二軸でモチベーションの人間モデルを分類し（他律的人間，経済人，社会人，自己実現人），さらにフランクルの議論に拠りながら，経済人，社会人，自己実現人を包括する多層的・全人格的な人間モデルとして「意味充実人」を提示した（寺澤, 2005；2012）。

3. マズロー理論再評価の動き

以上の経過を辿るマズロー理論の評価についてはいくつかの動きがある。まず第1に，近年もやはりマズロー理論は「実証されていない」ということで，棄却されることが少なくない（e.g. 田尾, 1991；Kanfer, 1995；Robbins, 1996；Locke, 2008）。ただし第2に，マズロー理論に対する関心が再燃している（Latham & Pinder, 2005）。例えば，マズロー理論の既存の実証研究における方法面の問題を見直しながら，再実証を試みている研究（Wicker et al., 1993），マズロー理論を実証し，同理論を支持する結果を得た研究（Ronen, 1994）などがある。

また第3に，欧米での研究がもっぱらマズロー理論の実証を巡るものであるのに対して，日本での研究はむしろ理論的な面でのマズローの再評価に動いている。

金井壽宏教授はマズロー理論の真意を汲取るべく腐心し，マズロー欲求階層説の誤解を解くとして，「マズローの自己実現はモチベーションの問題ではない」と主張し（金井, 2001, 423頁），次のように説明している。まず第1に，

マズローにとって適応というのは否定的な概念であり，これではマズローの自己実現概念を捉えることはできない。第2に，マズロー自身が信じるところ，モティベーション（動機づけ）とは，自分たちに欠けている基本的な欲求を満足させるために努力することを指すのであり，それは非自己実現者の世界でのみ成り立つ概念である。モティベーションの概念は，承認までの欲求には成り立つが，自己実現者には成り立たない（金井，2001，423頁）。以上の理解は，マズロー理論はモチベーション論であると考えられてきた経営学においては非常に画期的な主張であったと言えるであろう。ある意味では，この金井教授の言の延長線上に沼上幹教授の主張があると言えるかもしれない。そこでは「欲求階層説の誤用」を正すべく「自己実現欲求よりもむしろ承認・尊厳欲求に注目すべきだ」と述べられることとなる[8]。

また松山一紀教授や三島斉紀教授・河野昭三教授は，言葉上，どうしても自己中心的に捉えられがちな自己実現概念が他者（社会や組織）の受容を含むものであることを改めて強調している（松山，2003；三島・河野，2006）[9]。

例えば，松山教授は，「マズローの自己実現概念は自己中心的なものではない」という主張を行った（松山，2000；2003）[10]。また三島斉紀教授は，マズローの自己実現概念が最初からまったく同じものではなく，その当初から徐々に変化してきたものであることを指摘し，その時期を初期・中期・後期に区分した（三島斉，2006）。これに基づき，経営学におけるマズローの自己実現概念は，例えば，マグレガーのそれに代表されるように，その初期の概念を取り込んでしまったものだと批判した（e.g. 三島斉，2008）。また，三島斉教授はマズロー理論を経営管理に取り込むには，従業員を能動的な健康人とみなす必要があると指摘している（三島斉，2005）[11]。

マズロー理論評は以上のような推移を辿っている。しかし注意しなければならないのは，これらはマグレガーによるマズロー理論の摂取以来あくまでもモチベーション論として，その範囲内で評価されてきたということである[12]。以下では，改めてマズロー理論＝モチベーション論の真偽を確認し，上記諸説に検討を加えていく。

IV. マズロー理論はモチベーション論ではない

1. いくつかの論点

　マズロー理論の核は欲求階層説と自己実現の概念であり，モチベーション論でもそのように理解されていると言っていい。しかし次の点に注意する必要がある。第1に，なぜこの2つの説がマズローによって論じられたのか，その理由を明確に踏まえて議論されたものはモチベーション論の中では皆無に等しい。第2に，モチベーション論において欲求階層説は詳細に紹介されるが，そこにおいてマズローによって示された，低次欲求の充足が高次欲求を発現させていくとする欲求間の移行法則が実際にモチベーション論として活用されたことはほぼない。第3に自己実現人について，これがマズローとともに紹介されることはあっても，それに関するマズローの言説が詳細に紹介されることは非常に少ない[13]。

　第1の点はある意味では当然と言えば当然である。モチベーション論には「人間行動の方向づけ・強度・持続性について説明し，統制すること」という問題意識があり，この問題意識はマズローの問題意識を包含できるだけの大きさをもっていないからである。しかしこれがマズロー理論誤用の最大の原因である。次の点を強調しなければならない。マズロー理論とモチベーション論はその問題意識がまったく異なる。

　マズローの主著は『動機と人格』(1954)であり，その続編が『存在心理学に向けて』(1962, 1968)である。マズローは『動機と人格』の第2版(1970)のまえがきで次のように表明する。「私の問いは，本質的に次のような臨床的なものであった。初期にどのような剥奪があると神経症が生起してくるのか。どのような心理的処置をすれば，神経症を治療できるのか。どのような処置をすれば，それを予防できるのか。心理的処置は，どのような順序でなされる必要があるか。どの処置が最も効果があるのか。どれが最も基本的なものなのか。」(Maslow, 1970, p.xi)。モチベーション論は取り上げないが，これこそがマズローの問題意識である。一言で言えば，彼が追究しようとしたのは「心理

的健康とその実現」に他ならない[14]。

　こう考えれば，欲求階層説と自己実現の概念にも次のような明確な位置づけが与えられることになる。すなわち前者は，心理的健康へと至るプロセス，経路を明らかにするものであり，後者は心理的健康を実現した者の特性・内容，目指すべき目標である。

　さて，第2の点に移ろう。マズローが示した欲求間の移行法則がモチベーション論として実際に用いられたことはほぼないと言っていい。すなわち，欲求の充足とともにどのような欲求が発現するかに一応は言及されるものの，その論理がモチベーション論としてどのように役に立つかは示されていない。

　これには根本的な理由がある。欲求充足の意味がマズロー理論とモチベーション論では異なるということである。つまり，モチベーション論において欲求充足は，行動の惹起を意味するが，欲求階層説において欲求充足とは，それに伴う学習，人格の形成を意味している。すなわち，マズローは次のように述べる。さまざまな欲求が満たされるということは，「単に一連の基本的欲求の満足が増加していくということだけではなく，そのうえに一連の心理的健康の程度が増加していくことなのである」（Maslow, 1970, p.67）[15]。

　最後に，モチベーション論がマズローの自己実現的人間の分析をほとんど取り上げないのは何故であろうか。

　マズローは自己実現的人間について次のようにまとめている。「自己実現的人間は，自己や人間性の本質，社会なるもの，自然や物的現実の本質を哲学的に受容することによって，自動的に価値体系の確固たる基盤を身につけている。これらのどの価値を受容したかが，日常のその人の個人的価値判断の大きな部分を説明してくれる」（Maslow, 1970, p.176）。世の中に対するこのような受容の態度は重要な結果をもたらすとマズローは述べる。すなわち，「人生の多くの分野において，選択をめぐっての葛藤や闘争，両面感情や不確実性が減少したり消失したりする」のである（ibid., pp.176-177）。これは，自己実現的人間の特性の一部であり，『動機と人格』では，この受容という特徴を含みながら，その他の特徴も列挙して示されている[16]。

　こうしたマズローによる自己実現的人間の分析にはきわめて重要な特徴がある。すなわち欲求分析がほとんどないということである。そして，これが，モ

チベーション論がマズローの自己実現の概念をほとんど取り上げなかった理由であると考えられる。欲求分析がなければ，行動を引き出す方法を見出すことは難しくなり，したがってモチベーション論としての活用も難しいものとなる。しかしマズローにあってはこうした自己実現的人間の分析こそが重要だったのである。それは，彼の理論の目的が動機づけとそのための欲求分析ではなく，心理的健康とその実現プロセスの分析にあったからである。

以上の3点は，マズロー理論がモチベーション論ではないことを示している。しかしマズロー理論をモチベーション論だと言いうる要因もいくつか目に付くかもしれない。

第1に，マズローの主著のタイトルが Motivation and Personality だということである。だが彼はモチベーションという概念をモチベーション論が採っている「行動を引き出す」という意味では用いていない。「動機」あるいは「動機づけられた状態」という意味において用い，しかもそれらが取り上げられるのは，動機が人格を反映しかつその充足が心理的健康につながると考えるからである。

第2に，彼の理論は欲求理論であり，モチベーション論の発展に貢献したということがある。確かにこの点は疑いない。しかし，例えば，組織論がどれだけ生物学の諸論を援用し，生物学がどれだけ組織論の発展に貢献していようとも，生物学は生物学である。それは両者の目的と体系が異なるからである。マズローは人々を動機づけるためではなく，諸個人の心理的健康を実現するために，その欲求理論を示したのである。

以上からして，マズロー理論はモチベーション論ではない[17]。「心理的健康の実現」を終始一貫問題としているマズロー理論を「行動の方向性・強度・持続性」の確保を問題とするモチベーション論として語るならば，それはマズロー理論の矮小化であると考えられる。

2. 欲求階層説とモチベーション論

ではマズロー理論とモチベーション論は具体的にどのように異なってくるであろうか。まず，欲求階層説とモチベーション論の各論との違いから見ておこう。

モチベーション論の1つの側面として，人間をその人のもっている欲求によって類型化するということがある。これによって，それぞれの人ごとにいかなる誘因を与えるべきかが導出されることになる。こうした類型化の例として，例えば，マグレガーのX-Y理論をあげることができる。しかし，欲求階層説がこうした人間類型論ではないことは明らかであろう。心理的健康の実現を問題にするならば，すべての人間にとってその5つの欲求は，顕在化しているかどうかはともかく，少なくとも潜在的には存在していると仮定しなければならない。人間類型論では今現在顕在化している欲求にのみ注目することとなる。あくまでも「行動を引き出す」ということに，その焦点があるからである[18]。

ERG理論はどうであろうか。ERG理論の狙いも他のモチベーション論と同様であり，「個人やその環境の中にある，行動を活気づけ持続させるものに関心をもつ」と述べられる（Alderfer, 1972, p.7）。アルダファーはこの問題意識でマズロー理論との対比作業を行って自説の優位を主張し，その後のモチベーション論者もそれを支持したわけである。

しかしERG理論はモチベーション論として優れているとしても，マズロー理論の超克ではない。マズロー理論の超克ならば，心理的健康とは何であるか，さらに心理的健康の実現には何が必要であり，そのプロセスはどのようなものか，についてマズローを超えた見解を示すことが必要である。しかしアルダファーはいずれの作業も行っていない。

この両者の違いが明瞭に表れているのは，1つには欲求階層の移行プロセスの考え方である。アルダファーはこれをより厳密なものにしようとしたのに対して，マズロー自身は欲求間の移行プロセスにさほど執着をもっていない。

第1に，マズローは欲求の移行を仔細に捉えようとはしていない。1回1回の欲求充足・欲求不満をいちいち追っていくというよりは，「後顧の憂いがない」という状態が与えられたかどうかを見ようとしている。ゆえに，マズローによれば，より高次の欲求が発現するのは，単に「パンを食べたとき」ではない。「パンが豊富にあり，絶えずお腹が満たされているとき」なのである（Maslow, 1970, p.38, 傍点は筆者）。これはマズローにおける欲求階層の移行が単なる欲求の発現ではなく，あくまでも心理的健康・人格形成であり世界観の

変化だからである。

　第2に，マズローは，欲求充足がより高次の欲求を発現させない可能性，欲求満足の病理・弊害，したがって心理的健康の妨げとなる可能性について論じている（e.g. Maslow, 1970, pp.51-53, pp.71-72）。これは自らの欲求階層説の否定にもつながりかねない言説であり，マズローが欲求間移行プロセスよりも心理的健康の実現を第一に考えていたことを示すものである。

　要するに，ERG理論はそもそも欲求階層説とその妥当性を比較できる理論ではなかったのである。このことは，それ以降のマズロー理論の実証研究についても同様にあてはまる。それらが検証したのは「モチベーション論としてのマズロー理論」であった。しかし，それは，マズロー理論の全体でもなければ本質でもない。もし真の意味で，マズロー理論を検証するならば，それはモチベーション論としてではなく，心理的健康の実現論として，その視点から検証されなければならない[19]。

3. 自己実現的人間再考

　マズローにおいて自己実現は欲求階層の最上位に位置づけられる。自己実現的人間は心理的健康の到達点を示すものであり，到達すべき理想である。マズローが自己実現的人間を提示したのは，病気・異常を健康・正常に導くことは，病気・異常を分析するだけではかなわず，理想としての健康・正常の中身を明らかにしてこそその方途が見出せるからである[20]。

　この意味でまず「自己実現人を動機づける」というのはマズロー理論の基本的発想ではないし，三島斉教授が述べるような「従業員を能動的な健康人とみなす」（三島斉, 2005, 215頁）という捉え方もマズロー理論の適切な応用とは言えない。というのは，従業員が既に健康人であるならば，マズローの理論はその意義を失ってしまうからである。そうでない現状にあってこそ，健康人をいかに実現するかを理論化したマズロー理論の意義が生じるのである。

　金井教授は，「自己実現はモチベーションの問題ではない」と述べている。そして，この主張の背後には，マズロー欲求階層説のうち，その承認欲求以下の欠乏欲求（D欲求）と，自己実現という存在欲求（B欲求）が明確に区別されて理解されていないという主張がある。これはきわめて画期的な指摘であ

る。ただし、この主張にはいくつか指摘しなければならない点がある。まず、自己実現がモチベーションの問題でないとしたとき、では自己実現とは何の問題なのかは明確に示されていない。また、同じく、自己実現はモチベーションの問題ではないとして、では、それ以下の低次の欲求、D欲求についてはモチベーションの問題なのであろうか。単にB欲求とD欲求の区別を主張するだけの場合には問題がある。それは、「現実的に承認・尊厳欲求に注目すべき」という主張に陥りかねないからである。沼上教授によって鋭く論じられているように承認欲求がさまざまな意味で重要なのは事実であり、この点を否定するものではないが、しかしこうした把握では未だマズロー理論、欲求階層説の誤用が正されることにはならないであろう。マズローが最も重視した自己実現＝心理的健康の発想が経営の対象とならず視野の外に追いやられてしまうからである。ここではマズロー理論が動機づけではなく心理的健康の実現を問題としているのだという点が見逃されている[21]。

最後に、自己実現人を超えるものとして評価されるフランクルの議論に触れねばならない。彼の人間論がマズロー理論を超えると位置づけられるか否かは議論の余地がある。

それはまず第1に、フランクルの自己実現の理解は、仮にそれがマズローの言う自己実現であるとすると、十全な理解とは言い難いからである。フランクルは自己実現とは自己中心的な発想（主体の立場からの発想）であり、社会的視点からして問題がある（客体の立場が考慮にない）と考えているが、既に多くの指摘があるように（e.g. Maslow, 1968；松山, 2003；三島・河野, 2006）、マズローの言う自己実現はそのようなものではない。むしろ、マズローの自己実現は、フランクルの自己超越と言葉は違えど内容は等しいと言っていい。

第2に、フランクルとマズローは、いずれも心理的健康を問題にし、しかもその中身がほぼ等しい。フランクルは人間がつねに存在と当為、主体と客体の緊張、決して絶えることのない緊張の中におり、この根本的な緊張をもち続ける能力の中に精神的な健康を見ている（Frankl, 1961, pp.12-13）[22]。マズローも自己実現＝心理的健康を本質的に自己と他者・自然（主体と客体）の葛藤およびその受容の問題と見ているのである[23]。

したがってその優劣を問うことは非常に困難な作業を伴う両者だが、ただ

図表1-1　マズロー理論とモチベーション論における欲求階層説・自己実現的人間の取扱いの相違

	マズロー理論	モチベーション論
問題意識	心理的健康の実現	行動の方向性・強度・持続性の確保
欲求階層説	心理的健康実現の経路	行動を引き出す要因の類型 行動を引き出す要因の移行過程
自己実現的人間	実現すべき目標 心理的健康の内容 欲求分析なし	動機づける対象 欲求分析が主 心理的健康は視野外

（出所）筆者作成。

はっきりしていることは，フランクルとマズローいずれがモチベーション論として優れているかを問うならば，それは問いの方向性をまったく誤っているのではないかということである。両者はいずれも，心理的健康の実現をこそそのテーマとしているからである。

以上のマズロー理論とモチベーション論における欲求階層説，自己実現的人間の扱いの違いを図表1-1に示す。

Ⅴ．マズロー理論と経営学

1．モチベーション論の基本的性格と経営学の課題

マズロー理論はモチベーション論ではない。では，なぜこの点を問題視する必要があるのか。

モチベーション論の基本的性格はどのように考えることができるだろうか。先述のステアースらのモチベーション論の展開整理を見てわかることは，モチベーション論は基本的に，人間をして「快を探し求め，苦を避ける」方向に活動は向かうと捉える快楽主義を採っていたということである。もちろん，それは，行動主義，新行動主義という形で名は変わっているが，実質は変わっていないと言える。それは心理学を越えてより学際的に探求されるとき，「行動科学」と呼ばれることになったものである。周知のように，行動主義の基本的枠組みは刺激-反応のS-R図式（stimulus-response sheme）であり，そこから展開された新行動主義および行動科学の基本的枠組みは，有機体（organism）

のOを介在させたS-O-R図式である。モチベーション論はこの行動科学の一種として位置づけられよう。内容論であれ過程論であれ，モチベーション論は，このS-O-R図式を採るものと言える。それは，モチベーション論の一般的な定義，「行動の方向性・強度・持続性の確保」に表れている。行動を引き出すために，人間を分析し，刺激のあり方を探求するのがモチベーション論に他ならない。

だが，このようなモチベーション論には，根本的な問題が伏在している。L. von ベルタランフィはS-O-R図式に対して次のような批判を加えている (Bertalanffy, 1967)[24]。現代心理学は，S-R図式，その延長線上にあるS-O-R図式の人間観を採り，そこで得られた知見が広告宣伝活動等として社会で援用されるに至っている。だが，そうした操作心理学は「人間から人間性を奪う (dehumanizing)」可能性をもつ (ibid., p.12)。つまり，精神的な病，人間としての適応力の喪失，心の根絶 (menticide) を引き起こす可能性を有していると指摘するのである。

このベルタランフィの指摘するS-O-R図式の問題点は一言で言って，「人間の心理的な健康を損なわせる可能性」にあると言うことができる[25]。三戸公教授は，現代経営学の主流は，目的的結果，機能性追求が中心であるが，現代における自然環境・社会環境破壊の急速な進展を見たとき，そこでは随伴的結果を視野に入れた複眼的管理が求められると指摘する (三戸, 1994)。随伴的結果というとき，あえて言えば，それは，社会・組織・個人それぞれのレベルにおける健康・健全性の問題と言えるであろう。経営とは本来，こうした問題も視野に入れて組織目的を追求するものという意味で，「組織目的と個人目的の統合」を追求するものと言えるが，人間をS-O-R図式で把握することは，自己の専門領域に閉じこもってこの発想を欠き，個人におけるこうした健康の問題を視野の外に置くものであり，ひいてはそうした個人で構成される組織・社会の健全性を視野の外に置くものと言える。いわゆる人間操作の問題点はここにある。

ベルタランフィは具体的には，無意味感，実存主義的な神経症・自殺，ノイローゼ等を挙げたが (e.g. Bertalanffy, 1967, p.10, p.14)，現代においてもうつ病患者・自殺者が増大するなど，この問題は深刻の度を深めていると言える。

これは現代社会が「行動を引き出す」ことに汲々とし，個々人の心理的健康の実現を視野の外においているからである。マズロー理論を摂取したはずのモチベーション論も自己実現の名の下にいたずらに成果主義や職務拡大・拡充を唱える中で，諸個人の過度の責任拡大を促し，こうした事態を助長している。

なぜマズロー理論はモチベーション論として摂取されるに至ったのか。それはともすれば人間操作論に陥りがちな経営学の性格に原因の一端がある。すなわち組織が活動の体系であるとすれば，その管理を問題とする経営学は「行動をどう引き出すか」を考えないわけにはいかないのであり，マズロー理論もその観点のみから摂取されてしまったのである。だが，経営とは「組織目的と個人目的の統合」を志向すべきものであり，「行動を引き出す」という組織の要件とともに人間の健康という個人の要件も視野に入れていく必要がある（山下, 2007b）。この人間操作の問題がモチベーション論の抱える根本的な問題であり，同時に経営学が取り上げていかねばならない問題である。

2．マズロー理論の経営学における意義

マズロー理論はモチベーション論を超えて経営学一般において意義をもちうるものと考えられる。さらなる検討は今後の各章で行われるが，ここでは2点だけ指摘しておきたい。

まず第1に，マズロー理論は人間操作論のいわば正反対の問題意識をもつものである。事実，デカーヴァローは，マズロー理論を行動主義に反するものと位置づけている（DeCarvalho, 1991）。ただし，ここでは「行動主義に反する」ということの意味が問われねばならないだろう。例えば，マーチ＝サイモンは器械的モデルから動機的・認知的（問題解決的）モデルへ（March and Simon, 1958），あるいはベルタランフィはロボット・モデルから能動的人格システムへという把握をする（Bertalanffy, 1967）。これらは要するに，受動的な人間観から能動的人間観へということである。そして，これらは，いわば行動主義・行動科学に反対する立場から提出されたものである。

だが，このような受動から能動へという把握では抜け落ちる問題がある。それが人間操作の問題である。それは，現在の管理論の潮流を見たとき明らかであろう。組織が環境適応していくためにイノベーションが求められ，そうした

イノベーションを生み出すために組織のメンバーには創造性が求められる。そうした創造性を各人からどうやって引き出すかが管理論の現状の課題になっている。それが「自己実現人を動機づける」という問題であり，こうした発想は既に蔓延していると言っていい。それは，そもそも経営学にマズローを持ち込んだマグレガーのY理論の発想であった。こうしたアプローチでは，いわば能動的人間観に立って人間操作が企図されてきたわけである。したがって，行動主義なり行動科学の反対という場合，受動的人間観から能動的人間観へ，という立場では不十分と言わざるをえない。

この点で意義深いと考えられるのがマズロー理論なのである。人間操作の問題点は，人間の健康を阻害することであったのに対して，マズローの根本的問題意識がまさに心理的健康の実現であった。単なる自己実現欲求の分析ではなく，自己実現＝心理的健康の実現を企図した理論であるからこそ，マズロー理論は人間操作論の正反対の議論として経営学にとって非常に意義があるものと考えられる。

第2に，マズロー理論は心理学の理論であるが，それは経営学と無縁のものではなく，密接に関わる理論だということである。すなわち，その人間仮説は近代管理論を創始し組織論を展開したC. I. バーナードの人間仮説と重要な点で符合している。

それはとりわけ，バーナード『経営者の役割』(1938) の第17章において展開される人間仮説と大きく符合する。第17章で展開されるのは「意思決定の道徳的側面」であり，バーナード理論の中でも要となるものである。その中で終始一貫問われているのは，「諸個人における道徳準則間の対立・統合の問題」と言っていいであろう。ここで言う道徳準則は「さまざまな影響力の起源から発生し，まったく多様な活動のタイプへと結びついていく，いく組みかの包括的性向ないし準則が同一人に内在する」と考えられるものである (Barnard, 1938, p.262)。この準則間の対立は人格的問題へと発展するとバーナードは述べ，対立の結果として次の3つのケースを挙げている。① 行動の麻痺状態が生じ挫折感・梗塞感・半信半疑・決断の喪失・自信の欠如に至る，② ある準則の遵守ゆえに他の準則を遵守できずに罪悪感・不愉快・不満足・自尊心の喪失に至る，③ ある準則の指令を満たしながら他のすべての準則にも合致する

代替的行動の発見がなされる，というケースである。

バーナードが展開するこの人間仮説は，マズローが述べる人間仮説，すなわち人間は常に自己・他者・自然の中から生ずる対立を経験し，そうした対立の中でそれらを処理できなければ精神的な病に陥り，逆にそうした対立を統合し続けていくことで自己実現に向っていくという人間仮説と大いに符合すると考えられる。

しかもこうした人間観は管理の客体・対象である被管理者を表すばかりでなく，同時に管理の主体たる管理者も表しているという意味で有効性が高いと考えられる。対立と統合の問題は単に被管理者の心理的な問題であるばかりでなく，「組織目的と個人目的の統合」や「費用対効果」等々の言葉があるように管理一般の問題だからである。

VI. おわりに

マズロー理論はモチベーション論ではない。マズローは見事な欲求分類方法を示し，自己実現の欲求という既存理論の閉塞感を打破する欲求概念を提示することでモチベーション論を刺激し，その発展に大きく貢献した。このことは事実であるが，マズロー理論そのものはどこまでいっても心理的健康の実現論なのである。これに対してモチベーション論の狙いは，活動の方向づけ・強度・持続性をどう確保するか，どう行動を引き出すかであって，一言で言って人間の操作にある。両者はまったく正反対の理論である。

マズローの次の言葉は重く受け止める必要があろう。「われわれは自分が完全で，全体的な個人としてとり扱われることを望んでいるのである。われわれは実用的な対象として，あるいは，道具として見られることを好まない。われわれは〈利用される〉ことを好まないのである」(Maslow, 1968, p.40)。

経営学は人間操作論に陥り易いがそれを超えるためには，マズロー理論をその問題意識に即して摂取する必要がある。この立場からすれば，まず欲求階層説はモチベーションではなく心理的健康実現の観点から検討される必要がある。また「自己実現人を動機づける」という発想は厳に慎まれるべきである。

いたずらに自己実現人として把握されるならば，それは個人の自己責任，組織の無責任という構図を助長しかねない。

　いずれにしても，こうして経営学はモチベーション論の観点からマズロー理論を摂取した結果，一番肝心の「自己実現」を十分に取り上げることができなくなった。

　諸手をあげてマズローを支持するものではない。しかし現代はニート，うつ病が増大し，自殺者は3万人という，自己実現＝心理的健康が蝕まれている時代であり，あれほど心理的健康の実現に言を費やしたマズローは経営学の中でも稀有な存在であって，モチベーション論を超えた視点からより一層注目されて然るべきである。それは，経営学の細分化された一領域にマズローを押し込めることなく経営全体の視点からマズロー理論を摂取すべきを主張するものである。

注

1) とりわけ，三島・河野両教授の一連の論考（三島・河野, 2005；2006；三島斉, 2005）は，マズロー理論の形成過程を追いながら，これまで十分に取り上げられてこなかったマズロー周辺の重要文献を入念にサーベイしている。なお，これらは三島斉紀編『マズロー理論研究序説』（2015年）にまとめられている。また，本章は，2008年に『日本経営学会誌』に発表した拙稿「マズロー理論はモチベーション論か」に大幅に加筆修正を加えたものであるが，『マズロー理論研究序説』には，三島・河野両教授による同稿への批判・指摘がなされている。ご指摘に感謝したい。
2) マズローの欲求階層説は，主として，マズロー『動機と人格　第二版』の中の第4章「人間的な動機理論」（Maslow, 1970, pp.35-58）によって記述されることが多いが，単独の一章だけでまとめるのは難しい。本節は，この第4章の他に，主として第7章「高次欲求と低次欲求」（ibid., pp.97-104）等によりながら，また私自身の言葉も若干加えて，まとめている。
3) 「愛」と言っているが，「愛」にもさまざまなレベルがありうる。事実，マズローは，『動機と人格』において，「自己実現的人間における愛」という章を設けている。また，例えば，E. フロムは，愛について次のように述べている。すなわち，「成熟した愛は，人の誠実さ（integrity），人の個人性（individuality）を守るという条件のもとにある結びつき（union）である」（Fromm, 1994, p.16），あるいは，愛の基本的要素は「配慮・責任・尊敬・知識である」（ibid., p.21）等と述べられているのである。ここで述べられている愛は，マズローで言えば，自己実現の段階における愛とほぼ同義である。マズローが「所属と愛の欲求」と述べている場合の「愛」は，こうした自己実現的人間の愛にまでは達していないものであり，序章の注3でも述べたとおり，いわゆる「与えられる愛」である。
4) ただし，アンブローズ＝クーリックは1990年代のモチベーション論の200以上もの膨大な研究を渉猟し，組織行動研究がほとんどmotivationという概念を放棄し，このmotivationという幅広い意味をもつ概念を，より狭い特定の従業員行動の尺度に置き換えるようになっていると指摘している（Ambrose & Kulik, 1999, p.278）。
5) モチベーションの過程論はその変数を拡大させ続けている。例えば，Ambrose & Kulik (1999)，

Locke & Latham (2004), Latham & Pinder (2005) 等を参照。なお, 本書では, かつて管理過程論が例えば, 計画化・組織化・人事・指揮・統制の管理過程にさまざまな管理の諸理論を整理していったように, さまざまなモチベーション論を, 誘因から行動・結果の一連のプロセスの中に整理する研究も含めて「モチベーションの過程論」と解している。

6) 詳細は第5章で示す。

7) 以下, モチベーション論で行われるような, 理論上の人間仮説として記す場合は「自己実現人」とし, マズローが理想ないし目的として規定したものを「自己実現的人間」と記して区別する。

8) 自己実現欲求は動機づけられないからという理由ではないが, 太田肇教授も承認欲求に注目すべきを提案されている (太田, 2005 ; 2007 ; 2011 他)。太田教授は承認欲求について数々の著作を物され, きわめて多面的にするどく承認欲求を分析されている。本書では承認欲求にまつわる限界もいくつか以下の諸章で論じていく。

9) この点, 二村敏子教授は対照的である。二村教授は, マズローの自己実現が社会性を含んだ概念であることを認めながらもなお, 各人が自己実現しようとすると衝突が起きやすいことに留意していないと指摘されている (二村, 2004)。

10) すなわち,「マズロー自己実現思想に対する最も強い批判は, この思想があまりに自己中心性を帯び, 非社会的であるというもの」だと述べ (松山, 2000, 106頁), しかし, マズローの自己実現がそのようなものではないことが語られる。すなわち, マズローの言う自己実現は, アドラーの言う「共同社会感情」と正の相関を示すようなものであるし, 自己実現的人間は「民主的性格構造」と呼ぶべき特徴を有することが示されている。自己実現的人間とは, 強烈な自己主張の持ち主とは対極にある, 謙遜ともいえるような性質をわかちもつ存在であるとするのである (同上, 107頁)。そこにおいては,「マズローの考えでは, 自己の内には, 自然に裏付けられた全てのものが内包されているわけだから, その本来の自己の要求は自然及び世界からの要求でもある。したがって, この地点では, 自己の要求と義務とはなんら区別される必要がない」(同上, 110頁)。

なお, 松山教授の2000年の論文では, こうした自己実現的人間の描写が, 孔子の言う「七十にして心の欲する所に従って矩を踰えず」という境地であり, 非現実的, 理想主義的に過ぎる, と批判されている (松山, 2000, 110頁)。

11) これにきわめて近い把握をしたのが, 三島重顕教授である (三島重, 2009a;b)。三島重教授もマズローの自己実現概念が時期によって変化してきたと捉え, 1955年までの時期, 1959年までの時期, それ以降, という3つに区分した上で, マグレガー, アージリス, ハーズバーグらの自己実現概念は, 1955年までの概念を適用したものだと批判した。

なお, マズローの自己実現概念の核は何かという点でも, 三島斉教授と三島重教授の見解は, 見事に一致している。すなわち, 両者とも存在価値 (B価値) こそがそれであるとするのである。

12) なお, さきほどの注1で紹介した三島斉紀編『マズロー理論研究序説』は, モチベーション論とは異なる観点からマズロー理論を把握しようとしている。

13) もちろん二村敏子教授, 三島・河野両教授等の例外はある。ただしこれらもマズロー理論にとってそれがどういう位置づけをもち, モチベーション論の視点からどういう意味をもつかは示されていないと思われる。

14) この点は, 心理学でマズローが取り上げられる際には周知の事柄である (e.g. 上田, 1988 ; 久保田, 1999 ; DeCarvalho, 1991)。だが経営学において取り上げられる際には必ずしも言及されていない。逆もまた然りであって, 心理学で取り上げられる際に, モチベーション論への言及とともに取り上げられることはほとんどない。

15) したがって例えば, ホール=ノーゲムは, マズローの意を汲んで, 欲求階層説を人生におけるキャリア段階論として理解することを提案している (Hall & Nougaim, 1968)。彼らによれば, その段階には3つのフェーズがあると言う。第1に安全に対する強い関心で特徴づけられる段階, 第

2に達成のための高い欲求をもって進歩に向けて努力する段階，第3に組織へのコミットメントや若者への奉仕のようなより高い使命動機に向けて努力する段階，である（ibid., pp.28-29）。ただし，そこでは，欲求階層説の限界も指摘している。すなわち，こうしたキャリア段階の移行は，より下位段階の関心に対する満足には必ずしも依存していないとする。キャリア段階の移行は，欲求の満足に関わりなく能力がつけば生じるであろう。にも関わらず，欲求階層説は欲求充足しなければ移行しないと仮定してしまっている，というのである。なお，上田吉一教授も，欲求階層説について，欲求の階層が人間性の階層を示すものであり，人間の成長，発達の過程を説明し，教育や治療に有益な示唆を与えるものだと指摘している（上田，1988, 36頁）。

16) すなわち，より有効な現実の知覚であり，現実と理想のギャップを受け入れること，自己・他者・自然の受容であり，これらに基づいた自生性・単純さ・自然さ，問題中心性，超然性，認識が絶えず新鮮であること，神秘的経験，共同社会感情，心からの対人関係，深遠なる民主的感覚，手段と目的の区別や善悪の区別，健康な人格の表現としての創造性，価値体系の確固たる基盤，二分法の解決，などである（Maslow, 1970, pp.153-180）。

17) もちろん，すでに，金井教授による「自己実現はモチベーションの問題ではない」との指摘がある。しかし，本章および本書全体において述べていることは，この指摘とは異なる。この金井教授の指摘は5つの基本的欲求のうちの「自己実現」について，それをモチベーションの問題ではないと指摘するものであるが，本書では，5つの基本的欲求とその関係性を語る欲求階層説・科学論・管理論を含めた「マズロー理論」全体がモチベーション論ではないと述べるものである。

18) なお，マズローとマグレガーのより詳細な対比は第4章で行う。

19) なお，ERG理論については，第5章で詳述する。

20) 正常な状態を明確に提示して成功した顕著な例はトヨタであろう。トヨタは絶えざる改善によって今日の地位を築いたが，その根底には周知のJITと自働化の2本柱がある（大野, 1978；小川, 1994）。変化の激しい現代にあって，50年以上も有効性を持ち続ける「正常」な姿を示したのは驚異的なことと言わざるをえない。

21) なお，金井教授の「完全なる経営」論については，第8章で検討する。

22) コバチはノーブル（Noble）の言を引用しながらフランクルについて次のように述べる（Kovacs, 1999, p.945）。「生きること（living）の意味の探究と問いは，人生（life）からの，そして人生についての人間の予測（human expectations）をえり分けることよりも根源的に理解するべきことである。フランクルによれば，人は日々時々刻々，人生によって問われる存在であるが，この探究は，そうした存在としての自分自身を考えることを要求するし，生きることにおける責任をとること，課題（task）を充実させることを要求する」。フランクルは，モチベーションを論じたのではなく，「生きることの意味」を探究し，問うてきたのである。

23) フランクルは自己実現を批判するが（Frankl, 1960; 1966），これに対してマズローはフランクルの論文への「コメント」（Maslow, 1966a）を付し，フランクルが述べていることと自分が言っていることはほとんど同じだという見解を示している。

24) ベルタランフィは彼の提起したオープン・システム・アプローチによって組織論でも周知である。組織論においてともすれば安易に論じられるオープン・システム・アプローチであるが，岸田民樹教授はベルタランフィに立ち返ってその真義を確認した上で，組織論における意味を示している（岸田, 1986）。

25) この点は，本書で詳しく論ずることはできないが，拙稿「オープン・システム・アプローチの人間観と組織」「L. von ベルタランフィにおける一般システム理論とロボット・モデル批判」を参照してほしい。

第2章
マズローの基本思想
──その心理・科学観──

I. はじめに

　試みに，例えば『広辞苑　第7版』を引いてみる。「心理学」については次のように記されている。「(psychology)（mental philosophyの西周(にしあまね)による訳語）人の心の働き，もしくは人や動物の行動を研究する学問。精神や精神現象についての学問として始まり，19世紀後半以降，物理学・生理学等の成果を基礎として実験的方法を取り入れ，実証的科学として成立。」
　また「科学」については次のように記されている。「① 観察や実験など経験的手続きにより実証されたデータを論理的・数理的処理によって一般化した法則的・体系的知識。また，個別の専門分野に分かれた学問の総称。物理学・化学・生物学などの自然科学が科学の典型であるとされるが，同様の方法によって研究される社会学・経済学・法学などの社会科学，心理学・言語学などの人間科学もある。② 狭義では自然科学と同義。」
　これらは，心理学および科学の一般的な理解と言っていい。すなわち，心理学とは精神や精神現象についての学問として始まったが，現代においては実証的科学として成立しているものであり，科学とは観察や実験など経験的手続きにより実証されたデータを論理的・数理的処理によって一般化した法則的・体系的知識だというのが現代における理解であろう。マズローはこうした一般的理解を踏まえながら，それを超えたところに立とうとする。
　本章ではマズロー理論の基底にある基本思想，その心理学観・科学観を明らかにする。

振り返ってみると，これまで経営学では，マズローの欲求階層説や自己実現という言葉は取り上げられるものの，その背景にある思想部分を把握する作業が十分に行われてきていないのではないだろうか。このことがマズロー理論の核心に迫ることができない理由の1つであると考えられる。そこで本章では，こうしたマズローの思想に関わる部分，特にその心理学観・科学観に注目する[1]。第1章でマズロー理論はモチベーション論ではないということを述べたが，彼の心理学観・科学観はそれを裏づけるものである。この心理学観・科学観の考察によって，マズロー理論の基本的な立場・位置づけが見えてくる。

もちろん，マズローの科学論の紹介は既にいくつかの研究でなされているし，マズロー理論に対する位置づけも既に「第三勢力」という形で与えられている。しかし，第1にこれまでのマズロー科学論の紹介は，マズロー理論を構成する一領域として最後に紹介されるか（e.g. Lowry, 1973；上田, 1988），「第三勢力」という理解に関わる限りで触れられるか（e.g. Goble, 1970），いずれかであって，マズロー理論全体を通底する基礎として十分に理解されてこなかった。またこれらの文献では，科学論に触れてはいてもマズローの心理学観について触れるものがほとんどない。しかしこの心理学観は，マズロー理論を理解する上で不可欠な彼の根本思想を表現しているものである。第2に「第三勢力」という位置づけについては，以下で明らかにしていくマズローの心理学観・科学観を見たときには妥当とは言えない面をもっている。マズロー理論は社会科学であり，本章では社会科学としてのマズロー理論の位置づけを考える。

II. 心理学の哲学

R. J. ローリーの『A. H. マズロー：知の肖像（*A. H. Maslow: An Intellectual Portrait*)』(1973) によれば，マズローが正統派科学（official science）の批判を行い始めたのは，1940年代前半からだとされている[2]。マズローが自己実現について研究を開始しているのも同時期からであり，比較的早い段階から科学論を問題にしていたことがわかる。彼の科学論はその約20

年後に著書『宗教・価値・至高経験（*Religions, Values and Peak-Experiences*, 邦題：創造的人間―宗教・価値・至高経験）』（1964）および『科学の心理学（*The Psychology of Science*, 邦題：可能性の心理学）』（1966b）において体系的にまとめられ，「科学概念の拡張」が主張されることとなった[3]。

「科学概念の拡張」がどのようなものであるかは，後で述べることとして，まずはそうした科学論にマズローが踏込むことになった動機，マズロー自身の根本的な思想について見ておきたい。マズローは心理学者である。心理学者である彼が，なぜ「科学論」というより根本的な問題に踏み込むことになったのか。しかもそれが一編の論文などでは済まず，著書としてまとめるほど論じることになったのはなぜなのか。これを見ておきたい。

結論から言えば，この問題についてはマズローの心理学に対する強烈な自負心が背景にあると言える。それがはっきり表明されているのが，1957年に発表された論文「心理学の哲学（A Philosophy of Psychology）」である[4]。この論文はマズローの心理学観の表明であり，マズローの基本的な考え方のすべてが詰まっていると言っても過言ではない非常に重要な論文である。

この論文は，マズローの信念の表明から始まる。

「かなり無遠慮に述べるとすれば，私は，世界が心理学者によって救われるか，あるいはまったく救われないかのいずれかであろうと考える。心理学者は今日生きている人びとの中で最も重要な存在であると思う。人類の運命は，今を生きているどんなグループの人びとよりも，心理学者たちの双肩にかかっていると思う。人間の幸せと不幸せを構成する重要問題，すなわち戦争と平和，搾取と友愛，憎しみと愛，病気と健康，誤解と理解という重要問題のすべても人間の本性のよりよい理解という問題にだけは負けるであろうと私は考える。医術や物理や法や政治・教育・経済・工学・ビジネス・産業は道具立てに過ぎない。強力な道具立て・強力な手段であるが目的ではない，と思う。

私は，心理学者が心を傾けるべき究極の目的は，人間的充実・人間的向上・成長および幸せであると思っている。しかし，これらの道具立て―産業・生産力など―はすべて，悪い人間の手にかかれば悪くなり，よい人間の手にかかってのみ，よいもの，望ましいものとなる。悪い人間の不健康さを治す唯一の道

は，よい人間を生みだすことである。こうした人間をよりよく理解するために，何がこうした人々を生みだすのかを知るために，そして悪を治癒し善を開花させるために，我々は，悪とは何であるか，善とは何であるか，すなわち心理的健康とは何であるか，心理的不健康とは何であるかを知る必要がある。そして，これこそが心理学者の仕事である」(Maslow, 1957, pp.225-226)。

ここには，マズローの心理学に対する並々ならぬ自負心を見ることができる。

さらに，マズローは心理学者の使命について次のように説いていく。マズローによると，「心理学者には，他の科学者にはないルールと責任がある」(Maslow, 1957, p.226)。すなわち，今日，我々の最も差し迫った，喫緊の課題は，人間の弱さ・悲しみ・強欲・搾取・偏見・軽蔑・臆病・愚かさ・ジェラシー・わがままさに起因する人間的な問題であるが，これらはすべて人間の不健康さであり，したがってこうした問題は，「人間の本性を向上させれば，すべてが改善する」(ibid., p.227)。「しかし，人間を向上させる前に，まずは人間を理解しなければならない。(中略) 我々は，まだ人びとについて十分に知らない。ここにこそ心理学者が直面する課題がある。我々は心理学を必要とする。他のどんなものよりもそれを必要とする」(ibid., p.227)。かくして，マズローは次のように述べることとなる。「心理学者は，聖職者がもつべきであるということと同じ意味における召命をもっている。心理学者は，ゲームをしたり自分自身を思いのままに満たす権利をもたない。心理学者は人類に対する特別の責任を有している。心理学者は，その双肩にかかる義務の重さを感じるべきである。それは他の科学者には必要とされていないものである。そして，心理学者は，使命の感覚，献身の感覚をもつべきである」(ibid., p.227)。

こうしたマズローの心理学者の使命に対する考え方は，マズローが行う「心理学者」の規定によく表れている。次のように述べている。

「私は，心理学者という言葉によって，すべての種類の人びとを意味する。心理学の教授だけに限らない。人間の本性のより真なる，より明確な，より実証的な概念を発展させることに関心があるすべての人を，そしてそのような人だけを含む。ということは，多くの心理学の教授とサイコセラピストを除外するということである」(Maslow, 1957, pp.227-228)。

その上で，心理学者に対して謙虚さを求めている。

「心理学は科学として幼く，我々が知る必要のある知識から考えるとわずかしか身につけられていない—みじめなくらい少ない—（心理学者はわずかにこれがどのくらい少ないかを知るのみである）し，また責任が心理学者の肩に重くのしかかっているので，よい心理学者は謙虚な人であるべきである。…（中略）…。不幸なことに，あまりに多くの心理学者が謙虚でなく，その代わりに傲慢である。」(Maslow, 1957, p.228)

以上のように，マズローは，心理学に対して誰よりも深い意義と重い責任を認めている。これだけの意義と責任を認めるがゆえにマズローは当時の心理学のあり方に不満を抱くことになる。こうして，心理学改善のために14もの提案を行うことになるのである（Maslow, 1957, pp.228-244)。それを要約的に示せば，以下のとおりである。

① 心理学はより人間的であるべきであり，より人間性の問題と関わるべきであり，そしてギルドの問題と関わりをより少なくするべきである[5]。

② 心理学は哲学・科学・美学の研究に，しかしとりわけ倫理と価値の研究により頻繁に立ち戻るべきである。

③ アメリカの心理学はより大胆で，より創造的であるべきである。それは，慎重で，注意深く，ミスを避けるばかりでなく，発見に挑むべきである。

④ 心理学はより問題中心的であるべきであり，手段や手法に吸収されるべきではない。

⑤ 心理学は今よりも積極的であるべきであり，消極さを減ずるべきである。それはより高い天井をもつべきであり，人間のより高尚な可能性を恐れるべきではない。

⑥ そうだとすれば，そのとき治療は，診察室の中から持ち出されるべきであり，そして人生の他の多くの領域に広めるべきである。

⑦ 心理学は表面上の行動だけでなく，人間の本性のさらなる深淵を研究すべきであるし，意識と同時に無意識も研究すべきである。

⑧ 学術的な心理学はあまりにも排他的に，西洋的であり，東洋的なものを十分に取り入れていない。それはあまりに多くのものを客観的なもの

(objective)・公開されているもの（public）・外的なもの（outer）・行動（behaviour）に向ける。それは，内的なもの（inner）・主観的なもの（subjective）・瞑想的なもの（meditative）・公開されないもの（private）についてさらに学ぶべきである。テクニックとして提示される内省が，心理学的研究の中で蘇らせられるべきである。

⑨　心理学者は，目的（end）に対する手段，つまり実践的なもの・有用なもの・目的にかなうものだけでなく，目的となる経験（the end experiences）をこれまで以上に研究すべきである。

⑩　心理学は人間を，単に，無力にも外部の力によって動かされ，そして外部の力だけによって決定される受け身的な粘土のような存在として研究すべきではない。人間はその人生における積極的・自律的・自己統治的な活動者であり選択者であり創造者である。

⑪　すべての知識人は抽象・言葉・概念に取り込まれるようになり，すべての科学の始まりである生の経験，新鮮で・具体的で・オリジナルな・真の経験を忘れる傾向がある。心理学において，これは特に危険なことである。

⑫　ゲシュタルト心理学や有機体理論の教訓は，心理学に十分には取り込まれていない。人間は，少なくとも心理学研究が関わる限りにおいて，それ以上単純化できない単位である。人間におけるすべてのことは，多かれ少なかれ，人間における他のすべてのことに関わる。

⑬　心理学者はこの世にたった一人の独自な人間を徹底的に研究するということにさらなる時間を捧げるべきである。それは，心理学者のもつ偏見を包括的に把握された人間と比較させるために必要であり，心理学者は，包括的に把握する仕事と抽象化する仕事にさらなる時間を捧げなければならない。

⑭　最後に，人間が正当にその成長・自己充実すなわち心理的健康のために何を欲し何を必要としているのかについてわれわれがさらに知るようになったとき，そのときわれわれは健康を育む文化（the health-forstering culture）の創造という課題に自らを向かわせるべきである。

さて，以上が「心理学の哲学」の概略である。この論文からはまず，マズ

ローが心理学についてどのように考えていたかを，その根本的な思想の観点から知ることができる。まず第1に，心理学の重要性に対する彼の認識である。マズローは心理学について，これほど重要なものはないと考えていた。それは当時の社会問題を念頭におき，その根本的原因を人間相互の無理解によるものと捉えたからである。そうだとすると，人間の本性を理解することが社会における諸問題の解決の第一歩であり，そうであるからこそ世界が救われるか否かは心理学者にかかっているとまで述べるのである。

第2に，このように捉えたとき，心理学の有する課題も示されることになる。すなわちまず，手段中心主義からの脱却である。例えば，次のように述べている。

「より率直に言うなら，もしそれが第1に手段として規定されるなら，それは科学の外に出た意味のないゲームあるいは儀式となる。もし適切さ（pertinence）・価値あるもの（worth）・目標（goal）・価値（value）が十分に強調されず，妥当性（validity）や信頼性（reliability）が排他的に追究されるならば，これは「私は自分が何をしているか知らないし，関心もないが，どのくらい正確にそれをしているかはわかっている」と得意げに自慢しているようなものである」（Maslow, 1957, p.236）。かくしてマズローは，問題中心で心理学に向かうべきことを説く。

問題中心というとき，心理学における問題とは何か。先述のようにマズローは，現代のさまざまな問題が人間相互の不理解から生じていると理解する。そこには人間の本性を理解するという課題が見える。そしてここから，課題はさらに広がっていくことになる。まず人間の本性を理解するためには，人間の健康・不健康両面の研究が必要である。また健康・不健康両面が明らかになれば，今度は，健康を実現していく方法を考えていかねばならない。そして最終的には，一個人が健康になる方法ではなく，社会全体として各個人の健康が実現されていかねばならない。マズローが提言の最後に示した「健康を育む文化」の研究が必要だとの認識には，そうした思いを読み取ることができる。マズロー理論の意図・目的は，こうした人間の幸福のための諸観点にあるのであり，かくしてマズローは後に，予測やコントロールが科学の目的だとする見解に疑義を唱えていくことになるのである（e.g. Maslow, 1966b）。この点はマズ

ロー理論の性格を把握する上できわめて重要である[6]。

さてこの論文からは、なぜマズローが科学論を展開するに至ったか、その背後にある問題意識を知ることができる。すなわち、マズローは心理学を社会における極めて重要な学と捉えていた。心理学は諸個人を、そして社会を健康なものに導くものだからである。そして、心理学が社会のどんな学問よりも重要であり、その影響力が大きいと把握することによって、そうした知識を提供する者の責任が自ずから把握されることになる。これに対して、マズローは、当時の心理学の現状はこうした最重要の学としての心理学の仕事に向かえるものとはなっていないと考えていた。それは、「科学」というものをあまりに狭く捉えていたからである。そこでは、成功を収めてきた物理学の方法のみを「科学」と捉えていた。しかし、心理学は物理学とは対象が異なる。したがって、マズローが自負する心理学の視点からすると、科学概念の拡張が必要となる。誰よりも心理学の重要性を自負していた心理学者であるマズローが、科学という根本的な問題に進んだ理由はここにあったと言える。

III. マズローの科学観

1. 科学のあるべき姿

では、マズローの科学観について見ていこう。正統派科学の科学概念を狭いものと考え、「科学概念の拡張」を唱えていたマズローだが、彼は科学のあるべき姿をどのように捉えていたのだろうか。この点は、彼の論文・著書でさまざまな形で表明されている。

カール・ポパーは『科学的発見の論理』（1959）において、「科学的言明は客観的でなければならないというわれわれの要求を固守するならば、科学の経験的基礎に属する諸言明もまた科学的、すなわち、相互主観的にテスト可能でなければならない」と述べている（Popper, 2002, p.25）。一般に、何らかの知識についてそれが科学的であるかどうかは、そこにおける「客観性」がどのように担保されているかにかかっている。正確・厳密で、信頼に足るものかどうかということが基本的に問われる。しかし、マズローはこの点から科学を規定し

ない。少なくとも，この点を最も重要なものとはしないのである。そうではなくてマズローは，科学の目的から科学を規定しようとする。したがって，マズローの科学に対する考え方は，まず何よりも科学の手段中心的アプローチに対する批判的な見解から始まっている。例えば，マズローにおける科学論として最も初期にあたる論文の1つでは，次のように述べられている。

「科学への手段中心アプローチは，問題中心志向とは対照をなしている。手段・設備・テクニックあるいは手続きの過度の強調やそれらへのあまりにも排他的な関心は次のような失敗を生む。

①　活発さや重要性・創造性よりも洗練さや優雅さを強調すること
②　科学における指導的地位が発見者よりもテクニシャンに与えられる
③　定量化のための定量化を過大評価する
④　問いをテクニックに合わせるのであり，その逆にはならない
⑤　諸科学の間に，誤った，非常に有害な階層的な体系をつくる
⑥　諸科学間の過度に強い区画化
⑦　科学者とその他の真理探究者（詩人・小説家・芸術家・哲学者）の間の類似性よりも差異を強調すること
⑧　科学的正統派（scientific orthodoxy）の創出。これには次のような傾向がある。すなわち，a）科学への献身を妨げ，b）科学の管轄から多くの問題を排除し，c）科学者を挑ませたり，型にはまらないようにさせるのではなく，「安全」志向にさせるのである。
⑨　価値の問題の軽視。これには，実験の価値や重要性を判定するための基準が結果としてぼやけるということも伴う。」(Maslow, 1946, p.331)

ここでは，科学は問題中心的であるべきだというマズローの考えが表明されている。

それでは，科学が問題とすべきもの，科学の目的とは何か。例えば，マズローは『科学の心理学』で次のように述べている（Maslow, 1966b, p.40）。

まず，「人間についての知識の究極の目標は，物や動物についての知識の目標とは異なる」。例えば，物や動物が対象であるなら，予測やコントロールといったものが知識の目標だということができるのかもしれない。しかし，「人間を知るための我々の努力は，予測やコントロールのためだということを，真

剣に言うことがどのようにして可能だろうか」。こう問いかけるマズローは，人間に対してはむしろ逆だと述べる。「もし人間主義的科学が人間の秘密や，それを享受することに対してまったく魅了されている状態を超えて，何らかの目標をもつと言いうると言ってよいとすれば，それは，外的なコントロールから人間を解き放すことや観察者により予測できないようにさせること（人間をより自由にし，創造的にし，内部決定的にすること）であるだろう。おそらくそれが自分自身にとってはより予測可能になることだとしてもである」。

科学とは外部から人間をコントロールするためにあるのではない。むしろ逆である。人間がよい人生を生きるために，人間をより自由にし，創造的にし，内部決定的にすることが，科学，特に人間を扱う科学では目指されねばならない。そこにおいて問われるべき決定的問いは，「科学は価値を，人々がそれにしたがって生きるべき価値を発見できるのか」ということである（Maslow, 1966b, p.124）。

すなわち，「最も広い意味で科学は，人間的な価値であるもの，人間がよい人生，幸せな人生を生きるために必要とするもの，その人が病気を避けるために必要とするもの，その人にとってよいもの・悪いものを発見できるし，発見するものである」（Maslow, 1966b, p.125）。

このように考えるとき，科学はさまざまな意味において包括的なものでなければならないと言える。マズローは「科学の何らかの基本的なルールがあるとすれば，それは私の意見では，現実のすべて，存在するすべて，その通りであるすべてのことを認め，述べる義務を引き受けることである」と述べている（Maslow, 1966b, p.72）。

ここで述べられている「すべて」とは次のことである。「それは，それが理解できないもの，説明できないもの，理論が存在しないもの，測定・予測・統制あるいは秩序化されえないものであってさえ，その守備範囲に入れなければならない。それは矛盾・非合理性・神秘性を受け入れなければならないし，そして，伝えることの難しい存在の漠然とした，曖昧な，原始的な，無意識の，そしてその他すべての側面をさえ，受け入れなければならない。最も良いのは，それが完全にオープンで，排除するものがない状態である。それは〈入場資格〉を持たない」（Maslow, 1966b, p.72）。

さて,科学はその手段から規定されるよりもむしろ,その目的が重要であることは確かだとしても,科学である以上,「客観性」は確保されねばならないのではないか。この問題に対して,マズローの1つの答えは,客観性には2つの種類があるということである。これについては,マズローの次のような理解が背景にある。それは,人間にとっての現実,人間の知識は,知る者と知られるものとの相互作用の結果だということである。例えば,彼の『動機と人格』では次のように述べている。

「科学の心理学的解釈は,科学とは自動的にできあがるもの,非人間的なもの,あるいはそれ自身の固有の法則をもつ〈物 thing〉であるよりもむしろ人間の創造物であるという決定的な理解で始まる。科学の起源は人間的な動機であり,その目標は人間的な目標であり,そしてそれは人間によって創造され,再生され,維持される。科学の法則・組織および相互連関は,科学が発見する実在の本性（the nature of the reality）にのみ基づいているのではなく,その発見をする人間性の本性（the nature of the human nature）にも基づいている。」(Maslow, 1954, p.1)

科学が実在の本性だけでなく人間性の本性にも基づいているということは,マズローが示す次のような科学の役割区分にも表れていると言える（Maslow, 1954, pp.4-5）。

① 問題の探索・疑問の提起・予想の促進・仮説の設定という役割。
② テストし,チェックし,確認および否認し,実証する役割。仮説を吟味・テストし,実験を繰り返してチェックし,事実を積み重ねていき,事実をより信頼できるものにする役割。
③ 組織化し,理論化し,構造化していく役割。より普遍的な一般化の探究。
④ 歴史的な事実を収集する学術的な役割。
⑤ 技術的側面。道具・手法・テクニック。
⑥ 管理・執行・組織的な側面。
⑦ 公表すること（publicizing）,教育という役割。
⑧ その人間的な使用に向けた応用。
⑨ 鑑賞・享受・賛美・賞賛。

この役割区分からは例えば，① 問題の提案，③ 理論化，⑥ 管理，⑦ 公表，教育，⑧ 人間的使用，⑨ 享受のように，科学には人間の主観が大きな役割を果たす局面が多数存在していることがわかる。すなわち，科学的知識というものが「知られるもの」から自動的に浮かび上がってくるものではなく，「知る者」との相互作用によって浮かび上がるものであり，この意味で「知る者」の関与が必ずあるとすれば，そしてこの意味において科学に人間の主観の入る余地があるとすれば，「知られるもの」の観点からのみでなく，「知る者」の観点から客観性が規定できると考えられる。マズローはこの観点からする客観性の存在を指摘し，その重要性を強調する。この点については後で述べたい。

　要するにマズローは，科学をその目的の観点から規定しようとした。科学は人間の幸福のため，人間をより自由にし，創造的にし，内部決定的な存在とするものでなければならない。そこにおいては，科学は測定・予測・統制できるものだけを取り扱っていてはならない。そして，この目的の観点に立ってそれに資するものについては，矛盾・非合理・神秘的なものであってもそれを述べる，そうした包括性をもたなければならない。
　かくして，マズローが科学概念の拡張を図ったのは，その対象と方法の両面においてであった。マズローはいわゆる正統派の科学に対して，2つの点で科学概念の拡張を図ろうとする。すなわち第1に科学の対象の拡張であり，「価値」をその中に含めるということである。なぜなら，よい人生を生きるために価値が不可欠だとマズローは考えたからである。第2に科学の方法として「経験」の活用を含めるということである。この点に関しては，これにともなって新たな「客観性」の概念が提起される。順に見ていこう。

2. 科学と価値——科学概念の拡張①——

　マズローはまず科学対象の拡張を図ろうとした。すなわち，価値を科学に含めようとしたのである。マズローは価値を非常に重視している。それは第1に，マズローは現代社会の根本的な問題を没価値性にあると見たからである。例えば，マズローが編者となった『人間的価値についての新知識（New Knowledge in Human Values）』(1959) の序文では次のように述べられてい

る。

「本書は次のような信念から生まれている。まず第1に，現代の究極的病弊はその没価値状態（valuelessness）にある。第2に，この状態は史上かつてないほど決定的に危険である。そして最後に，人間自身の理性的努力によって，それに関して何らかのことをなすことができる」(Maslow, 1959, p.vii)。

ここでは現代の没価値状態に対する危惧が表明されている[7]。マズローは先述のごとく科学を，その手段によってよりは問題あるいは目的によって定義する。マズローは現代社会の問題の根本を価値の問題と捉えたがゆえに，例えばそれが手段的には正確で信頼性のある把握が難しいものだとしても，科学に含めようとしたのである。

また第2に，マズローは科学を真理の追求と考え，真理が価値と密接な関係にあると考えていたからである。次のように述べている。

「科学の全体的な仕事は〈真理（truth）〉とかかわっている。これこそが科学のすべてである。真理とは本来的に望ましいものであり，大切なものであり，美しいものであると考えられる。そしてもちろん，真理は常に究極的な諸価値の1つとみなされるものである。いわば，科学は価値に服しているのであり，すべての科学者がそうなのである。

そして，もし私が望むならば，この議論に他の諸価値を巻き込むことができる。それは，十分な究極的な〈真理〉は，最終的に他の究極的な諸価値によってのみ定義できるように思われるからである。すなわち真理は，究極的には，美しく，善く，簡潔で，包括的で，完全で，統合的で，生き生きして，独特で，必要で，最終的で，公正で，規則的で，骨の折れない，自己充足的な，楽しいものである。もしそれがこれら以下であるならば，それはまだ真理の最も十分な程度や質に達していないのである。」(Maslow, 1966b, p.123)。

さて，没価値性が現代社会の重要課題であるとすれば，それは心理学をはじめとする社会諸科学においての重要課題であろう。しかし，例えば，経営学においてもサイモンが価値を入れては科学にならないと主張したように，科学は没価値性を求める傾向がある。そうした傾向の中でマズローは，科学に価値を取り込もうとした。

しかも，マズローは単にロマンチスト的な発想で，それを述べたのではな

い。マズローの発想はある意味で非常に現実的である。マズローは，その著『宗教・価値・至高経験』(1964) の中で，価値を論じるためにはどうすべきかも指摘している。その指摘は非常に興味深いものであり，現代において価値が失われた理由として宗教と科学の二分化を指摘している。次のように述べる。

「科学も宗教もこれまであまりにも狭く考えられてきたし，あまりにも互いに相いれないものとして，二分され分離されてきたため，あたかも相互に排斥しあう2つの世界の観を呈してきた。簡単にいえば，この分離こそ，19世紀の科学があまりにも機械論的・実証主義的・還元主義的になり，遮二無二価値抜き (value-free) になろうとすることを可能にしたのである」(Maslow, 1964, p.11)。

マズローは，価値が科学から失われたのは科学と宗教が二分されたからだと述べている。この説明からすると，科学が事実のみを扱い宗教が価値のみを扱うことになったから，事実のみを扱う科学は価値を扱えなくなったのだと考えられそうだが，そうではない。価値を扱っているはずの宗教もまた，実質的には価値を扱えていないとマズローは指摘している。すなわち，宗教に関しては次のように論じている。

「知識と価値とをこのように二分することはまた，組織化された宗教 (organized religions) を事実と知識と科学とから切りはなし，そうした宗教を科学的知識の敵とさせるにいたるほどの病的な状態に陥った。結果としてこの二分が，宗教および自分たちに学ぶべきものは何もないという気を起こさせている。」(Maslow, 1964, p.12)

結果として，そうして組織化された正統的な宗教は，むしろ至高経験や超越的経験を経験できなくなっているとマズローは述べる。

マズローによれば，宗教の遵法的・組織的形態 (legalistic and organizational versions) は自然主義に立つ至高経験・超越的経験・神秘的経験またその他宗教の核心となる経験を抑制し，そのような経験が起こりそうにないようにする傾向がある。したがって，皮肉なことだが，「宗教の組織化の程度は〈宗教的〉経験の起こる頻度とネガティブな相関にある」(Maslow, 1964, p.33)。

つまり，宗教は自らを遵法的に組織して事実や知識と切り離してしまったことで，いわば典礼墨守に陥り，宗教的経験という最も重要な価値的側面を経験

しえない存在となってしまったのだとマズローは説明しているのである。

こうした事情は逆もまた然りである。マズローによれば，科学も自らを宗教とはっきり区別してしまったことにより，宗教から摂取すべきものを摂取できなくなってしまったと言う。すなわち，宗教が提出した解は上記の事情で今日では役に立たないことも多いがしかし，宗教が発する問い自体は未だ有意義であり続けている。にもかかわらず，科学者はと言えば，宗教的な解とともに宗教的問いまで捨ててしまった。実際には，宗教的問い自体は科学的に言ってまったく尊重されるべきであった。なぜなら，宗教的問いは深く人間の本性に根ざしているからである。そうした問い自体は科学的方法で研究し記述し検討できるし，またそれはまったく健全な人間的問いであったとマズローは指摘する（Maslow, 1964, p.18）。

マズローによる宗教と価値の分析から明らかになることは，価値は事実だけを扱おうとしても十分に扱い切れないことは言うまでもないが，同時に，価値だけを扱おうとしても価値を扱うことはできないのだということである。経営学においても価値を除いたサイモンが批判されるが実は，価値を扱うには事実を除いてもいけないということがここにおいてわかる。事実を扱わずに価値だけを扱おうとすれば，マズローがまさに例示したように，そこには典礼墨守が生まれるだけだからである。価値を扱うということは，まず何が大事かを明らかにする必要がある。そのためには，現実を把握しなければならない。そして，価値を扱うということは，その時点において価値を実現するにはどうしたらいいかを真剣に考えることをも必ず含んでいる。それは，かつて考案された手法をいつまでも踏襲することではない。

以上の意味において，価値を扱うためには，その時点におけるありのままの事実を捉えることを避けて通ることはできない。価値だけを扱おうとすると，この点が疎かになるということをマズローは宗教組織を例にして示したのである。

3. 科学と経験——科学概念の拡張②——

事実を扱うというとき，何をどのように扱う必要があるか。これは科学の方法の問題となる。『宗教・価値・至高経験』（1964）が科学における対象の拡張

を図ったものであるとすれば，科学の方法という点で科学概念を拡張しようとしたのが『科学の心理学（*The Psychology of Science*）』(1966b) と言える。『科学の心理学』は具体的には，経験的知識の活用を科学の方法に含めようとしたものである。

マズローは『科学の心理学』の内容について次のように表現する。「本書はまず何よりも，心理学の枠内で人間（persons），とりわけ十分に育成され，そして十分に人間的な人間を扱うことがより一層可能なように，科学の概念を拡張しようとする営為である」(Maslow, 1966b, p.5)。

さらに，本書では次のことを問うとする。「人間的な人間の性質について——例えば，あなたについて，あるいは，ある特定の人間について——さらに知りたいと考えるなら，それについての最も見込みのある，最も実り多い方法は何なのか。古典的科学の仮定・手法・概念化がどのくらい有効なのか。どのアプローチが最も良いのか。どのテクニックがいいのか，どの認識論がいいのか，どのようなコミュニケーション・スタイルがいいのか，どのようなテストや尺度がいいのか，知識の性質についてのア・プリオリな仮定のどれがいいのか。〈知る（know）〉という言葉によって我々は何を意味しているのだろうか」(Maslow, 1966b, p.8)。

正統派科学は正確さ・信頼性などを求め，そのために実証可能な知識のみを科学とする。実際，それは非常に役に立つ。ただしその場合には，仮に人間にとって価値ある重要な知識であっても，正確さ・信頼性が証明できない知識は除かれることになる。典型的には，経験的知識がそれである。マズローはこの経験的知識に対し，その科学における位置づけを与えること，および新たな客観性の規定を見出すことによって，それを科学概念の中に含めようとする。

経験的知識についてマズローは，傍観者的知識や抽象的知識と対比して，その特性を表そうとする。まず，傍観者的知識とは第三者として何らの感情移入もせずに対象に接する方法であり，これに対して経験的知識は自己の主観が対象認識に影響を与えることを自覚し，対象と同一化することで，対象のありのままに接しようとする方法と言える。また，抽象的知識が経験の秩序づけ・解釈・整理によって得られるものであるのに対して，経験的知識は経験のありのままの知識である。

マズローは経験的知識についてさまざまに説明しているが（Maslow, 1966b, pp.45-65），ここでは科学に関わる限りでその特徴を挙げておくと，次の2点となる。第1に，経験はすべての知識の基礎であるということ，第2に，多くの哲学者が考えているように，本当の意味（real sense）で経験的知識は確かでありうるし，おそらく唯一の確かさである（Maslow, 1966b, p.58），ということである。

まず第1の点についてマズローは，知識の段階あるいはレベルの存在を指摘する。

「知識は程度の問題である。知識や信頼性（reliability）の増大は，ないよりはあったほうがよい。事例もないよりは1つでもあった方がいいし，1つよりは2つの方がいい。一般的にいえば知識，あるいはとりわけ信頼性は，単純にあるかないかの問題ではない。知識という陸を知識ならざる海から隔てる鮮明な海岸線はない。

〈科学的〉知識は，明確・明快で，一義的に定義され，明白で，証明可能・反復可能，伝達可能で，論理的・合理的で，言葉で表現でき，かつ意識的でなければならないということを強調する者がいる。もしその知識がこうしたものでないとしたら，そのときそれは〈科学的〉ではない，他の何ものかであると言うのである。しかし我々はそのとき，知識の第1段階，これらの最終形態の先駆的形態，我々の各々が自分自身で容易に十分に経験できるその発端について何を語るのだろうか」（Maslow, 1966b, pp.128-129）。

このような知識の階層的理解は，経験的知識とはある意味で対照的な，いわゆる傍観者的知識・抽象的知識もまた重要であるし，科学を構成する上で不可欠なことを示している。実際にマズローは，傍観者的知識の重要性にもまた言及するのである（e.g. Maslow, 1966b, p.49）。ただ，ここで言いたいことは，傍観者的知識・抽象的知識と同時に経験的知識も重要であるのに，それを軽視する風潮があるということである。次のように述べている。

「実験室の科学者がこのすべて（経験的知識：引用者注）を批判するのは簡単である。しかし最終的にはこれらの批判は，知識の最終状態に未だ到達していないという告発になるしかない。これは初期の知識がずさんであいまいになりがちな理由である。これは，知識が必ず通らねばならない道なのだ！」

(Maslow, 1966b, p.130)。

　かくして経験的知識は，知識の最終段階に達するまでに必ず通らねばならない道として，それゆえ不可欠なものとして位置づけられるのである。

　また，経験がすべての知識の基礎であるということは，抽象的知識を理解するためには経験的知識が土台になければならないということでもある。マズローは，そもそも知識とは知る者と知られるものとの相互作用であると指摘する。この考え方に立てば，知識は単に客観的に在るものではなく，常にそれを把握する者の主観の作用が不可避なのであり，この意味で経験的知識はすべての知識に否応なく必ず入っていることになる。なおかつ，経験的知識には，現象のありのまま（suchness）の意味，ありのままの理解を与えるという意義がある（Maslow, 1966b, pp.93-94）[8]。こうした経験的知識があってはじめて，抽象的知識もその意味が理解できる。どんな抽象的知識も，その背後には経験的知識があるし，またなければならないのである。

　ただし第2に，このように経験的知識を知識の初期段階と位置づけてしまうと，経験的知識は単に稚拙なものであり妥当性のないものであるかのような印象を与える。マズローによれば，それは必ずしもそうしたものではない。なぜならマズローは，経験的知識に「客観性」を認めるからである。マズローにおいて，科学とは真理の追求であり，真理には個人的な感情や偏見に左右されないという意味での客観性が求められることになろう。マズローは，一般的には主観的と目される「経験」に客観性を認めるのである。

　そもそも知識をどう考えればよいか。マズローは，「われ－なんじ」知識（I-thou knowledge）のうちに知識の本質を見る[9]。これは，「われ－それ」知識（I-it knowledge）と対照的なものであり，簡単に言えば，先述の，人間にとっての現実とは知る者と知られるものの関係によって創り出されるものだとする考え方である。

　「われ－なんじ」関係において得られる知識について，マズローは次のように説明する。そのような関係において「知る者は，知識の対象に対して，感情移入し，直観的洞察をもつ。すなわち，その者は，その対象と同一化されるものと感じ，それと同じであると感じ，ある程度まで，そしてある意味において，それとまったく同一であると感じる」（Maslow, 1966b, p.103）。

こうした「われ-なんじ」知識は客観性を有する，とマズローは述べる。言うまでもなく，客観性にはさまざまな定義が可能であるが，マズローに従えば，知識の客観性には2種類がありうるという。すなわち，「科学的客観性（scientific objectivity）」と「配慮から生まれる客観性（caring objectivity）」である。科学的客観性とは，何よりも「事実として見えることが重要」と考えるものであり，「没価値的科学」と呼べるものである。それは「配慮を込めない客観性」である。これは物理学などでは大きな成果を挙げるが，しかし，科学が人間や社会の領域に入ってきたときには，こうした態度では問題がある（Maslow, 1966b, pp.114-118）。

これに対して，配慮から生まれる客観性とは何か。care には，いくつかの意味があるが，英英辞典を引いてみると，動詞としてその意味するところは，「1. ある対象について，それが重要であり，心配する価値があると感じること，2. ある人について，その人を好き，または愛しており，その人に起こることを心配すること，3. あることをするために力を尽くすこと」，とある（Oxford Advanced Learner's Dictionary 7th edition）。

つまり，care には，対象に対する愛情と，それを前提として，その対象に関わること全体に対して意識を張り巡らせることが含意されている。

したがって，マズローによれば，配慮から生まれる客観性とは，存在愛・至高経験・合一的な知覚・自己実現・シナジー・道教的な受容・創造的態度・存在認識などの結果として得られる客観性である（Maslow, 1966b, p.116）。次のように述べられる。

「もしあなたが何か，誰かを存在のレベルで十分に愛するならば，そのときあなたは，それ自身の自己実現を享受できる。それは，あなたがそれがそれ自身においてあるときそれを愛するがゆえに，あなたはそれに干渉したくないであろうことを意味している。あなたはそのとき，非干渉的方法でそれを認識できるであろう。それはそのまま放っておくことを意味している。これは次には，あなたの利己的な願望・期待・要求・心配・先入観によって汚されることなく，ありのままにそれを見ることができることを意味する。あなたは，それがそれ自身においてあるように，それを愛するので，それを判定したり，使用したり，改善したり，あるいはそれに自身の価値を投影する何らかの方法を用

いたりする傾向はない。これはまた，より具体的に経験し，証明することを意味する傾向もある。つまり，より抽象的でなく，単純化せず，組織化せず，知的操作をしないのである。それをそれ自身であるがままに放っておくことは，より全体的・包括的な態度を含意し，積極的な解剖を意味しない。それは結局次のことを意味することとなる。すなわち，あなたは，誰かをその人がまさにその人であるままに恐れずに見ることができるほど，十分に好きかもしれない。もしあなたが何かを，それがそうである様式で愛するならば，あなたはそれを変えないだろう。それゆえあなたはそのとき，それがそれ自身の性質においてあるように，つまり触らず，害さず，いわば客観的に，それを見ているのである。あなたのその人への存在愛（Being-Love）が大きければ大きいほど，あなたを盲目にする欲求は少なくなる」（Maslow, 1966b, pp.116-117）。

　ここで示されていることは，きちんと実験して証明できるという意味での客観性ではない。偏見なくありのままに見ること，配慮が行き届いているという意味での客観性が存在しうることを示している。この客観性は，主観を排除しているという意味での客観性ではなく，むしろより主観を介在させた，人間にとってのより全体的・包括的な物事の把握という意味での客観性である。

　マズローはこのような知識に「真理」を見る。先に取り上げた『宗教・価値・至高経験』では，次のように述べている。「無碍で・受容的な・道教的知覚が，ある種の真理の知覚にとっては必要である。至高経験は奮闘・干渉・積極的コントロールが減少し，それによって道教的知覚が可能となり，したがってまた知覚対象への知覚者の影響を少なくする状態である。だからこそ，（ある事物についての）より真なる知識が期待されるし，またそのような知識の存在が報告されてもいる」（Maslow, 1964, p.80）。

　以上のマズローの「科学概念の拡張」を，『科学の心理学』を基にまとめると，図表2-1となる。

図表 2-1 マズローにおける「科学概念の拡張」

	正統派科学	拡張された科学概念
活用する知識の種類	抽象的知識 傍観者的知識	経験的知識
知識化の傾向	単純化	包括的
意味	抽象的な意味	ありのままの意味（suchness）
アプローチ	コントロール科学	道教的科学
客観性	科学的客観性	配慮から生まれる客観性
価値	没価値	価値から生まれる知識
知識の段階	最終段階	第 1 段階

（出所）Maslow（1966b）を基に筆者作成。

Ⅳ．マズロー自己実現論における「配慮から生まれる客観性」の視点

　マズローの科学観の中でも「配慮から生まれる客観性」は，彼の理論をより現実的なものとするものである。「配慮から生まれる客観性」の視点が彼にいかなる思考を生んでいるかを見ておこう。マズローのすごさは，自己実現について，単線的ではなく複線的に理解しているところにある。あるいは，そのような理解へと発展させたというところにある。それは，マズローが「科学的客観性」ではなく，前節で見た「配慮から生まれる客観性」を重視して対象を把握しようとしたことによる。この観点から見たとき，マズロー理論の通説をただ鵜呑みにしていいわけではないことが明らかとなる。マズローは，欲求階層説と自己実現，それぞれについて自らの理論を支持しないことになりかねない側面に言及するのである。以下ではその例として，「満足の病理」と「存在認識（B 認識）における欠陥」についてマズローが述べているところを見ておきたい。

1.「欲求充足の意味」についての複線的把握

　経営学における従来の欲求階層説の理解には問題がある。すなわち，そこで

は，欲求の種類・カテゴリーとそれらがどのように移行していくかについては語られるが，そのように移行していくことは何を意味しているのかについては，言及されることがほとんどないからである。言い換えれば，基本的欲求満足の意味についての言及がないのである。この点については次章で詳述するが，主著『動機と人格（*Motivation and Personality*)』（1954, 1970）で述べられているとおり，基本的欲求の充足とは，「価値の変化」であるとともに，そうした価値の変化には認識能力の変化が伴うという含意がある。つまり，それは，人格形成，しかも健康な発達に向かうことを含意しているのである（e.g. Maslow, 1954, pp.108-116）。

ただ，ここで取り上げたいのはマズローが欲求充足の意味についてこのような自説を支持する要因以外の要因についてもしっかり言及しているという事実である。これはマズローがより真摯に「心理的健康の実現」に向き合っているということである。すなわち，1970年の第2版になると，マズローはそこに「満足が生む病理」に関する説明を付け加えているのである。次のように述べている。

「基本的欲求の満足は，もう少し注意深く定義した方がよい。何故なら，それは容易に，とどまるところのない放縦・自己否定・まったくの黙認・過保護・事大主義に陥るからである」（Maslow, 1970, p.71）。

「満足が生む病理は，部分的にメタ病理と呼ばれるもの，すなわち人生における価値・意味・充実の欠如であることもまたわかっている。多くのヒューマニストや実存主義心理学者によって考えられているように（しかしながら，確かであるという十分なデータがあるわけではまだないが），すべての基本的欲求の満足は，アイデンティティや価値体系，人生における召命（calling），人生の意味といった問題を自動的に解決するものではない」（Maslow, 1970, p.71）。

従来経営学では，欲求充足によって次にはどのような欲求が発現するのかということばかりが問題となっていた。そこにおいては単線的により上位の欲求が発現するとしたマズローが批判されることも多い。しかし，マズローが問題にしたのは，「欲求充足によって次にどのような欲求が発現するのか」ということではなかった。ここまで述べてきたとおり彼が問題にしたのは究極的には

「諸個人の心理的健康の実現」である。したがって，欲求充足もその観点から問題とされる。ここで述べられていることは，私たちの日常の感覚とも一致する。簡単に言えば，甘やかしてばかりでは人間は自己実現に向けて成長できない，という事実をマズローは見逃していないのである。

2．存在認識にまつわる危険性

次に，マズローの指摘する存在認識の危険性について概観しておきたい。存在認識は，あえて言えば一般常識に囚われないで，現実を認識できるということである。しかし，そうであるが故に，そこには一般常識に囚われる人びととの間にギャップが生じることになる。また，場面によっては素直に一般常識に囚われたほうがいい場面もあろう。したがって，そこにはいくつかの危険性がある。マズローは，存在認識の危険性として以下の8点を指摘する（Maslow, 1968, pp.116-124）。

① 存在認識の主たる危険性は，行動を起こせなくさせてしまう，あるいは少なくとも決断できなくさせてしまうことにある。むしろ「認識がD認識に移行したときにのみ，将来に対する行為・意思決定・判断・処罰・非難・計画が可能となる」とマズローは述べる（p.117）

② 存在認識や深慮的理解の別の危険は，とりわけ他者を助けるという場面で，我々をより無責任にさせることである。

③ 行動の抑制と責任の欠如は運命論に導く。例えば，「なるようになるだろう。世界はあるがままである。それは決定されている。私はそれについて何もなしえない」という考えに至るのである。（p.119）

④ 無為な深慮は，そこから被害を被る他者によってほぼ間違いなく誤解される。

⑤ 純粋な深慮は，上記のような特殊な事例に見られるように，記述しないこと，助けを与えないこと，教えないことを必然的に伴う。

⑥ 存在認識は無差別的受容に導き，日常の価値をかすませ，分別を失わせ，あまりに寛大に過ぎるという結果に導きうる。

⑦ 他人に対する存在認識は，その人を「非の打ち所がない」ものとして認識することになるが，これは相手に容易に誤解を与える可能性がある。

⑧　存在認識によって，過度の審美主義に陥る危険性がある。例えば，人生に対する芸術的見方は，日々人々が行う実践的，道徳的反応と根本的に対立することが多い。

　マズローは最も健康な人間の特徴として，存在認識を述べるわけである。それにも関わらず，そこにもある種の危険性を見て，それを指摘する。もちろん，ここで述べられている「存在認識」が本当の意味で「存在認識」なのかは議論の余地があるし，マズロー本来の主張と矛盾している面もある。例えば，一番目の「存在認識が行動を起こさせなくしてしまう」という主張は，『自己実現の経営』(1965)において彼が主張した「傾いた絵」のような「状況の客観的要求に対応することとしての責任」を想起したときには，正しくない。この意味では，ここで述べられている存在認識が真の意味での存在認識とは必ずしも言えないと言わねばならない。

　しかし，存在認識を無批判的に受け入れているわけではないという事実は重要である。それは，まさに問題中心に，「心理的健康」ということのみを真摯に追究しているからに他ならない。そこでは，配慮から生まれる客観性が貫かれていることがわかる。理論を提出して，後は利用者の責任である，とする考え方はそこにはない[10]。対象と一体化しそれが実際に使用されたときに考えられるさまざまなことに対する配慮にこそ，心理学の責任を自負するマズローの真骨頂を見ることができる。

V．「第三勢力」という位置づけの妥当性

1．フロイトとマズロー

　以上のような彼の基本思想を踏まえると，マズロー理論はどのように位置づけることが可能だろうか。マズロー理論については，心理学の領域において「第三勢力」という位置づけが既にある（e.g. Goble, 1970；Lowry, 1973；上田，1988；DeCarvalho, 1991）。これはマズロー自身もそのような評価をくだしている場合があるものである（e.g. Maslow, 1968）。この「第三勢力」という位置づけについて考えたい。

「第三勢力」とは，マズローに代表される人間主義心理学を指し，ワトソンによって代表される行動主義とフロイトによって代表される精神分析学という2つの大きな心理学の勢力（第一勢力，第二勢力）に対して，両者の「もつ欠点ないし限界を克服し，心理学に新しい突破口を開こうとする試み」であるとされる。（上田, 1988, 10頁）。

行動主義とは，ワトソン『行動主義』の説明によれば次のようなものとなる。

「行動主義者がつねに自分の前におくルール・測定器具は次の問いにある。すなわち，私は，自分が見ているこの行動の小片を〈刺激と反応〉という点から述べることができるかである」（Watson, 1925, p.6）。

「行動主義者は人間の行動をコントロールしたい。それは，物理学者が自然現象をコントロールし，操作したいのと同様である。行動主義心理学の仕事は，人間の活動を予測しコントロールを可能とすることである。このことを実現するためには，実験的方法で科学的なデータを集めなければならない」（Watson, 1925, p.11）。

こうした行動主義に対する批判は，上田吉一教授がまとめている。第1に，行動主義の方法である科学自体に対する反省がないこと，第2に，人間心理の研究において動物の行動に依拠していること，第3に，人格の部分領域のみの分析研究が際限なく進められること，である（上田, 1988, 2-5頁）。

フロイトの精神分析学とは，上田教授によれば，「精神分析は，まさに精神生活における衝動の推進力と抑止力との力動的相互作用を論ずるものと断言することもできる。しかもこの両者の分裂葛藤は，人間と社会との対立抗争を象徴するものでもあることに留意する必要がある」（上田, 1988, 6頁）。こうした精神分析学に対して，マズローはノイローゼ患者や精神病患者など精神的に不健康な人間ばかりを研究し，それをもって一般の健康な人間を把握していたことに疑問を感じていたと上田教授は指摘しているし，ゴーブルも『第三勢力：アブラハム・マズローの心理学』の中でそのように指摘している。

かくして，以上の行動科学・フロイト精神分析学の限界を克服しようとしたのがマズローをはじめとする第三勢力だというのが，「第三勢力」という位置づけである。一見すると，この位置づけでマズローの根本的な考え方・思想が

説明されていると考えられなくもない。実際，マズローもこの位置づけに乗っている部分がある。しかしそれにもかかわらず，私はこの位置づけではマズロー理論の本質を説明できないと考える。

　まず気をつけなければならないのは，「第三勢力」という位置づけは，主として心理学という研究領域内の研究対象の違いからマズロー理論の位置づけを示そうとするものだということである。しかし研究対象の違いは，根本的な考え方の違いを表しているわけでは必ずしもない。根本的な違いは，何のために研究を行い，そのためにどのような方法を認めるかの違い，この意味で心理学観・科学観の違いとして表れてくると考えられる。

　こうした違いを考える上で，マズロー理論を行動主義と対比して位置づけることは意味がある。両者の立場は対極にあると言ってもいいものである[11]。すなわち，まず目的が異なる。Ⅱ節で確認したように，マズロー理論の目的は心理的健康の実現であるが，行動主義は行動のコントロールである。この目的の違いから科学観も異なる。行動主義は実験的方法による科学的データの収集を重視するが，Ⅲ節で確認したように，マズローはこうしたデータの重要性を認めながら経験も科学の材料として認めるのである。

　さて，ただし第三勢力という位置づけは，行動主義だけでなくフロイトとも対比されており，この点がはたして妥当なのかという点には若干の疑問が残るのである。もちろんフロイト精神分析とマズロー理論は異なる。しかし，その違いは行動主義との違いと同列に並べられるものであろうか。実際，第三勢力について説明する際，上田教授やゴーブルは，行動主義との違いは明瞭に打ち出しているが，フロイトとの違いを出すことには非常に苦心している。

　例えば，上田教授は，行動主義に対してはその批判的見解を大きく取り上げているのに比して，フロイトに対しては「行動主義と比べても，よりよく人間の本質に迫るところが認められる」として（上田, 1988, 9頁），むしろその理論の意義を高く評価されている。そして，最終的には「結局，彼の立場に飽き足りない点は，方法論にあるのではなく，研究対象の限定からくる理論内容の一面性，偏狭性にあるといえよう」と述べられている（上田, 1988, 9頁）。つまり，上田教授は，マズローとフロイトの間には，研究対象の違いこそあれ，立場については大きな違いはないことを認めているのである。

また，ゴーブル『第三勢力』においても，行動主義に対しては多くの批判点を挙げマズローと対比しているが，フロイトについての批判はわずかであり，マズローとはほとんど対比できていない。

　上田教授もゴーブルも，マズローとフロイトとの間に対照的と言えるほどの違いを見出すことはできていないのである。

　唯一両者が認め，万人が認めることができる対照性は，上田教授の言う「研究対象」の違いである。すなわち，フロイトが精神的に不健康な病人を研究対象としたのに対して，マズローは，心理的に健康な人間を研究対象としたということである。確かに，この点は事実である。しかし，この違いがあるということよりも，マズローの心理学観・科学観から考えると，マズローとフロイトはむしろ重要な点で一致していたということが重要であると考えられる。

　具体的には，マズローとフロイトはその目的において一致していたと考えられる。すなわち，人間の心理的健康の実現という目的である。またその方途についても非常に近いものがあったのではないか。例えば，フロイトは次のように述べている。「精神分析はまず自分自身の身をもって自分自身の人格の研究を通して習得されるのです。自己観察と呼ばれているものが完全にそうだというのではありませんが，とりあえず自己観察という言葉でそれを一括しておいていいでしょう」(Freud, 1940, S. 12)。

　小此木啓吾教授は，フロイトの意図が人間自身の心の自己制御にあったと指摘している（小此木, 1989, 14頁)。そして次のように述べる。

　「たしかに，フロイトの開示――隠され，覆われていたものを顕わし，あきらかにする営み――は，人々の自己愛を傷つけ，人間をより弱く，より低いものとして描き出す。しかし実は，この破壊は，直視することの不快で苦痛な自己の現実を，なおも厳しく見つめる自己認識の進歩をめざすものである。またそれは，「汝自身を知れ」というソクラテスの教えを，現代の科学的知性に照らして再現する，新しい地平を人々が発見する方法と理論を説くものであった。」（小此木, 1989, 15頁)

　そしてフロイトの精神分析は「〈治療的実践〉と〈対話的自己洞察〉を母体として生まれた」ものであり（小此木, 1989, 27頁)，つまりフロイト自身の経験が基になっている。

第3章で詳しく取り上げるが，マズローの欲求階層説も要するに，自己を理解していく過程であるし，またマズローは，科学の方法の1つとして経験に基づく科学を含めることを重視していた。

　マズローとフロイトは，研究対象が異なるとしても目指すところは同じであった。フロイトは不健康な人間の研究を通じてこの心理的健康実現の方途を探ろうとしたのに対して，マズローは健康な人間の研究によって心理的健康実現の方途を探ろうとしたと言えるであろう。

2．哲学的アプローチを有するマズロー理論

　以上のように，ゴーブルや上田教授は，マズローと行動主義の違いに比して，マズローとフロイトの根本的な違いを見出すことに苦労しており，また実際，マズローの心理学観・科学観から考えても，マズローとフロイトを対極に位置づけるのは難しい。こう考えてみると，第三勢力という位置づけはマズロー理論の位置づけを示すものとして適切とは言い難い。マズロー理論は心理学でありながら心理学を超えている。その理論の位置づけを見極めるには，社会科学としてマズローをどう位置づけるかを考える必要がある。

　このことに関しては，三戸公教授の議論が参考になる。例えば，『管理とは何か』では，経営学についての分類ではあるが，主流と本流という分類をしている。ここで主流とは対象に対する「科学的接近」を採るものであり，次のように説明される。

　「主流の研究は，科学の特徴に従って対象を限定し・細分化し・専門化し，そして対象把握の方法を限定し厳密にして限りなく進む。そして対象を構成する要素を分解し，次々に新たな要素を科学の対象とし，新たな方法を生み出しつつ成果をあげ，その成果は技術として対象化し物化し，合目的的な結果を着実にあげてゆく」（三戸, 2002, 6頁）。

　ここで言う科学は，さきほどの議論に即して言うと，行動主義などが採る一般的な意味での科学である。

　これに対して本流とは，こうした「科学的接近」を踏まえながらも同時に「哲学的接近」を意図する研究であると位置づけられる（三戸, 2002, 26頁）。哲学とは何か。「科学が要素分解・要素還元的に接近してゆくのに対して，哲

学は全体と部分を統合的に把握しようとする。（中略）統合は何らかの立場，何らかの価値体系を前提としなければならない」。さらに，「価値の問題は人間の問題である。全体と部分とを統合的に把握するとき価値に立脚するということは，全体と部分との位置関係をたしかめ意味を与えるということである。」（同上，23-24頁）。

さらに，「哲学的接近による学問にとって，〈概念〉はまさにキーワードであり」，「科学において，概念に対応する言葉は法則・規則」であること，「科学が対象たる事物をあくまで〈事実〉として把握してゆくのに対して，哲学的接近は価値として，位置・意味として把握するものである」ことが指摘されている（三戸，2002，24頁）。

この本流において重要なのは，随伴的結果の概念である。科学的接近は「対象を限定し・細分化し・専門化し，そして対象把握の方法を限定し厳密にして」接近していくが故に，きわめて限られた範囲での因果関係の真偽を明らかにしていくことになる。つまり，目的があり，その目的を達成できるか否かの範囲で手段を厳密に調べていく，という意味で目的的結果の追求を旨とする。しかしその場合，逆に言うと，その限られた範囲の外で何が起こるかは問題としない。つまり目的的結果のみを追究するということになる。しかし，現実にはその限られた範囲の外ではさまざまな問題が起こる。つまり随伴的結果が生じている。哲学的接近が，価値に基づいて全体と部分とを統合的に位置・意味を把握するというとき，それは，知識が現実に適用・応用されることを想定し，そこに生じうる随伴的結果に思いをめぐらせるということに他ならない。

マズローが行った科学概念の拡張という作業は，まさにこの哲学的な接近を科学に含めようとした作業だったということができる。まず第1に，マズローは現実の可能な限り全体を意識して理論構築をしようとしていた。それが科学概念の拡張の基礎にあったのであり，それを表現しているのが，「心理学の哲学」である。心理学が現代において何よりも重要だという認識は，人間および社会という全体に思いを巡らせることから生じたものである。すなわち，知識というものが，人間の幸福に資するものでなければならず，また知識を提供するものには責任があると考えていたからこそ，彼は社会を意識し，社会全体の成否を左右するものとして心理学を位置づけたのである。

したがって第2に，マズローは，言葉こそ違えども随伴的結果を常に意識していた。すなわち，随伴的結果という問題は，彼の言葉で言えば，「配慮から生まれる客観性」という言葉に表現されているものと言える。前節で見たようにマズローは，欲求階層説を打ち出しておきながら満足の病弊について思い直したり，存在認識（B認識）を健康の要素であると把握しながら同時に存在認識の危険性を指摘している。こうしたことはまさに随伴的結果の考慮であり，「配慮から生まれる客観性」の実践であって，人間を幸福にするという視点からの対象に対する真摯な姿勢が如実に表れている。

　マズローが「配慮から生まれる客観性」を述べるために，「われ－なんじ」知識を強調したことも，「哲学的アプローチ」そのものだと言いうる。「われ－なんじ」知識とは，さまざまな知識が知る者と知られるものとの相互作用であることを認め，対象と一体化することでその対象におけるさまざまな意味の理解を得ることと言えるからである。マズローはこの「配慮から生まれる客観性」を重視するが故に，科学から価値と経験を排除することを認めることができなかったのであり，むしろこれらを科学に含めて，科学概念を拡張すべきを主張することになったのである。

　マズローの時代も既に，行動主義に代表される科学的接近が主流であった。マズローもかつてはその立場におり，その優れた点を熟知しながらもその立場でよしとはせず，自らの心理学観に基づいて科学概念の拡張という作業を展開した。それは，「哲学的接近」を科学の中に取り込む作業であったと言うことができる。マズローの心理学の目的に対する考え方，価値を入れ，配慮から生まれる客観性を重視する科学観は，まさに機能性とともに人間性を捉え，随伴的結果に配慮するものであり，この意味でマズロー理論はまさに本流に位置する理論だと言うことができるであろう。

VI. おわりに

　本章では，マズローが心理学についてどのように考えていたのか，科学についてどのように考えていたのかを考察することで，その基本思想について明ら

かにした。

　マズロー理論は心理学であって，心理学を超えている。心理学に誇りをもっていたが，それは彼の独自の心理学観に基づいたからであって，既存の心理学に囚われることはなかった。それは，真の心理学者とは人間の本性を追求する者すべてだと述べていることによく表れている。そして，このような心理学観をもつに至った背景には，知識を提供する者の責任に対するマズローの考えがある。こうした責任を意識するがゆえに，その責任を果たしうる心理学のあり方を思い描いたのである。

　かくして，科学としての心理学の現状を憂えたマズローは，心理学の領域にとどまらず科学論を展開せずにいられなかった。こうして展開されるマズローの科学論は，非常に広義のものとなった。その特徴として大きく次の3点を挙げることができるであろう。

　第1に，科学を「人間がよい人生・幸せな人生を生きるために必要なものを発見すること」と捉えていたということである。マズローは，何のための科学かというところでブレがない。初期のころから一貫して手段中心でなく問題中心というところにこだわっていた。それゆえ先述のように，心理学者とは心理学の教授やサイコセラピストのことではなく，「人間の本性のより真なる，より明確な，より実証的な概念を発展させることに関心があるすべての人」を指すと明言するのである。

　第2に，現代社会の根本問題は「没価値状態」ということであり，問題中心的に科学を構築していくとすれば，科学は価値の問題を探究していく必要があるということである。科学は包括的である必要があり，それがたとえ測定できないもの，予測できないものであっても，その守備範囲に入れなければならない。

　第3に，経験的知識も科学に含める必要があるということである。一見すると経験的知識には客観性がないようにも見える。しかし，客観性には2種類あり，経験的知識は「科学的客観性」には欠けているかもしれないが，「配慮から生まれる客観性」を有している。

　さて，マズローの科学観は，通常一般よりもかなり広義のものである。彼が行った科学概念の拡張という作業は何だったのか。一言で言えば，それは，哲

学的接近を科学に取り込むことであったと言える。「対象を限定し・細分化し・専門化し，そして対象把握の方法を限定し厳密にして」接近していく科学に対して，全体と部分を統合的に把握し，したがって対象の位置・意味を把握し，その結果，目的的結果に対する随伴的結果を常に意識することになる哲学的接近をそこに含めようとしたのである。

　マズローは行動主義という科学的アプローチが隆盛する中で，知識を提供する目的を「人間の幸せ」ととらえ，そのために知識の種々の随伴的結果に目配りして全体を捉える「配慮から生まれる客観性」の重要性を主張した。この意味でマズロー理論は，科学的アプローチを踏まえながらも哲学的アプローチをもって構成されているものである。

　以上のマズローの心理学観・科学観を踏まえたとき，マズローにおける欲求階層説と自己実現の概念の関係，価値と事実の問題をどう考えるかが見えてくる。最後にこの点を述べておこう。
　欲求階層説と自己実現の概念の関係性は次のように考えることができる。
　まず自己実現の概念，自己実現的人間の分析とは，一面において，価値の分析だと言える。すなわち，それはまだほとんどの人が実現していない理想として，「当為」を表しているからである。まず，マズローはこうした自己実現的人間＝価値を科学の１つの対象として分析できるものと考えていた。またしかし同時に，マズローは，価値は事実と切り離して考えてはならないという発想を持っていた。その場合には組織宗教のように，役に立たないものを典礼墨守するより他なくなってしまうからである。
　マズロー理論はこの考えを背景にして成り立っている。したがって，マズローの理論は価値だけを考えるということはしていない。例えば，価値としての自己実現的人間の分析だけを行ったのではない。現実を把握して，価値を実現する方途を探っているのである。その１つが欲求階層説である。諸個人の心理的健康を実現しようとすれば，まずは心理的健康の中身，つまり自己実現的人間を分析する必要がある。到達する目標が明らかにならなければならないからである。しかし，次には，自己実現的人間を分析するだけでなく，どのようにしたら人びとをそうした健康状態に導くことができるか，そのプロセスを現

状に基づいて考える必要も出てくる。マズローにあって，その最大の成果が欲求階層説だと言っていい。

　一般に経営学においてマズロー理論は，モチベーションの「内容論」と「過程論」のうちの「モチベーションの内容論」と評される。しかしこれは，マズロー理論の根本的な把握とは言えない。マズロー理論は次のように理解する必要がある。すなわち，まず，自己実現の概念，自己実現的人間論は，心理的健康とはいかなる状態であるのかを表す「心理的健康の内容論」である。これに対して欲求階層説とは，そうした心理的健康に至るためにはどのようにしたらよいのか，その経路を示す「心理的健康実現の過程論」である。

　両者は，その一側面として，目的と手段の関係性にある[12]。自己実現的人間とは，マズロー理論の中で「理想」としての位置を占めている。つまり，自己実現欲求の段階に至ること，自己実現的人間になることが，到達すべきマズロー理論の目的である。その目的を実現するには，その目的の中身を十分に理解していなければならない。このことは，モチベーション論が自らを「人間行動の方向づけ・強度・持続性を説明し，コントロールすること」と規定したとき，はじめてそれらをどのように実現するかが議論できることと同様である。

　これに対して欲求階層説とは，まずは人間存在全体の把握であり，その把握に基づいて目的たる自己実現＝心理的健康に至る経路が導かれたものと言える。つまり，それは「手段」としての位置づけをも有している。この場合，欲求階層説は，心理的健康の実現という観点から言うと，「過程論」と呼ぶに相応しいものとなる。

　マズロー理論はいわゆる理想主義ではない。それは非常に現実的である。理想主義的だという評価は，自己実現の概念だけをマズロー理論だと捉え，欲求階層説を正当に評価しないために生ずるものである。もちろん，自己実現的人間論だけならば，それは確かに理想主義的であるし，事実それは理想なのである。しかし，マズロー理論は理想主義にとどまってはいない。何故なら，マズロー理論には人間の全体像を捉え，自己実現という理想をいかにして実現するかを考えた欲求階層説があるからである。マズロー理論を全体として把握しようとするならば，両者を切り離してはならない。両者は常に表裏一体である。

　最後に，自己実現の概念についても，その価値の側面だけでなく事実の側面

も含めた両面の把握が必要である。例えば,「自己実現とは存在価値（B価値）を有することだ」とする理解がある[13]。これも正しいが,自己実現の一側面でしかないということは注意を要する。存在価値は,自己実現の中身としては,その全体像を表すものとは言えないからである。存在価値をただ持つだけならば,それは自己実現的人間でなくても可能である。真理が大事だと思ったり,善や美が重要だと思うことは思おうとするだけならば,誰でも思うことができる。しかし,そうした存在価値が現実のものであると感じることや,その存在価値を実践に移すことは容易ではない。そこに,自己実現的人間とそこまで達していない者の違いがあると見るべきであろう。このように考えると,本来的に自己実現の根本にある概念は,存在価値もさることながら存在認識や創造性にあると言えなくもない。ここで,創造性と言っても,マズローはいわゆる天才の創造性と自己実現者の創造性を分けている (e.g. Maslow, 1962)。後者において問題となるのは,二分法の統一,統合の力である。

自己実現の概念,自己実現的人間の把握においても,存在価値だけでなく存在認識や創造性・統合力を含めたトータルな把握が必要となる。

注

1) 以下で述べていく「科学」とは,あくまでもマズローの考えるそれである。マズローの言う「科学」は,後述するようにかなり広義のものである。
2) Lowry (1973) は,1945年に発表された "Experimentalizing The Clinical Method" をはじめ3本の論文を挙げている。なお,"Experimentalizing The Clinical Method" は臨床的方法と実験的方法の統合を図ろうとした論文となっている。
3)「科学概念の拡張」について,マズローはさまざまに表現している。例えば,『宗教・価値・至高経験』では,"science is broadend" (Maslow, 1964, p.11), "an expanded science" (ibid., p.17), "a comprehensive science" (ibid., p.43),『科学の心理学』では,"to enlarge science" (Maslow, 1966b, p.xvi), "to enlarge the conception of science" (Maslow, 1966b, p.5),等々である。本書では,これらをまとめて「科学概念の拡張」と呼ぶ。
4) 各書の Bibliography によると (e.g. Maslow, 1987),この論文が初めて発表されたのは1956年である。ただし今回入手できたのが,1957年の Fairchild 編による *Personal Problems & Psychological Frontiers* に収録された同論文であったため,本章はそれを用いている。なお,この論文についてはその全文を訳出して本書の巻末に付した。
5) マズローがここで述べている「ギルド」とは,外の世界から孤立した心理学の研究者仲間を指している。
6) 1950年代半ばに書かれたとされる未発表論文「心理学が世界に貢献すること」では,次のことが述べられている。
　「あらゆる時代の中で今のこの時代に,完全な破局の可能性が人類全体に脅威を与えている。そ

れでも，ユートピアはよりにこやかに手招きをしてくれているように思える。それ故，私は，最も厳格で，威厳に満ちた献身の気持ちで，真面目に，皮肉やおざなりの言葉，自意識なしに，〈人生の意味とは何か〉，〈われわれはどうすれば幸福や静謐を最もよく達成できるのか〉，〈われわれはどうすれば素晴らしい人間—真面目で，正直で，善良な—になれるのか〉，〈われわれはどうすればできる可能性のあることを達成できるのか〉，〈われわれは，人間の本性に適切に何を問うことができるだろうか。そして，何がそれにあまりにも大きすぎる重圧を加えるのか〉，〈人間の本性は社会に何を要求できるのか〉，〈こういったことすべてを可能にするために，社会をどうやって変えたらいいのか〉と再度尋ねてみることにこれまで以上に正当性を感じている。」(Maslow, 1996, p.121)。

7) なお，没価値状態になった理由として，マズローは2点を挙げている。第1に，人類にこれまで提供されてきた伝統的価値体系が，失敗であると結果的に証明されてしまったからであり，第2に，機能していない旧い価値体系と，まだ生まれていない新しい価値体系との間の，空位時代に現代があるからである (Maslow, 1959, p.vii)。

8) "suchness" について，マズローは，鈴木大拙を引用しつつ，次のように説明する。「"Suchness" とは，日本語の〈そのまま (sonomama)〉と同義語である」(Maslow, 1971, p.251)。さらに続けて，「事実上，それは，物事の "as-it-isness" を意味する」とされる。"as it is" は「あるがままの」と訳される語であり，suchness とは，「そのまま」とか「あるがまま」ということを意味していると言えよう。

9) マズローによれば，「われ—なんじ」と「われ—それ」はブーバーの概念である (Maslow, 1966b)。本章では，その概念の中身については，ひとまずマズローの述べるところに従う。

10) 対照的なものとして，例えば，マグレガーにはそうした発想があった (e.g. McGreor, 1960)。この点については，第4章で論じる。

11) 上田教授は，マズロー『人間性のさらなる広がり (*The Farther Reaches of Human Nature*, 邦題：人間性の最高価値』(1971) を引用しつつ，第三勢力を第一勢力，第二勢力と対立するものではなく，それらを包括するものであると指摘している (上田, 1988)。本書でもこの見解を否定するものではない。第一勢力・第二勢力・第三勢力と3つに分けるということは，その三者は同じものではなく，相互に相違点があるということである。ただし，第一勢力とマズローの違い，第二勢力とマズローの違いは質的に異なる。この質的な違いの方が重要だというのが本書の立場である。

12) ただし，「目的と手段」という表現が適切かどうかという問題は残る。この考え方は，C. I. バーナードの「戦略的要因と補完的要因」という発想につながっていくものであり，目的–手段連関に関わる要因以外は，補完的要因として重視しないこととなるからである。

13) 例えば，三島斉教授や三島重教授は最終的にB価値の重要性を述べている (三島斉, 2006；三島重, 2009a, b)。ただしそこにはなぜB価値だったのか，という問題がある。マズローが自己実現を論じるに当たって，B価値が最も重要であると述べている箇所はなく，彼の著書などの構成上でも，B価値を第1とした構成にはなっていないと思われる。

第3章
マズローの自己実現論
——フロムの自由論との対比から——

I．はじめに

　自己実現とは何であろうか。現代においてどのような意味をもっているだろうか。

　例えば，ダニエル・ピンクは，5万年前の人間がその他の動物と同様生存に支配されていた頃を「モチベーション1.0」，またテイラーの科学的管理によって人間が外部の諸力に対して合理的に応答すると考えられるようになった頃を「モチベーション2.0」と名づけた上で，次のように述べている。

　「1950年代に，アブラハム・マズローは，…（中略）…，人間性の心理学という領域を切り開いた。それは，人間の行動は純粋に，プラスとなる刺激を求め，マイナスとなる刺激を避けるネズミのようなものであるというアイデアに疑問を投げかけたものである。1960年代に，MIT経営学部教授のダグラス・マグレガーは，マズローのアイデアのいくつかを企業に導入した。…（中略）…。多くの組織が従業員により大なる自律性を与え，従業員の成長を促進するための方法を探した。これらの改良はいくつかの弱点を修正したが，完全なアップグレードというよりも適度の改善に等しい。いわば，モチベーション2.1である。」(Pink, 2009, p.20)

　ピンクはこう述べ，「モチベーション2.0は数多くの新たなビジネスモデルがわれわれの行動を組織する方法と調和しない」とし(Pink, 2009, p.32)，これに対して，デシらの内発的動機づけを「モチベーション3.0」と名づけて現代社会の動機づけについて語る。

このように捉えれば，マズロー自己実現論は現代的意義を有していないことになる。

マズロー理論が経営学に導入された当初は，マズロー理論の現代的意義ははっきりしていた。すなわち，現代はすでに人々の低次欲求が充足されている時代であり，高次欲求，とりわけ自己実現の欲求に注目すべきだというのである。しかし，第1章で確認したように，今や，さまざまな実証分析の結果から欲求階層説は妥当性がないことが通説となっている。代わりに，実証分析を経てより妥当性のあることが確認されたアルダファーのERG理論などが取り上げられるようになってきた。自己実現の「欲求」は，そもそもマズロー自身があまり多くの分析をしてこなかったために，その後現れてきた達成動機や内発的動機づけの理論が注目されることとなり，さらに近年，自己実現欲求は動機づけることができないということが明らかとなって，自己実現ではなく承認欲求に注目すべきだという議論が出てきた。

以上のようなマズロー理論を取り巻く現状を見ると，マズロー理論はもはや現代的な意義を有していないようにも見える。はたして，そうであろうか。

こうしたマズロー理論をめぐる評価はモチベーション論としての評価である。だが前章までで述べたように，マズロー理論はそもそもモチベーション論ではない。マズロー理論はモチベーション論として以上の重要な意義を有しているものと考えられる。

このマズロー自己実現論の意味を見極める上で採り上げたいのがE.フロムの自由論である。

本章ではまず，前章で示したマズローの基本思想を踏まえて得られるマズローの自己実現的人間の概念および欲求階層説を整理する。その上でそれらを踏まえて，E.フロムの『自由からの逃走』(1941)とマズロー理論との関係性に注目したい。この2つの理論は重要な点で符合を見せる。そのことは，マズロー自己実現論の現代における意味を明らかにするものと思われる。

II. マズローの自己実現論

1. その意図

　前章で確認したように，マズロー理論の意図は，彼の論文「心理学の哲学」（1957）において明確に知ることができる。その論文の冒頭では次のことが述べられている。すなわち，世界が救われるかどうかは心理学にかかっている。心理学が心を傾けるべき究極の目的は，人間的充実・人間的向上・成長および幸せである。なぜなら，どんな知識も，よい者の手にかかればよいもの望ましいものとなり，悪い者の手にかかれば悪いものとなるからである。よい人間を生み出すために，善とは何であり悪とは何であるか，心理的健康とは何であり心理的不健康とは何であるかを理解しなければならない。これこそが心理学者の仕事である（Maslow, 1957, pp.225-226）。また，以上のようなことが述べられた上で，心理学者は「健康を育む文化（the health-forstering culture）」の創造という課題に向かうべきであるということも指摘されている。

　つまり，マズローがその理論全体において志向していたのは，よい人間＝心理的に健康な人間をいかに育むかということである。彼がこのように考えたのは，このような人間を生み出すことができるかどうかに世界を含めた社会の行く末がかかっていると見たからである。彼が関心をもっていたのは，単に1人の個人が心理的に健康になるということではなく，社会全体において，それぞれの諸個人が心理的に健康になるということであった。したがって，上述の通り，マズローは，健康を育む文化の創造という課題に言及することになったし，『ユーサイキアン・マネジメント』（1965）で組織論を論じることにもなったのである。

　すなわち，一言で言えば，諸個人の心理的健康の実現こそがマズロー理論の根本的な問題意識であった。そして，このゆえにこそ，マズローは欲求階層説と自己実現の概念について語ったのだと考えることができる。

　欲求階層説と自己実現の概念の関係性は次のように捉えられる。すなわち，自己実現の概念，それを体現する自己実現的人間の理論は，マズロー理論の中

で「理想」としての位置を占めている。つまり、自己実現欲求の段階に至ること、自己実現的人間になることが、到達すべきマズロー理論の目的である。これに対して、欲求階層説とはその目的たる自己実現に至る経路、つまり「手段」としての位置づけを有している。これは、「内容論」というよりはまさしく「過程論」と呼ぶに相応しいものである。

以下では、自己実現的人間・欲求階層説それぞれの中身について詳しく見ていこう。

2. マズローにおける自己実現的人間
(1) 心理的健康

モチベーション論においては、マズローの「自己実現的人間」はほとんど取り上げられることがない。モチベーション論の立場からすれば、自己実現的人間はいかなる欲求をもつかが問われることになるが、実は、マズローの文献を読んでも、その解を得ることはほとんどできないからである。あえて言えば、存在価値（B価値, the values of Being, the B-Values）がその解となるが、存在価値は、外部から動機づけるための概念ではないために、モチベーション論の立場からは益がない。マズローの自己実現的人間の研究が、彼の欲求階層説の研究に比してきわめて少ないのはこのためである。マズロー理論から得られなかった解が、「達成動機」や「内発的動機づけ」の理論によって得られ、これらの理論に研究の焦点が移っていったと見ることができるであろう。

しかし、実は、あまり触れられてこなかったこの自己実現的人間の理論こそが重要である。なぜなら、その理論こそがマズロー理論の目的たる心理的健康とは何かを語るものだからである。

心理的健康（psychological health）とは何か。

まず、「健康」と言う場合、2つの可能性がありうる。すなわち、「病気でない」ということを指す場合と、より積極的に「健全である」ということを指す場合である。例えば、内発的動機づけを論じたE. L. デシは、R. M. ライアンとの共著の論文「自己決定理論の概観」で健康（well-being）について言及しているが、そこでは、健康を取り扱う方法は2つあるとしている。すなわち、1つは快楽的・主観的な健康に焦点を合わせるものであって、本質的にはうれ

しさ（happiness）と同一視する見方であり，いま1つはしっかり機能しているという意味で健康と見るものである（Ryan and Deci, 2002, p.22）。このライアン＝デシの議論では，自律・能力・関係性の欲求を充足することと結びついていることから後者を支持するとしているが（ibid., p.23），いずれにしてもここでは，基本的に個人的な観点から，病気ではないという意味での健康・不健康に焦点が合わせられているということがわかる。また，近年，語られることの増えている「健康経営」も基本的に「病気ではない」ということを志向している（例えば，岡田, 2015, 11頁参照）。

これに対して，マズローは，「健康とは単に病気でないということではないし，病気の反対語でさえない」と述べ（Maslow, 1970, p.33），健全で強い人間のもつ能力を問題にするものだと述べている。

では，積極的な意味において健全であるという意味での心理的健康とは何であろうか。それは，感情的にうれしさを感じることや個人的に機能していることを含みながらもそれだけでは済まない。2つの観点が必要である。マズローは次のように述べている。「精神的健康（mental health）の理論を得ようとするならば，精神外の成功（extra-psychic success）では十分ではない。われわれは，精神内の健康（intra-psychic health）をも含めて考えなければならない」（Maslow, 1962, p.169）。すなわち，諸個人の心理的健康を評価するには2つの側面があると言える。第1に，外部の環境に適応できること，つまり個人の外部環境との関係がうまくいっているかどうかであり，第2に，個人の内面の調和がとれているかどうかである。個人の内面の安定を得るために社会との関係を断たなければいけないようでは未だ健康とは言い難いし，逆に社会と結びつき自らの役割を果たすために自己の主義・主張を犠牲にしなければならないようではこれもまた健全ではない。

このように心理的健康をとらえることは何を意味しているだろうか。自己実現＝心理的健康とは個人的な満足のことではない。それは言ってみれば，「すぐれた意思決定者」となることを意味していると言える。事実，マズローは，「健康な人々は不健康な人々よりよい選択者（better choosers）である」と述べている（Maslow, 1962, p.159）。

意思決定と言えば，まず何よりもH. A. サイモンの意思決定論が想起される

図表 3-1　サイモンの意思決定過程

| 価値前提
事実前提 | ⇒ | ① 代替案の列挙
② 各代替案の結果の確定
③ 各代替案の比較評価 | ⇒ | 意思決定
行動 |

（出所）Simon（1947）より筆者作成。

であろう。もちろん，マズローにはサイモンを読んだ形跡はない。しかし，マズローの自己実現の分析はある意味でサイモンの意思決定論に即して考えることができる。意思決定とは，サイモン『経営行動』（1947）によって理解すると，次のような特徴をもつと言える（図表3-1）。

① 意思決定の前提として，価値前提・事実前提がある。
② この意思決定前提を材料として，代替案の列挙・各代替案の結果の確定・各代替案の比較評価が行われ，1つの代替案が選択される。

意思決定をこのように考えたとき，重要なのは，意思決定の前提である。すなわち，どのような価値前提に立ち，どのような事実前提を得るかということが，どのような意思決定を下すかということの基礎となるからである。

自己実現的人間は，どのような価値と事実に立って意思決定するか。それは，マズローによれば，存在価値（B価値, the values of Being, the B-Values）と存在認識（B認識, Cognition of Being, B-cognition）である。そして，この両者のうち，より根本的なものは存在認識であるということができる。順に見ていこう。

(2) 存在認識

まず，自己実現的人間は存在認識の下に行動する。存在認識という言葉自体は，例えばマズローの最も有名な著書『動機と人格』（1954）には出てきていないが，この段階から考え方は変わっていない。すなわち，マズローは自己実現的人間の特性として，「現実のより有効な知覚とそれとのより快適な関係」や「自己・他者・自然の受容」を掲げ，「問題中心的」であるということを指摘しているからである。

存在認識の特徴は，『存在心理学に向けて』（1962）によってさまざまなものが挙げられているが（e.g. Maslow, 1962, pp.70-91），一言で言えば，それは，存在全体（the whole of Being）の認識にある。マズローによればその意味す

るところは，認識される対象が，それに関連する他のあらゆるものとともに注意が払われ，世界の一部として世界における他のすべてのものとの関係性に埋め込まれているとみなされるということである（ibid., p.70）。そうした認識は，相対的に，自我超越的・自己忘却的・無我的なものである（ibid., p.74）。また，そうした認識は，能動的というよりも受動的（passive）で，受容的な（receptive）ものであって，それは道教的な言葉で言えば，「無為（let be）」である（ibid., p.81）[1]。さらには，存在認識においては，対象のあらゆる側面や性質を同時的に認識するという意味で，具体的な認識がなされる（ibid., p.84）。存在の全体を理解すればするほど，われわれは，不調和・反対物・矛盾が同時的に存在すること，それらを同時的に認識することを許容することができるようになる（ibid., p.86）。

　マズローによれば，これらは欠乏認識（D認識, D-cognition）[2]とは対照的なものである。「欠乏認識は基本的欲求あるいは欠乏欲求と，それらの満足，不満足の見地から組織される認識として規定することができる。つまり，欠乏認識は利己的認識と呼ばれうるもので，そこでは，世界はわれわれのもつ欲求を満足させてくれるものと満足させないものとで組織されており，それ以外の特徴は無視されたり，軽視されたりする。対象の欲求満足的あるいは欲求不満足的性質に言及することなく，つまりは，観察者にとってのその対象の価値，観察者へのその対象の効果に真っ先に言及することなく，それ自身の正しさ（right），それ自身の存在（Being）をもってする対象認識は，存在認識（あるいは自己超越的認識・非利己的認識・客観的認識）と呼ばれうる」（Maslow, 1962, p.189）。

　以上のことをマズロー『人間性のさらなる広がり』所収の論文「知る者と知られるもの」の言葉で表現すると，存在認識は「現実の最も純粋で，最も効果的な認識」であり，それは「たいていとらわれがなく，客観的で，認識する者の願望や恐れや欲求によって汚されていることがすくないので，対象のより正しい，より事実と一致した認識である」（Maslow, 1971, p.167）。そして，「認識される対象が，より他と異なる固有のものとなり一体化され統合されより享受でき豊かなものになると，同時に，認識している人間は，よりいきいきとし，より統合され一体化され，より豊かな心をもち，より健康となる」とされ

るのである（ibid., p.167）。

(3) 存在価値

　この存在認識がある場合，人は存在価値の下に行動するようになる。マズローによれば，この両者は表裏一体である。マズローは次のように述べている。

　「事実と価値は，ほとんどいつでも（と言っても，知識人によってだが），反意語であり，相互に相容れないものと考えられてきた。しかし，おそらく，その反対が正しい。というのは，われわれがもっとも自我の独立した・客観的な・無動機の・受け身的な認識を調査する場合，次のことを見出すからである。すなわち，そうした認識は直接的に諸々の価値を認識することを要求するということ，諸々の価値は現実から切り離すことができないということ，〈事実〉の最も深遠な認識は，〈である（is）〉と〈べし（ought）〉を溶融させるということを見出すのである。これらの瞬間において現実は，驚き・感嘆・畏敬の念・是認に，つまりは価値に染められている。」（Maslow, 1962, p.79）

　マズローがこうした価値を the Value of Being と呼ぶのも，この事実と価値の関係性についての考え方が背景にあると考えられる。

　マズローによって挙げられた存在価値は，列挙すれば次のものである（Maslow, 1971, pp.318-319）。① 真理（Truth），② 善（Goodness），③ 美（Beauty），④ まとまり（Unity）・総体（Wholeness）〔④ A. 二分化の超越（Dichotomy-Transcendence）〕，⑤ 生きていること（Aliveness）・過程（Process），⑥ 独自性（Uniqueness），⑦ 完全性（Perfection）〔⑦ A. 必然性（Necessity）〕，⑧ 完成（Completion）・最終状態（Finality），⑨ 公正（Justice）〔⑨ A. 秩序（Order）〕，⑩ 単純さ（Simplicity），⑪ 豊かさ（Richness）・全体性（Totality）・包括性（Comprehensive），⑫ 自然さ（Effortlessness），⑬ 遊び心（Playfulness），⑭ 自立（Self-sufficiency），⑮ 有意味さ（Meaningfulness）。

　これらの価値は個々バラバラなものではなく一体のものである。次のように述べられる。

　「私の（不確実な）印象だが，何らかの存在価値は他の諸々の存在価値の全体によって十分かつ的確に定義される。すなわち，真理が十分かつ完全に定義

される場合には，それは美しく・良く・完全で・公正で・単純で・秩序立っており・合法的であり・生き生きしており・包括的で・まとまりがあり・二分化を超越しており・自然で・面白いものでなければならない」（Maslow, 1971, p.324）。

さて大事なことは，自己実現的人間はこれらの価値をもっているだけでなく，これらの価値に突き動かされているということである。

「存在価値は，われわれにある種の〈その実現が求められているという感覚（requiredness feeling)〉を引き起こし，まだまだその価値に達していないという感覚（a feeling of unworthiness）を引き起こす」（Maslow, 1971, p.334）。つまり，真・善・美などの存在価値は，それを実行するようおのずからその行為者に求めてくるものであり，かつ自分が到底その域には達していないことを感じさせるというのである。

(4) 統合

以上の存在認識と存在価値を有するということの1つの意味は，「統合」する能力にあるということができる。「よい」とはいかなる状態であるかを考えるための1つの方法は，「悪い」状態がどのような状態かを考えることである。マズローは，「悪い」状態，つまり精神病理の発生について，脅威をもたらす欲求不満（frustration）と対立・葛藤（conflict）にその原因を求めている（Maslow, 1954, p.158, p.160）。対立・葛藤はさまざまな事実，価値のうち重要なものについて，それらが相容れないという認識をもつことだと言える。

これに対して，「よい」状態，つまり健康については次のように述べられている。

「これらのあらゆる〈対立物（opposites)〉は，実際には，より健康な人々においては階層的に統合される。そして，治療の正しい目標の1つは，表面的には両立しない対立物を二分化したり分割したりすることから，それらを統合することに向けて進むことである」（Maslow, 1962, p.164）。

もちろん，これはあらゆる対立を克服しているということではない。

「自己実現はあらゆる人間の諸問題を超越しているということを意味しているのではない。対立・葛藤，心配，欲求不満，悲しみ，精神的苦痛，罪悪感はすべて，健康な人間においても見出しうる。一般に成熟度が高まるにしたがっ

て，そうした諸問題の性質は変化し，神経症的な偽りの問題から本物の，避けられない，実存的な問題に変わっていく。」(Maslow, 1962, p.196)[3]。

かくして，マズローは，「統合 (integration) は，心理的健康を定義づける1つの側面である」と述べるに至る (Maslow, 1971, p.166)。

存在認識や存在価値をもつということは，多様な事実を受け入れ，多様な価値を受け入れることを意味する。それは，さらに言うと，それらの認識・価値が意思決定に反映しているということである。逆に，意思決定に反映されていないならば，どれだけ頭の中に存在認識や存在価値をもっているとしても，実質的にはもっているとは言えない。存在認識・存在価値を得るためには，またそれらを実際の行動に移していくためには統合する力が必要である。

自己実現的人間とは，以上の意味で，「すぐれた意思決定者」たることを意味している。このような状態であるとき，人間は2つの意味ですぐれた意思決定を行うことができると言える。すなわち，第1に，外部環境との関係性において機能的な意味ですぐれた意思決定を行うということであり，第2に，個人の内面における深刻な対立・葛藤が解消され，調和が存在しているという意味で，その人間の個人的な意味でのすぐれた意思決定を行うということである。

(5) 存在認識・存在価値・統合の関係性

マズローが自己実現的人間の特徴として挙げるのは，存在認識・存在価値・統合だけではない。「存在愛 (Being-love)」や「至高経験 (peak-experiences)」「創造性 (creativity)」はマズローによってよく使われている言葉である。これらのキーワードも含めながら，存在認識・存在価値・統合の関係を簡単に整理しておく。

存在認識と存在価値のどちらが先に生じるかを問うと，それは例の鶏が先か卵が先かの議論になりかねない。実際，マズローも表裏一体だと述べている。ただし，経験からすべてが始まるということを考えると心理的健康の源はまずは存在認識にあると言える。個人的な視点からしても，社会的な視点からしても，心理的に健康と言いうる基礎は，世界の認識の仕方にあると考えられる。そして，存在を把握すると，そこに真理や美など存在価値を感得し，存在愛が生まれる。そうした存在価値・存在愛を感得するというところから今度は至高経験を得ることになってくる。そこにおいては自己正当化も生じてくる。ここ

に個人的な心理的安定を見ることができる。同時に，存在認識をするということは，自己の利己的な欲求に囚われず，他人に依存しない，より客観的な認識を得るということでもある。ここで言う客観性は「配慮から生まれる客観性」である。このような認識が得られるということは，社会的に見て，より適切な意思決定・行動を採ることができることを意味する。つまり，存在認識に基づいたとき，その個人の視点と社会の視点の両面からなる，心理的な健康をそこに見ることができる。

　こうした存在認識を可能にし，あるいはこうした存在認識に基づいて意思決定を行おうとするとき，そこには創造性が不可欠である。もちろん，創造性を有するのは，自己実現的人間に限らないが，ここで言う創造性とは二分法の超越を可能にする創造性であり，これこそが自己実現的人間の創造性である（e.g. Maslow, 1962；1968）。それは，上述の「統合」に導く創造性である。モチベーション論においては，その人間の創造性の有無は問題となるが，その創造性の種類は問題とならない。心理的健康の分析においては，創造性の種類が問題となる。

　存在認識から存在価値を感得するが，その逆も然りである。つまり，存在認識はそれが繰り返されるとその理解が一層豊かになっていく。その中で，存在価値が見出されていくのであるが，こうして得られた存在価値に立って次の新たな認識，より深い存在認識も得られることになる。

3. マズロー理論における欲求階層説の意味
(1) 欲求階層説をどう理解するか

　自己実現的人間とは心理的に最も健康な人間である。ただし，マズローはそうした人間の分析にとどまらず，そうした自己実現の段階にどのようにして諸個人を導いていくかをも問題とした。すなわち，マズロー理論には自己実現の方法に関する理論が存在する。そのうち最も知られているものが彼の欲求階層説である。

　欲求階層説は，例えばロビンス『組織行動　第7版』では，次のように説明される（Robbins, 1996, pp.213-214）。

　第1に，すべての人間の中には生理的（physiological）・安全（safety）・社

会的 (social)・承認 (esteem)・自己実現 (self-actualization) の5つの欲求の階層がある。この5つの中身は次のように示される。
① 生理的：空腹・のどの渇き・住まい・性欲その他身体的欲求を含む。
② 安全：物的・感情的な危害からの防護・保護を含む。
③ 社会的：愛情 (affection)・所属・受容および友人関係を含む。
④ 承認：自尊 (self-respect)・自由裁量および達成のような内的な承認の要素と，地位・評価・配慮のような外的な承認の要素とを含む。
⑤ 自己実現：人がなりうるものになる (become what one is capable of becoming) ための動因。成長，その人の潜在的なものの実現，自己充実を含む。

第2に，これらの欲求の各々は，大体において満たされると次の欲求が支配的となる。個人は欲求の階層の段階を登っていく。第3に，欲求が十分に満たされていないとしても，大体において満たされていればその欲求はもはや動機づけとならない。第4に，それゆえもし誰かを動機づけたいなら，その人が現在階層のどのレベルにいるかを理解し，そのレベルかそれ以上の欲求を満たすことに焦点を合わせる必要がある。第5に，5つの欲求は高次（自己実現・承認・社会的）と低次（安全・生理的）に分けることができ，高次欲求は内的に（その人間内で）満たされ，それに対して，低次欲求は外的に（給料・組合契約・終身的地位によって）満たされる。第6に，ただし Maslow 理論には実証的支持がない。

以上の欲求階層説の理解は，上記第5の内容の真偽を除けば，基本的にまったく正しい。ただし，いくつか注意すべき点もある。

まず第1に，なぜマズローが欲求に注目したかである。それは欲求が人間のさまざまな人格構造を規定すると考えたからである。例えば，マズローは「空腹」について次のように述べている。

「個人が空腹であるとき，その人は胃腸の機能面において変化するばかりではなく，多くのもの，おそらくその人のもつ多くの他の機能面においてさえ変化がある。その人の認識が変化する（その人は，他のときに認識するよりもすばやく食べ物を認識するだろう）。その人の記憶が変化する（その人は他のときに記憶するよりも食事のおいしさをより記憶する傾向があるだろう）。その

人の感情が変化する（その人は他のときよりも張りつめており，神経質になっている）。その人の思考内容が変化する（その人は，代数の問題を解くよりも食べ物を得ることを考える傾向がある）。そして，このリストはほとんどすべての身体的・精神的な才能，能力，あるいは機能に拡張されうる」（Maslow, 1954, pp.63-64）。

　第2に，この5つの階層のうち「社会的」とされている欲求は，実際には「所属と愛（belongingness and love）の欲求」であることを断わっておく必要がある。この愛は愛情（affection）とは必ずしも同じではない。マズローは，見逃されるべきでない事実として，「愛の欲求は愛を与えることそして愛を受け入れることの両方を必然的に伴う」と述べている（Maslow, 1954, p.90）。

　第3に，ここで示されている自己実現の欲求の表現は正しいが，未だ，一般的に考えられているような「個人的になりたいものになる」ということと誤解されかねない表現でもある。マズローは，自己実現の欲求について，「その人がありうるものであらねばならない（what a man *can* be, he must be）。この欲求をわれわれは自己実現と呼ぶ」と述べ（Maslow, 1954, p.91），そしてその上で，「その人がそうでありうるものに（what one is）なろうとする」，「その人がなりうるあらゆるものになろうとする（to become everything that one is capable of becoming）」という願望だと説明している（ibid., p.92）。したがって，自己実現とは「なりたいものになる」ということではない。「本来的にそうであるところのものになる」ということであり，既に述べたように存在（be）に根ざしたものである。

　最後に，この5つの欲求が移行していくとマズローが把握した理由が重要である。ロビンスによって触れられていないことのうちで最も重要なことは，欲求階層説の意図は，人々が自己実現＝心理的健康に至るための経路を示すことにあるということである。

(2) トータルな人間存在の把握

　欲求階層説の意図が自己実現＝心理的健康に至る経路を示すことにあるということは何を意味しているであろうか。そこには2つの含意がある。

　まず第1に，自己実現が存在認識・存在価値を得ることを意味していたことから考えると，欲求階層説は，人間がいかなる存在であるかを表すものであ

る。第2に，この欲求階層説の背後には，諸個人が心理的健康に向かう論理がある。

まず第1の点について見よう。上述した通り，自己実現の根本は存在の認識にある。では，人間はどのように存在しているのか。まず何よりも，5つの基本的欲求の階層は，人間の存在のあり方を示している。

人間には数えきれないほどの欲求が存在する。しかし，その中で基本的な欲求としてマズローが挙げたのが，生理・安全・所属と愛・承認・自己実現の各欲求であった。これらの欲求が階層をなしていると言うとき，それが意味することは，そこに「低次」と「高次」の区別があるということである。存在を認識するとは，とらわれのない客観的な事実認識をするということであった。それは1つには，利己的な願望にとらわれなくなるということを意味する。欲求の5つの階層はそのとらわれが徐々に取り払われていくプロセスを描いている。すなわち，低次の欲求から高次の欲求へ進むということは，生理，安全という個人的・利己的な欲求から，所属と愛，承認という他者の重要性を認識させる欲求へと進むということである。

ここには，人間は個的な存在であると同時に社会的存在であるという仮定が背後にあることになる。

さらに，自己実現は承認以下の欲求とはまた別の次元の欲求である。人間以外の動物も個的存在であり，社会的存在ではある。しかし，人間以外の動物はそのことを意識的に認識しているわけではない。これに対して，自己実現とは，存在認識に立つものであり，こうした個的であると同時に社会的な存在としての人間を意識的に認識し行動するということである。

つまり，人間は，他の動物のように身体的存在であると同時に，他の動物とは異なって精神的存在でもあるということを意味している。このように，自己実現とは他の動物とは異なる人間固有の欲求である。

こうして，欲求階層説は，個的・社会的・身体的・精神的というトータルな人間存在を仮定して打ち立てられている（図表3-2）。したがって，マズローもこの欲求階層説について，「この理論は，より低次の，おそらくより単純な動物よりもむしろ，人間存在に立って議論を始める」と述べている（Maslow 1954, p.103）[4]。

図表 3-2　欲求階層説の意味

	基本的欲求	欲求の特徴	背後に仮定される人間存在	
高次 ↑ ↓ 低次	自己実現	人間存在の認識		精神的存在（人間固有）
	承認	他者の重要性を認識させる欲求	社会的存在	
	所属と愛			
	安全	個人的・利己的欲求	個的存在	身体的存在
	生理			

(出所) 筆者作成。

(3) 欲求充足の意味 ① 脅威・恐れの除去

次に，欲求階層説の背後にある心理的健康に向かう論理についてである。まず，人々が自己実現＝心理的健康の段階に至ろうとするとき，何がそれを邪魔するのであろうか。自己実現を阻害する要因とは何なのか。上述した精神病理を生じさせるものがまさにそれである。すなわち，欲求不満，対立・葛藤がもたらす「脅威（threat）」である。それは個人に「恐れ（fear）」を抱かせる。つまり，マズローは端的に言って，自己実現への阻害要因を「脅威」とその脅威に対する「恐れ」にあると考えている。脅威についてマズローは次のように説明している。

「われわれはもちろん，脅威の最も中心的な側面をも語らねばならない。つまり，基本的欲求に対する直接的な剥奪・妨害もしくは危険性——屈辱・拒絶・孤独・威信の喪失・強さの喪失——，これらはすべて直接的に脅威を与える。加えて，能力の誤用や未使用は自己実現を直接的に脅かす。最後に，メタ欲求や存在欲求は高度に成熟した人間に対して脅威を与えうる。

われわれは次のように述べることによって要約する。すなわち，一般に，次のようなものすべてがわれわれの意味における脅威として感じられるのである。それは，基本的欲求やメタ欲求（自己実現を含む）あるいは，それらの欲求の実現を支えている状況が妨害される危険性もしくは実際に妨害されること，生きることそれ自身に対する脅威，有機体の全般的な統合に対する脅威，有機体の統合に対する脅威，有機体による世界の基本的な統御がおびやかされること，そして究極的な価値に対する脅威である」(Maslow, 1970, p.111)[5]。

こうした脅威を取り去り，恐れを取り除くことが自己実現につながっていくとマズローは考えた。そのときに何が必要か。マズローの1つの答えは，欠乏している欲求を満たすということであった。基本的欲求の欠乏が諸個人にとっての脅威であり恐れのもとであるならば，それらの欠乏しているものを満たせば脅威とそれに対する恐れは消失し，自己実現＝心理的健康へと向かっていくことになる。

例えば，安全性は，それが確かめられると安心してより高次の欲求や衝動を発現させることができる。マズローは，よちよち歩きの子供が母親の膝から未知の環境に乗り出していくことをその例として示している（Maslow, 1962, p.46）。すなわち，母親という安全があって未知の世界に乗り出していくことができるのである。

また，マズローは愛や自尊の欲求から生じる脅威・恐れの例を示す。すなわち，ときに人は自分自身について知ることを恐れる。自分の感情・衝動・記憶・能力等々について知ることを恐れる。そうした恐れは，自分の自尊心，自分自身に対する愛や尊敬を守ろうとするために生じることである，とマズローは言う（ibid., p.57）。つまり，愛や自尊の欲求が自分自身を知ることに対する恐れを生み，自己実現へと向かう障害となっているということができる。この場合は，愛や自尊の欲求を満たすことがその人の脅威・恐れを取り除くことになる。

脅威と恐れが1つ1つなくなっていけば，人間の精神は健全に機能するようになっていく。つまり，心理的に健康になる。そのために欲求を充足する。これが欲求階層説というアイデアに他ならない。

(4) 欲求充足の意味 ② 学習と人格形成

この欲求階層説というアイデアの根本にあるのは，欲求充足をめぐる学習である。マズローは，欲求階層説に従って，欲求充足の効果としてまずはより高次の欲求が発現すると指摘し，その上でその副次的な結果として，関心・価値の変化が生じるということ，認知的能力における変化が生じるということ，新たに得られる関心・価値はより高次のものであること，そしてそれが真の意味での欲求充足である限りは，それは人格形成に役立ち個人が健康な成長に向かうということが指摘される（Maslow, 1954, pp.108-109）。ここでより低次であ

図表 3-3　2つの階層の共働

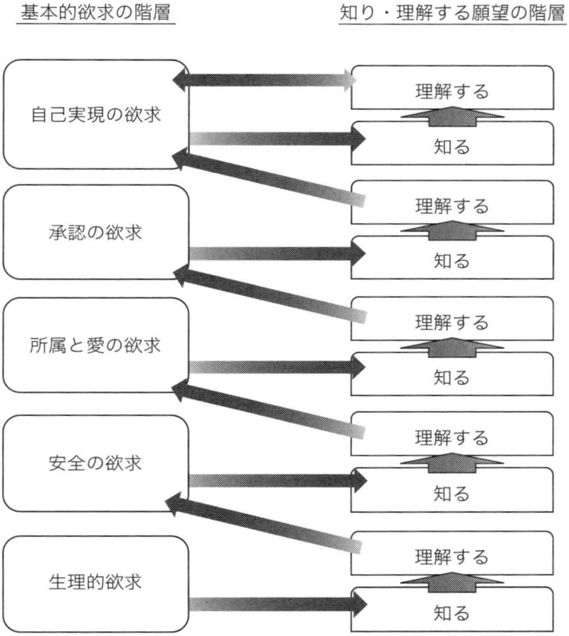

基本的欲求の階層　　　　知り・理解する願望の階層

基本的欲求	知り・理解する願望
自己実現の欲求	理解する / 知る
承認の欲求	理解する / 知る
所属と愛の欲求	理解する / 知る
安全の欲求	理解する / 知る
生理的欲求	理解する / 知る

（出所）Maslow（1954）より筆者作成。

るとは，より利己的であることを含意しており，より高次の変化とは，利他的な視点が取り入れられていく過程である。また，最後に指摘した真の意味での欲求充足とは，マズローの言う基本的欲求を充足するということであり，人間にとって欲求は無数にあるが，基本的欲求以外の欲求を満たしても，人格形成・心理的健康にはつながらない。

　なぜ欲求充足には学習効果があるのか。マズローは基本的欲求の階層の他に，知りたいという願望と理解したいという願望（desires to know and to understand）の階層が存在し[6]，この「基本的欲求の階層」と「知り・理解する願望の階層」は共働（synergic）していると述べる（Maslow, 1954, pp.96-97）。

　基本的欲求のうちのそれぞれの欲求は，それを充足することを求める。充足

しようとすれば，そのことに関するさまざまな事実を知らねばならない。最初は，「知る」だけであるが，知ることによって，微に入り細に入り知りたくなる。他方で今度は，より広範に世界の原理（world philosophy）を知りたいという方向に向かう。そうなると，もともとそこで得られた事実が他から切り離された孤立的なものであったとしても，これが必然的に体系化・組織化されていき，関係性や意味が探し求められることになっていく。価値体系が構成されていくことになる。つまりその対象を「理解」しようとするようになる。

このようにして「知る」と「理解する」は階層をなしている。そして，このように知り，理解することによって，それぞれの基本的欲求の充足方法も見出されることとなる。つまり，両階層は相互作用し，共働しているのであり，この意味で欲求充足には学習効果があるのである。

マズローが考えるのは，いわゆるモチベーション論ではない。したがって，彼は，「何らかの学習の定義が，単に，刺激と反応の間の結びつきにおける変化を強調するならば，それは不十分である」とする（Maslow, 1954, p.110）。そして，「行動よりもむしろ人格構造をその中心点としておく，人格上の学習」について語るのである（Maslow, 1954, p.111）。

このように，欲求充足より高次の人格形成，健康な成長との関係性を語ろうとするがゆえに，『動機と人格』の第2版においては，欲求充足によってもたらされる病理に言及することになる。すなわち，物質的な豊かさがもたらす病理，さらには，心理的豊かさがもたらす病理があるとし，「単に基本的欲求を充足するだけでは不十分であり，子どもには，断固としていること，粘り強さ，欲求不満，規律，および我慢の限界をともないいくつかの経験もまた必要とされる」と指摘するに至るのである（Maslow, 1970, p.71）。

しかし，基本的欲求にかかわる脅威と恐れがなくなれば心理的健康に向かうというマズローの理論からすると，欲求充足は手段の1つでしかない。マズロー理論の骨格からすれば，大事なことは欲求充足それ自体ではなく，脅威と恐れを取り除くことであり，そして，そのための手段は欲求充足以外にも求めることが可能だからである。したがって，マズローは，例えば表出療法（uncovering therapy）を取り上げ[7]，評価しているし（Maslow, 1962, p.166），教育について彼が本来的な教育（intrinsic education）と呼ぶアイデンティ

の教育の必要性を訴えているし（Maslow, 1971, p.178），企業をはじめとする組織にも自己実現の機会があることを見出したのである（e.g. Maslow, 1965）。ここで，その詳細を取り上げることはしない。重要なことは，欲求階層説は単なる欲求の類型論ではないということ，すなわち，第1にそれは，個的・社会的・身体的・精神的なトータルな人間存在の把握を背景としてもっているものであり，第2にそれは，学習をともなって自己実現に至る経路として示されたということ，そして自己実現に至る経路として，あくまでもそのうちの1つとして示されているということである。

III. 自由と自己実現──フロムとマズロー──

1. フロム『自由からの逃走』における自由論

　以上のマズロー自己実現論はどのような意味を有しているであろうか。ここではE. フロムの自由論，特に『自由からの逃走』（1941）における自由論を取り上げる。ここでフロムの著作の中でも，『自由からの逃走』を取り上げるのは，それが名実ともに彼の主著と言えるからである。すなわち，彼の著作の中で最も有名であると同時に，彼の他の著作の根の部分にあり，彼自身がまた同書をナチス全体主義だけでなくその点を越えて社会全体に広がりつつある全体主義の問題を問おうとしていたからである。

　フロムとマズローの関係性は深いものがある。マズローは，フロムの名前をたびたび出しており[8]，フロムから大いに学んでいたことを伺わせる。実際にホフマンによると，フロムの『自由からの逃走』の議論の筋道はマズローにとって説得力のあるものであり，したがってマズローは1940年代を通じて，フロムの研究を繰り返し引用してパーソナリティや政治的態度についての諸作品を展開させたと述べられている（Hoffman, 1988, p.102）。そして，実際に，後で見るように，マズロー欲求階層説の構造とフロムの自由論の枠組みは非常に近似したものをもっている。

　フロムの『自由からの逃走』は，ホフマン『真実の人間』（1988）によれば次のような内容をもっている。

「フロムは『自由からの逃走』においてさらに幅広く次のようなことを議論した。自由——すなわち，その人自身のために考え，何ものにも妨げられていないその人自身を表現すること——に対する近代個人の苦闘は，必然的に不安を創出し不安に怯えさせることさえする。というのは，自由は世界の中における人の究極的な孤独さと向き合うことを必然的に伴うからである。そのような不安は多くの人々をして戦いに向かわせることはない。その代わりに，そうした人々は盲目的に権威主義的な宗教的指導者や政治的指導者に従うことによって，自由からの逃走手段を探す。もちろん，これらの力強い人物たちは，独立的・批判的な思索や意見を放棄することと引き換えに，その追従者たちに安全と幸せを約束する。不幸にも，20世紀における多くの人々は，この取引にしたがって行動するとフロムは主張した。」(Hoffman, 1988, p.102)

フロムが論じようとしたのは，現代人における自由の意味である。ナチズムを念頭に置きながらも，そこを越えて社会全体に進展しつつある全体主義と，それに対する人間の自由を問題とした。

こうした問題を，フロムはまず現代社会の特徴から描き出そうとする。その中で，彼は欲求理論を基底におく。まず，人間の本性（human nature）の欠くことのできない部分について，次のように説明する。すわなち，こうした部分を自己保存の欲求（a need for self-preservation）と呼び[9]，まず，生理的に条件づけられた欲求（the physiologically conditioned needs）がそれであるとする。それは，単純に言えば，「人は食べ，飲み，眠り，敵から自分を守らねばならない」ということである（Fromm, 1994, p.16）[10]。しかし，いつの時代でも，そのためには，人は仕事をしなければならない。その仕事は，その時代における特定の経済システムにおける仕事である。つまり，いつの時代でも，食べ・飲み・眠り・仕事をするという生活様式はその時代の経済システムによってきまることになる。そして，「生活様式が個人に対して経済的システムの特殊性によって決定されるとき，そのような生活様式はその人の人格構造全体を決定する第一次的な要素となる。なぜなら，自己保存に対する避けることのできない欲求はその人をして，その人が生きなければならない状況を受け入れるよう強いるからである」(ibid., p.16)。

しかし，フロムが言いたいのは，人間の人格構造を決定するのは，生理的に

条件づけられた欲求であるということではなかった。彼は，自己保存の欲求として，もう1つのものを挙げる。次のように述べている。

「生理的に条件づけられた欲求だけが，人がもつ本性 (man's nature) の中の避けられない部分なのではない。有無を言わせず従わねばならないものとして，もう一つの部分が存在する。それは，身体的な過程を原因とするものではなく，人間の生活様式，生活実践のまさに本質を原因とするものである。それはすなわち，自己の外部の世界と関係づけられたいという欲求，孤独を避けたいという欲求である。完全に孤独であると感じること，孤立していると感じることは，身体的な飢えが死に導くのとまさに同様に精神的な崩壊 (mental disintegration) に導く」(Fromm, 1994, p.17)。

フロムはこのような欲求を「所属の欲求 (the need to *belong*)」と呼ぶ (Fromm, 1994, p.19)。そして，この欲求を核にして，以降の議論を展開していく。この所属の欲求を人間が求める理由として，フロムは2点を挙げている。第1に，人は他者との協働なしには生きることができないという事実である。第2は，「主観的な自己意識の事実，つまり，思考力によって，個的な存在としての自分自身，自然や他の人間とは異なるということに人が気づくという事実」である (ibid., p.19)。この第2の点について，フロムは，この気づきの存在は本質的に人間的な問題に人を直面させるとし，すなわち「人は必然的に世界や〈自分〉以外の他者すべてと比較して，自分の無意味さや卑小さを感じる」と述べるのである (ibid., p.19-20)。

中世までの封建的な社会では，こうした所属の欲求は問題にならなかった。というのは，人々は原始的な結びつきの中に埋め込まれていたからである。しかし，資本主義が発展してくるとともに，「個人化 (individuation)」が進展していく。それは，「個人がその原始的な結びつきから次第に抜け出していく過程」である (Fromm, 1994, p.24)。

この個人化には2つの側面がある。「1つは，子どもが身体的・情緒的・精神的にますます強くなっていくということである。…（中略）…。この組織化され統合されたパーソナリティ全体を自己と呼ぶならば，われわれは，次のように言うこともできる。すなわち，個人化のますます進展していく過程の1つの側面は，自己の強さの伸長 (the growth of self-strength) である」(Fromm,

1994, p.28)。個人化のいま1つの側面は,「孤独が増大していくことである」(ibid., p.28)。この後者の意味での個人化の側面において,「自分の個人性 (individuality) を放棄し, 孤独感や無力感を克服するために, 完全に自分自身を外部世界に没頭させようとする衝動が生まれる」(ibid., 1994, p.29)。

　以上のことは, 2つの種類の「自由」が存在することを意味している。すなわち, 有名な「〜からの自由 (freedom from)」と「〜への自由 (freedom to)」である。フロムは前者を消極的自由, 後者を積極的自由と呼ぶ。

　さて, ここで問題となるのは2つの自由のズレが生じているということである。すなわち, 前者の意味における個人化の過程は「自動的に生じる一方で, 自己の成長は, 数多くの個人的理由, 社会的理由によって妨害される。これら2つの傾向のズレが耐え難い孤立感と無力感へと至らせる。そして, このことは, 今度は, 後で逃亡のメカニズムとして述べられる心理的メカニズムに導く」のである (Fromm, 1994, p.30)。

　では, どのようにして自己の成長は妨害されるのだろうか。それは, フロムによれば, 資本主義の高度な発展によってもたらされたものであり, 個的な自己 (individual self) が弱められた結果である。個的な自己が弱められてしまう理由は, 人間が自己をも手段化してしまう利己主義に陥ってしまったからである。フロムによれば, この意味での利己主義 (selfish) は自愛 (self-love) とは異なる。彼によれば, 愛とは次のものである。

　「愛は, もともと特定の対象によって〈もたらされる〉ものではない。愛とは, 人間の中のなかなか消えない質であり, それはただ, ある〈対象・客体 (object)〉を通じて実現されているにすぎない。憎悪は, 破壊を求めるはげしい願望であるのに対して, 愛とは, 対象を情熱的に肯定することである。愛は, 〈感情 (affect)〉ではない。それは, 積極的な努力であり, 深遠な関係性である。愛することの目的は, 愛する対象の幸せ・成長および自由である。」(Fromm, 1994, p.114)

　自愛とは, このような意味での自分に対する愛である。しかし, 利己主義はこうした自愛とは反対のものである (Fromm, 1994, p.115)。

　「利己主義は, 真の意味での自己に対する肯定や愛の欠如に根をもっている。すなわち, そのあらゆる可能性を有する具体的な人間存在全体に対する肯定や

愛が欠如している」(Fromm, 1994, p.116)。そして,「近代人は,自己という最高の主張によって特徴づけられるように見えるが,実際には,その自己は,弱められ,一片の全体的な自己——知力(intellect)と自制力(willpower)——へと縮減され,全体的なパーソナリティの他のあらゆる部分は排除されたのである」(ibid., p.117)。

　このように自己が弱められた理由として,フロムは大きく2つの理由を挙げている。1つは,資本主義における人間関係の変化である。次のように述べる。

　「個人と個人の具体的な関係は,その直接的かつ人間的な性格を失った。そして,お互いを操作(manipulation)し,道具(instrumentality)とみなす精神を帯びてしまった。あらゆる社会的な関係,個人的な関係において,市場の法則が支配的なものとなっている。競争者同士の関係性が相互の無関心に基づいていなければならないのは明らかである。」(Fromm, 1994, p.118)

　このような世界では,人間は自分自身を売らねばならない。自尊(self-esteem)を得られるかどうかは,自分のパーソナリティの成功,つまり人気(popularity)に依存する。したがって,近代人にとって,人気は恐ろしいまでに重要性をもつことになった(Fromm, 1994, pp.119-120)。

　自己が弱められたもう1つの理由は,資本主義の中に巨大な力が出現したことである。特に,フロムは,独占資本の力の増大を指摘している(Fromm, 1994, p.123)。こうした力の出現によって,中小規模の実業家は,不安と無力さを感じ,ホワイトカラー労働者,肉体労働者は巨大な経済的機械の一部となって歯車となり,さらには買い手も近代広告の手法によって批判力(critical capacities)を奪われてしまったのである。このことは政治的領域でもそのままあてはまる。

　このような弱められた自己においては,人は無意味さと無力さを感じる。こうした自己においては,「〜からの自由」の重荷に耐えることはできない。こうして人間は自由から逃走し,安易に権威に対して服従することへと駆り立てられることになる。このような状態について,フロムは正常(normal),健康(healthy)という用語を用いて説明している。

　「正常もしくは健康という用語は2つの方法で定義されうる。第1は,機能

する社会という立場からであり，もし人がその所与の社会で課されている社会的な役割を果たすことができるならば，その人を正常あるいは健康と呼ぶことができる。より具体的には，このことは次のことを意味する。すなわち，その人はその特定の社会において要求されるやり方で仕事をすることができるということであり，さらには，社会の再生産に参加することができるということ，つまり，家族を養うことができるということである。第2は，個人の立場からであり，健康や正常性を個の成長や幸福の最適条件とみなすものである。」(Fromm, 1994, p.137)

　このような観点からとらえた場合，社会に適応しているからと言って，健康であるとは言えない。それは第1の観点を満たしているにすぎないからである。そこには，思考・感情・意思についての抑圧（repression）がある。

　「あらゆる抑圧は，人の本当の自己（one's real self）のある部分を取り除き，抑圧されている感情に対して偽りの感情を代置することを強要するものである」(Fromm, 1994, p.199)。

　こうした抑圧は，思考・感情における「独創性（originality）」を失わせ[11]，「批判的に考える力（the ability to think critically）」を低下させる。社会に適応しているだけの人間にはこのような意味での不健康さがある。逆に，神経症の人であっても，ある意味では不自由ではないとフロムは言う。なぜなら第1の観点からは不健康でも，第2の観点，人間的な価値（human values）の観点にはしたがっていると言えるからである。したがって，本当の意味で自由であるためには，この2つの健康の側面のいずれも満たしている必要がある。

　自由からの逃走に至らないために求められるのは，この2つの意味での健康を備えたものであり，言い換えると，「～への自由」，積極的な自由である。フロムは次のように指摘する。

　「しかし，服従が孤独と不安を避ける唯一の方法ではない。他の方法が存在する。それは，唯一の生産的な方法であり，コンフリクトが解決しないという結果には終わらない方法である。それは，人と自然に対する自発的な関係性（spontaneous relationship to man and nature），つまり，人の個人性を減じることなく個人と世界を結びつける関係性を築くという方法である。この種の関係性——その一番よい表現は愛と生産的な仕事である——は，パーソナリティ

全体の統合と強さに根をもち，それゆえ，それは，自己の成長に対して存在する限界がどこにあるかに左右される。」(Fromm, 1994, p.29) [12]

積極的自由を実現するのは，自己の強さの伸長である。そのとき，自己の強さの伸長とは何を意味するのか。フロムは，人と自然に対する自発的な関係性を築くことができるようになることだと説明する。つまり，単なる孤立的な自己ではなく，外部にある自然・他者との関係性を受け入れるものをパーソナリティ全体の統合と呼び，こうしたパーソナリティ全体の統合を得ることを自己の強さの伸長と考えるのである[13]。フロムは，こうした自己の強さの伸長を「自己の実現（realization of the self, self-realization）」と呼ぶ。

「自己の実現とは何か。…（中略）…。われわれは，自己の実現は考えるという活動によってのみでなく，人のパーソナリティ全体の実現によって，つまりは，その人の情緒的潜在力・知的潜在力を積極的に表現すること（active expression）によってもまた成し遂げられると信じる。これらの可能性はすべての人に存在する。これらの可能性はそれらが表現される程度に応じてのみ本物となる。言い換えると，積極的な自由は全体的な・統合されたパーソナリティの自発的な活動（spontaneous activity）に本質があるのである。」(Fromm, 1994, pp.256-257)

この統合されたパーソナリティの自発的な活動についてさらなる説明が加えられる。

「自発的な活動とは自己の自由な活動であり，心理学的には，そのラテン語の語源 sponte が文字通り意味していること，つまり，人の自由意思を意味している。…（中略）…。この自発性の1つの前提はパーソナリティ全体の受容（the acceptance of the total personality）であり，〈理性（reason）〉と〈自然（nature）〉の間にある分裂を取り除くことである。というのは，人はその自己の本質的部分を抑圧することのない場合にのみ，その人が自分自身に率直になれた場合にのみ，人生の様々な領域が根本的な統合に達した場合にのみ，自発的な活動が可能となるからである。」(Fromm, 1994, p.257)

さらに，フロムは，こうした自己の実現・自発的な活動がなぜ自由なのかということに答えようとする。

「なぜ自発的な活動が自由の問題の答えなのだろうか。…（中略）…。自発

的な活動は，人がその自己の誠実さ（the integrity of his self）を犠牲にすることなく，孤独の恐怖を克服しうる1つの方法である。というのは，自己の自発的な実現は，その人自身と世界とを——人間・自然・その人自身とを——新たな形で結びつけるからである。」（Fromm, 1994, p.259）

フロムの自由論は以上のようなものである。フロムには『自由からの逃走』の後にもさまざまな著作があるが，それらは基本的に，『自由からの逃走』で示された人間の不健康さの側面や，逆に人間の健康，自己の実現，積極的自由の側面について，より突っ込んだ議論を展開したものとして理解できる。この意味で，最も根本的な部分の考え方は『自由からの逃走』において示されていると考えることができるであろう。

以上のような積極的自由の得られていない状態をフロムは不健康であると考えたが，その心理的メカニズムとして彼は，権威主義（Authoritarianism）・破壊性（Destructiveness）・自動人形的従順（Automaton Conformity）の3つを挙げた。このうち前2者はナチズムが利用した心理メカニズムであるが，最後の自動人形的従順はナチズムではなく現代の一般的問題として提起されたものである。

以上のフロムの自由論の議論を図示すると，図表3-4となる。

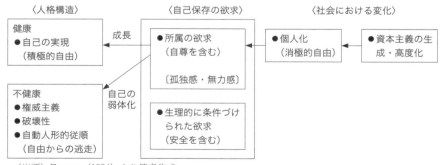

図表3-4　フロム『自由からの逃走』における自由論の枠組み

（出所）Fromm（1994）より筆者作成。

2. フロムの自由論から見たマズロー自己実現論の意味
(1) 理論構造の同一性

それでは,以上のフロムの自由論とマズローの自己実現論との関係性を見ていこう。興味深いのは,フロムの自由論がマズロー理論と次のような非常に重要な点で符合を見せるということである。

第1に,両者はいわゆる心理学であるが,単に個人を分析したのではなく,社会に対する明確な問題意識をもって個人を分析しているということである。すなわち,フロムでは,社会が全体主義に流れてしまったのはなぜかという問題意識の下に個人が分析され,マズローは,社会の没価値性に対する危機感をもち,したがって,いかにして諸個人の心理的健康を育むかという問題意識をもって個人を分析したのである。

第2に,フロムが論じる自由の問題とマズローの論じる自己実現の問題はいずれも,人間の健康・不健康の問題として把握されている。すなわち,両者とも,健康に2つの側面があり,社会の立場からの側面と個人の立場からの側面があると把握されている。フロムは,このうち,2つの側面いずれの意味においても健康なのは積極的自由に向かう個人であり,消極的自由から逃走する個人は社会には適応しているかもしれないが個人には適応していないという意味で,不健康と把握した。後者の個人には批判的に考える力が欠如しているからである。これに対して,マズローはその欲求階層説の存在が示しているように,人々を心理的に不健康な状態からどう心理的に健康な状態へ引き上げるかを問題とした。

第3に,両者は人間の基本的な,避けることのできない欲求についての認識がほぼ等しい(図表3-5)。まずフロムは,生理的に条件づけられた欲求,所属の欲求を人間の本性の欠くことのできない部分と把握している。このうち生理的に条件づけられた欲求には,「人は食べ,飲み,眠り,敵から自分を守らねばならない」とされているように,マズローの言う「安全の欲求」が含まれている。また,所属の欲求では単に他の人と結びつきたいということ以外に,本質的に人間的な問題として,自己を自然や他者と比較するという問題,卑小さ・無意味さを感じるという問題を挙げている。これは,別の箇所では「自尊」の問題として取り上げられることになったものである。したがって,フロ

図表 3-5 フロムの「自己保存の欲求」とマズローの「基本的欲求」

フロム	マズロー
自己の実現※)	自己実現の欲求
所属の欲求	承認の欲求
	所属と愛の欲求
生理的に条件づけられた欲求	安全の欲求
	生理的欲求

※) ただし,フロムの「自己の実現」は「欲求」ではない。
(出所) 筆者作成。

ムにおいては,自己実現の欲求を除けば,マズローのいう基本的欲求が人間の欠くことのできない欲求として捉えられていると言える。

　第4に,人格構造には欲求 (need) が寄与しているという考え方である。フロムは上記の意味における生理的に条件づけられた欲求,所属の欲求が人格構造を決める第1次的な要素であるとした。これに対して,マズローも5つの基本的欲求のうちどの欲求が優勢であるかが,その人がどのような認知・関心・価値等をもつかを左右すると考えていた。マズローの場合は,それゆえに,欲求の階層が心理的な健康の度合いを示すという考え方と結びつくのである。

　第5に,フロムの言う自己の実現 (self-realization) とマズローの言う自己実現 (self-actualization) の概念の内容は非常に近い。もちろん,self-realization と self-actualization は必ずしも同じ意味の言葉ではない。しかし,両者が述べたその中身を見ると,述べていることは本質的に同じものだと考えられるのである。フロムは,自己の実現を「全体的な統合されたパーソナリティの活動」とし,そのため,この自己の実現には「パーソナリティ全体の受容」が必要だとしているが,マズローも自己・他者・自然の受容だと述べている。そして,フロムは自己の実現について,「理性」と「自然」の分裂を取り除くことであり,このことは,その人自身を世界と一つにすることだと述べているが,それはまさに,マズローの言う存在認識そのものであろう。さらに付言すれば,フロムは,自己の実現は理想であって現実の人間がこの段階に至っているということではないと述べているが,マズローもほとんどの人間が自己

実現に至っていないと述べているのである。

　もちろん，フロムの理論とマズローの理論には違いも存在する。

　第1に，マズローは，フロムが「生理的に条件づけられた欲求」と呼んだものを「生理的欲求」と「安全の欲求」に分け，「所属の欲求」と呼んだものを「所属と愛の欲求」と「承認の欲求」に分けている[14]。その際，マズロー欲求階層説は文字通り，欲求間に階層を設け，そして自己実現の欲求に焦点を合わせているが，フロムは欲求間に階層があるとは考えていないし，また焦点も所属の欲求（承認を含んだ）にある。

　第2に，マズローと違い，フロムは自己の実現を「欲求（need）」であるとは考えていない。第3に，このことと関連して，フロムには欲求充足によって人間性が向上する，心理的健康に向かうという発想はない。したがって，生理的欲求・所属の欲求が人格構造を決定する要素であるという考え方は同じであっても，それらを充足することが積極的自由への道であるという論理にはなっていない。フロムが指摘したのは愛と生産的な仕事であり，与えられることではなく自ら行動することに積極的な自由への道を見ていたと言える。

　以上の相違は両者の理論全体における相違というよりも，欲求階層説を採っているか否かの相違であると言える。それは，目的の相違ではなく手段の理解に関する相違である。さらに言うと，それらは考え方が相違しているというよりも，考え方を共有しつつ，その延長線上で，手段の側面についてマズローが理論を付け加えたものであると言い換えることもできる。フロムの言う愛と生産的な仕事の重要性は，マズローも認めるところだからである。したがって，この違いはフロムの理論に対するマズロー理論の関係性を示すものである。すなわち，マズロー理論とはフロムの段階では十分に触れられていなかった自己の実現の内容をより豊かに詳細に明らかにし，またそこに至る手段の考え方として欲求階層説を新たに提示したものだということができる。

　以上のことから，フロムの理論とマズロー理論は基本的な理論構造を共有していると言える。では，そうだとすれば，マズロー理論の現代社会における位置づけについて，どのようなことが言えるだろうか。

⑵ 全体主義の克服とマズロー自己実現論
──「所属」「承認」と現代社会──

　まず，マズローの自己実現論は，まさにフロムの言う「消極的」自由ではなく「積極的」自由について論じたものだと言える。こうした積極的自由を実現する方途として，フロムは愛と生産的な仕事を挙げたが，その代わりにマズローは主として欲求階層説を提示したということである。

　フロムが問題にしたのは全体主義であった。自由からの逃走が意味するのはそれである。この問題の背後には，組織を全体主義的に組織するか，積極的自由の下に組織するのかという問いがあると言える。組織が全体主義に陥るかどうかは組織論においてきわめて重要な問題である。かつて，官僚制が組織論において問題になった1つの理由は，こうした全体主義に至る心性，人々の批判的に考える力の低下であったと言える。官僚制を理論化した M. ウェーバーは，官僚制が「精神なき専門人，心情なき享楽人」を生むとしているからである[15]。フロムの理論は，こうした問題に心理学の立場から応えようとしたものと言うことができる。事実，フロムが自由から逃走するメカニズムの1つとしてあげた「自動人形的従順」は，ナチスだけにとどまらず現代社会全体に投げかけられた問題であった。そして，このことから，マズローの自己実現論もこうした問題に応えようとした理論だということが言える。

　マズロー理論の現代的な意義は，今日あまり認められているとは言えない。今は低次欲求が充足され，高次欲求に注目すべき時代と言われて久しく，マズロー理論が注目されて以来50年以上もこのように言われつづけているし，冒頭で述べたピンクのような議論もある。確かにもしそれらが事実であるとすれば，マズロー欲求階層説の現代的意義は半減する。

　ただし，経営学において現代人の多くが自己実現の段階に達していると理解している論者はいまや少ないと言っていい。むしろ現代人において充足されていないのは，あるいは，動機づけの要因としてまだまだ機能するのは自己実現欲求より1つ低次の欲求の「承認の欲求」であるとして，この欲求を重視する流れがある。マズロー自身も，承認の欲求については重視していた (e.g. Maslow, 1965)。

　ただし，ここで大事なことは，「承認欲求を重視しなければならない」とい

うことではない。マズローは，自己実現的人間が現実の世の中にはそれほど多く存在していないことをよく知っていた。その上で，あの膨大な自己実現研究を行っているのである。つまり，彼は自己実現している人が多いから自己実現を研究していたのでは元々ない。したがって，現実的に数が少ないということをもって自己実現論を取り上げない理由とすることはできないのである。

現代社会をどのように把握すればよいだろうか。低次の欲求は充足されているとして済ますことはできるだろうか。ここまで見てきたように，マズロー理論とは自己実現＝心理的健康の実現を論じようとした理論である。マズローがこの問題を理論化しようとしたのは，自己実現している人が多いからではなく，社会的に見て諸個人が心理的健康を育んでいく必要があると考えたからであり，そこに社会の命運がかかっていると考えたからである。そして，先述のとおり，フロムもこの心理的健康を実現するという立場から議論をしている。重要なことは，マズローは基本的欲求の充足が心理的健康につながると考えていたが，基本的欲求といえどもその欲求の充足がいつでも心理的健康につながるわけではない。マズローが後年になって欲求充足の病理に言及することとなったのは，そのことを踏まえていたからである。そして，この欲求充足が即心理的健康に結びつくわけではないことをよりはっきり示したのが，フロムの議論である。

フロムの議論は，例えば所属の欲求を充足させることをめぐる問題をはっきりと示している。すなわち「所属の欲求」はただそれを満たせばよいわけではないということをフロムの『自由からの逃走』は示唆するのである。

フロムは所属の欲求を人間の生活様式の本質に根をもつものと論じている。この欲求は自己と世界の結びつきを与えるものとしてきわめて根本的なものである。それゆえに，人間はこの欲求に振り回される。それが，人が全体主義へと向かった１つの動機である。

フロムは，人間が個人化の進展とともに自由となるが，孤独も増大するとした。この場合，２つの可能性が示唆される。すなわち，第１に，個的な自己が弱体化することで，人は自由に耐えきれなくなって，その自由から逃走する。つまり，全体主義に走るということである。こうした事態に至らないための第２の道は，自己の強さを伸長させるという道であり，個々人が自発性を手に

し，積極的自由の下で行為するということである。フロムは愛と生産的な仕事にその解を求めた。

このフロムの指摘は「所属の欲求」はただ満たせばよいわけではないということを意味している。全体主義へと進むこともまた，諸個人の所属の欲求を満たす道であることに変わりはないからである。こう考えると，どのように満たすかがきわめて重要だということになる。

マズローが1940年代にフロムの議論に共感していたのは先述のとおりである。フロムの議論に共感し研究していたマズローは，この所属の欲求をめぐる問題をはっきり意識していたと考えるのが自然である。そうであるがゆえにマズローはフロムのように単に「所属の欲求」とせず，第1に「所属の欲求」と「承認の欲求」を分け，第2に「所属の欲求」も単に「所属」ではなく「所属と愛」とし，第3に「承認の欲求」も自尊と他尊の両面を把握するに至っている。これらの違いはすべて，全体主義の問題が念頭にあったからだと考えられる。

全体主義に走らないような欲求充足をはかるためには，まず，フロムの言う「人気」の問題は「所属」の問題と分けて考える必要がある。つまり「承認」を「所属」と区別するのである。その上で，マズローは単に「所属の欲求」ではなく「愛」も付け加えた。なぜなら，マズロー欲求階層説は，その欲求の充足によって，より高次の欲求の発現を意味すると同時に，それが心理的健康に近づくことを意味しなければならなかったからである。マズロー理論の本旨からすれば，欲求の充足が，積極的自由に向かうのではなく，消極的自由からの逃走を意味するとすれば本末転倒であるし，単に「所属の欲求」としてしまえば，その可能性はきわめて高い。所属の欲求を充足しようと思えば，大衆に迎合する自由からの逃走が何よりの近道だからである。「所属と愛の欲求」とすることによって，それを充足するためのハードルは上がるが，どのような所属の欲求の充足でなければならないかをはっきり示すことができる。すなわち，「愛」を伴うということである。

興味深いのは，マズローが「愛」について語るとき，特に重要な箇所で，フロムの著作を引用しているということである。例えば，*Man for Himself* からではあるが，次の点が引用される（Maslow, 1954, p.249）。

「愛とは，原理的に，〈対象・客体〉とその人の有する自己の間の結びつきが関係している限りは，分けることのできないものである。本物の愛とは，生産性の表現であり，配慮・尊敬・責任そして理解である。それは，誰かによって影響されるという意味での〈感情（affect）〉ではなく，愛される人間の成長と幸福のための積極的な努力であり，その人の愛する能力に根をもつものである。」（Fromm, 1947, pp.129-130）

また，『自由からの逃走』から次のような引用をしている（Maslow, 1954, p.252）。

「愛は，そのような自発性の最も重要な構成要素である。それは，別の人間における自己を崩壊させるものとしての愛ではない。それは，他者の自発的な肯定としての愛であり，個的な自己の保存を基礎としつつ，個を他者と1つにするものとしての愛である」（Fromm, 1941, p.261；1994, p.259）。

フロムは，主として，他者に対する自発的な，つまり自ずから発する肯定，マズローの言葉で言い換えるなら，存在認識に根ざした肯定としての愛について語っている。これは，与える愛であり，マズローで言えば，自己実現的人間の愛である。「所属と愛」の段階で語られているのは，基本的に，こうした愛が与えられることの重要性である。すなわち，所属と愛の欲求の段階を抜けるということは，少なくともこのような愛を受け取ることを含んでいなければならない。事実，マズローは「心理的健康は，愛を剥奪されることからよりもむしろ，愛されることから生じる」と述べている（Maslow, 1954, p.240）。

さて，このように考えてくると，問題は，このような形の所属と愛の欲求が現代において満たされていると言えるのかということである。この問いに対する1つの答えは，現代において人間がどのように扱われているかを見ることで見えてくると思われる。現代において人間は人的資源と把握され，労務管理論・人的資源管理論・戦略的人的資源管理論と展開する中でますます資源として社会に適応しなければならなくなっている。現実の動向として，非正規雇用がますます拡大し，あらゆることが法・規則重視，文書重視，数値重視の管理へと進展していっている。マズローやフロムの言うパーソナリティの全体的な肯定は，ますますなされなくなりつつある。これはフロムの言う自己の弱体化をもたらすものであり，自由からの逃走をもたらすものである[16]。

以上の所属と愛の欲求をめぐる問題は，実は，「承認の欲求」をめぐっても言えることである。

　まず第1に，フロムは所属の欲求の中に承認の欲求も見出していた。「孤独感」だけでなく「無力感」「無意味さ」にまで言及しているのはそのためである。逆に言うと，所属がなければ承認はないとも言えるし，多くの人が求めるのは，所属を踏まえた承認だということである。現代は，所属の欲求が満たされなくなりつつある。普通の人が承認欲求を得ようと思えば，まずもって何らかの組織に所属しなければならないという事実は重要である。

　第2に，所属の欲求が自由からの逃走をもたらすのと同様に，承認の欲求にも毒がある。かつてオウム真理教で頭脳明晰な者たちが麻原彰晃に従ったのは，まさに「承認」の力であったと言えるだろう。確かに承認が動機づけとして有効なのは間違いない。しかし，単に動機づけではなく心理的健康の実現という問題をセットで考えたとき，承認の欲求を満たすという問題は簡単な問題ではないと思われる。

　フロムは，現代社会における人間は「人気」をとらねばならないと言った。現代を見るとこれがいかに本質をついた指摘であるかがわかる。現代はネット社会となり総監視の社会となり，ますます人目ばかりを気にしなければならなくなっている。その中で承認を得るということを単なる人気取りの行為にしないためには，言い換えると心理的健康に向かうものとするためにはどうしたらよいのであろうか。マズローは承認を自尊と他尊に分け，まずは自尊心をもつための強さ・達成・能力を身につけることを第1として掲げた。そして，他尊については，「他者からの受けるに値する尊敬」に基づかなければならないとしたのである。

　フロムそしてマズローの議論から見えてくることは何であろうか。

　フロムが述べたように現代人に必要とされていることは，自己の強さの伸長＝自己の実現である。そして，マズローの言う自己実現も，フロムが述べた自己の強さの伸長を実現したものと言える。それは，もちろん，単に個性を磨くとか，他者から独立した存在としての人間を生み出すということではない。それは，他者や世界と1つになった全体としてのパーソナリティを受容する自己を育てるということである。フロムが言うようにこのことは，社会に適応する

と同時に，個人に適応しているという意味で健康であり，そうした個人は，マズローの言うように，存在認識・存在価値を有し，統合的意思決定が可能となる。そのとき，どのような手段がありうるだろうか。フロムは愛と生産的な仕事を挙げ，マズローは主として欲求階層説・科学概念の拡張・責任ある仕事等を挙げた。

最後に，もう1つ指摘しておきたいことがある。フロムの自己保存の欲求とマズローの基本的欲求がほぼ一致していた点についてである。このことは，マズローが「基本的（basic）」と述べた1つの意図を示していると思われる。フロムは自己保存の欲求を人間の本性に根ざした欠くべからざるものと捉えている。欲求にはさまざまなものが存在する。その中で5つの欲求を取り上げて，マズローがそれらを「基本的」と銘打ったのは，まさにそれらが人間存在に根ざしているがゆえに，人間にとって欠くべからざる欲求だと考えていたからだと考えられる。

このことは，人間が欲求階層の中のどの段階にあろうとも，それ以下の欲求を満たす必要がなくなるわけではないということを意味している。欲求階層説を用いようとする場合，ともすれば，それぞれの人々がその欲求階層の中のどの段階にいるかだけを問いがちである。もちろん，ある人間が欲求階層のうちのどの段階にいるかということは，動機づけの立場からも，心理的健康を実現するという立場からも重要である。しかし，マズローにおける基本的欲求が人間存在に根ざした欲求であり，フロムの言葉で言えば，人間の本性に根ざした欲求であるとすれば，現代社会がどのような社会であろうとも，諸個人がどの段階にあろうとも，これらの欲求すべてについて，それらを満たす意義がなくなることはなく，いつの時代でも可能な限り満たしていく必要があることは変わらないのである。

IV. おわりに

自己実現とは何であろうか。この問題を考えるために，フロムの自由論との対比の中でその現代における意義を確認してきた。この問題については，さら

なる理解の深化が必要であるが，現時点で，少なくも次のことが言えるであろう。

まず，マズロー理論の全体像は次のようにまとめることができる。マズロー自己実現論は，さまざまな社会問題の根本的な対応として「心理的健康の実現」を企図したものであり，理想としての自己実現の概念，自己実現的人間論とそこに至るプロセス論からなっている。後者は欲求階層説に代表されるものである。

自己実現とは心理的健康であり「すぐれた意思決定者」となることを含意する。それは，存在認識，存在価値に根ざして，さまざまな対立・葛藤を統合していく力をもつことである。

欲求階層説の意味するところは，基本的欲求の充足は脅威・恐れの除去であり，知りたい願望・理解したい願望との共働による学習・人格形成だということである。すなわち，欲求階層説はある意味において，利己的な低次の欲求からより高次の，より利他的な視点を含んだ段階への人間的な成長を含意している。

この欲求階層説の側面も合わせて考えたとき，心理的健康とは利己性とともに利他的な視点の受容であり両者の統合であると言える。それは価値観としてそのようなものをもっているということ（存在価値）であると同時に，そのように思えるだけの現実に対する認識力（存在認識）と，その認識から存在価値を実践できるだけの統合力・創造力を必要とする。対象のあるがままを捉えて，またそうした存在認識を繰り返すことで理解を深め，そこに基づいて「他者にとっても自分にとっても良い」という認識と意思決定をその都度見出していくというところに，心理的健康を見出すことができると考えられる。

自己実現というと，何かと個性やオリジナリティが強調されることも多いが，それは第1義的に重要なものではない。もちろん，常識的な発想を超えねばならないがゆえに，自己実現的人間は個性的でユニークな存在となる。ただそれは，結果としてそうなるというにすぎない。それは，個性や独自性を求めた結果ではないのである。

また，経営学においても，メンタルヘルスが言われるが，それは，病気に対する対処として語られるものである。もちろんそうした対応が必要なことは言

うまでもないが，そもそも病気に至るような状態を作らないということ，積極的に心理的健康を育むということも，経営学において求められる課題であると考えられる。

　現代社会において自己実現はどのような問題なのであろうか。
　マズローの言う自己実現をフロムの言葉で言えば，消極的自由ではなく，積極的自由を実現することである。つまり，社会的観点から見て機能的であり，かつ個人的にもコンフリクトを統合していくことが自己実現なのである。
　この問題は社会的意義をもっている。つまり，自己実現という問題は，全体主義の克服をその意図としてもつものである。フロムは，ナチズムを超えて現代社会一般にはびこる全体主義の問題を提起したのであり，フロムとマズローの理論の構造的な類似性は，マズローの理論がこうした全体主義の克服という目的をもった理論だということを示唆する。現に両者とも，「人間を操作する」という方向に科学が向かうことを大いに問題視している。
　こうしたマズロー自己実現論の意義は，現代においても失われていない。もちろん，もし現代社会が，低次欲求が充足され高次欲求をしかも自己実現欲求のみを満たしていけばよい社会であるとすれば，心理的健康を実現しようとするマズロー理論の現代的意義は非常に低いものとなるが，現代社会はそのような社会とは言えない。それはまさにフロムが，所属の欲求の存在ゆえに自由から逃走した人間を描き出していることから，所属の欲求から抜け出ることは容易でないということと同時に，欲求階層説の第3段階が単に「所属の欲求」ではなく「所属と愛の欲求」だからである。この欲求の存在は，社会の中で諸個人がどのように扱われるべきかを問うものである。
　また，近年注目されている承認の欲求は，この所属を踏まえた欲求であり，承認自体も，それを与えることが必ずしも心理的健康に結びつくわけではないということは見逃されてはならない。そして，マズローの承認欲求はまずもって当人が自分自身に自信をもてるような力をつけること，その上でそれに値する尊敬を受けることである。心理的健康の実現を視野に入れる場合，この両面を視野に入れねばならない。
　現代社会において多くの人々は，人的資源として扱われ，フロムの言う自動

人形的従順を強いられる状況にあるのであり，今なお，積極的自由としての自己実現を手にしていない。現代社会は組織社会であり，こうした状況に応えるのは経営学のきわめて重要な課題であると考えられる。こうした状況を抜け出す方途を多方面から示したマズロー理論は，現代社会においてきわめて意義を有する理論であり，現代に生かしていくべき理論であると考えられる。

注

1）『道教事典』(野口鐵郎・坂出祥伸・福井文雅・山田利明編，平河出版社，1994年）によると，「無為」の意味は『老子』と『荘子』では意味が異なるようだが，『荘子』の「無為」の意味として，それは「心のあり方の無為」であり，「それは自我（主体的な思慮分別）を捨て，心を虚しくしておかれている状況に身を委ねることであって，人はこれによってあらゆる束縛から解放され，まことの意味での心の安らぎを得る，と説く」とされる（566頁）。これは，マズローの言う存在認識の極致であると考えられる。したがって，ここではlet beを「無為」とした。

2）ここでのD-cognitionのDとは，DeficiencyのDである（Maslow, 1962, p.189）。

3）ここでの言説は，コンフリクトとその統合について論じたM. P. フォレットの言葉を想起させる。
日本語で「対立」「葛藤」と訳しうるコンフリクト（conflict）を「相異」であると喝破し，「双方の望むもの（desires）がいずれの側も何一つ犠牲にする必要のない形で実現される解決方法が見い出される」ということを含意する「統合（integration）」を提唱したフォレットは（Follett, 1941, p.30, 32），例えば，次のように述べている。
「心理学は〈前進的に統合すること（progressive integratings）〉という言葉をわれわれに与えてくれたが，同じように，〈前進的に相異すること（progressive differings）〉という言葉も必要である。われわれは，しばしば，コンフリクトの性質を見ることによって前進の程度を測定することができる。この点では社会における前進も個人における前進も似ている。われわれの争いがより高い水準に上って行くにつれて，われわれも精神的にますます高い水準へと発展していく。」（ibid., p.35）

4）存在を認識するということは，「経験する」ということであるが，M. P. フォレットもその著 *Creative Experience*（1924）で「経験」について，まず，「私」の行動とは私とあなたの関係づけ（relating）に対する応答であるということ，また，身体的に「知覚されたもの（percept）」と思考を経て得られる「概念（concept）」の両面を捉える必要性のあることを語っている。この認識に立って現実を捉え，コンフリクトを統合していくことについて語っているのである。ここでも，第1の点は，個的であると同時に社会的存在としての人間，第2の点は，身体的であると同時に精神的存在としての人間を描いているものと考えることができるかもしれない。

5）以下，*Motivation and Personality* からの引用については，第2版においても変更のないところは基本的に第1版から引用し，変更がありその変更を反映させる必要があると思われる箇所は第2版より引用している。ただし，第1版と第2版でマズローに根本的な考え方の変更があったとは考えていない。微調整されているという認識である。

6）さらに付言すると，マズローは，審美的欲求（aesthetic needs）にも言及している（Maslow, 1954, pp.97-98）。ただし，この欲求が基本的欲求や知る願望・理解する願望とどういう関係にあるのかは，少なくとも『動機と人格』(1954) では明言されていない。

7）小此木啓吾編集代表『精神分析事典』（岩崎学術出版社，2002年）では，expressive therapyもしくはuncovering therapyの訳語として「表出療法」が挙げられ，次のように説明される。「表現的あるいは探索的療法ともいう。精神分析がその典型であるが，広くは，分析的原則に基づいた精

神療法一般を指す。患者が自分自身の心をできるだけ言葉で表現できるように助けることを目的とする。」(413頁)
8) 例えば，マズローが経営を論じ，ドラッカーを評価する際に次のように述べている。
「ドラッカーは，カール・ロジャーズやエーリッヒ・フロムが到達した人間の本性の理解とほぼ同様の理解に達している。」(Maslow, 1965, p.2)
9) need の訳について，訳書『自由からの逃走』で日高六郎教授は「要求」という訳を当てておられる。本書では，マズロー理論との関係性を見ることに焦点があるため，「欲求」という訳を当てた。basic need が「基本的欲求」と訳されるように，マズローの著作における need の一般的な訳語は「欲求」だからである。もちろん，マズロー理論における need を「欲求」と訳してよいのかどうかという問題も存在しているように思われる。
10) フロムの *Escape from Freedom* の原文については，1994年に出版された Henry Holt and Company 版を参照した。この版は，1941年版の初版とは頁数が異なっていることをお断りしておきたい。
11) なお，フロムの言う「独創性」は次のような意味である。「繰り返しになるが，私が独創的という語によって意味しているのは，ある考えが以前に他の誰によっても考えられてこなかったということではない。そうではなく，考えが個人に始まる (originate) ということ，つまり，考えがその人自身の活動の結果であり，この意味で，その人の思考であるということである。」(Fromm, 1994, p.241)
12) spontaneous は，フロムの積極的自由を説明する鍵概念となっている。しかし，日本語にすることがきわめて難しい。訳書では「自発的」とされている。日本語の「自発的」という表現は，一般には「人の意図」が存在することを感じさせるが，ここでの spontaneous は，そのような意味ではない。物事の根本から自然に生まれてくることを指している。本章では，それ自体の中から「自(おの)ずから発する」という意味で訳書通りの「自発的」という言葉が妥当していると考え，ひとまず本章ではこの訳語を用いている。
13) M. P. フォレットが，『新しい国家』(1918)において，自由の本質は関係の充実さにあると述べたことが想起される (Follett, 1918, p.69)。フォレットの「自由」については，三井泉『社会的ネットワーキング論の源流』文眞堂，2009年，三井泉編著『フォレット』(経営学史叢書 第Ⅳ巻) 文眞堂，2012年などを参照。
14) マズローは，かなりはっきり愛と尊敬は分けることができると考えていたようである。
「愛と尊敬は分けることができる。それらが，多くの場合で同時に生じているとしてもである。…（中略）…。愛の関係性の側面もしくは属性と考えられる性格の多くが，非常に頻繁に，尊敬関係の属性とみなされてしまっている。」(Maslow, 1954, p.253)
15) ウェーバーの官僚制の問題には，「逆機能性」の問題とともに「抑圧性」の問題がある（三戸，1987)。フロムの議論は，「抑圧性」の問題に応えようとするものであるし，マズローもそうであると考えられる。この官僚制の問題は第7章で詳述する。
16) なお，フロムは1965年に，『自由からの逃走』の2つ目の序文を書いている。その時点では，まだなお自らの論理は通用すると述べている。この段階では，次のように指摘している。すなわち，確かに自由が人間の生来的なものであることを示す事実が多く出てきてはいるが，しかし，原子力エネルギー，サイバネティクス革命，人口爆発という3つの問題が，人間の自由の脅威となっているというのである (Fromm, 1994, pp.xiv-xv)。

第4章
マズロー管理論の体系
―― マグレガーY理論との根本的な相違性 ――

I. はじめに

　A. H. マズローは，その自己実現の概念・欲求階層説によって著名である。一般にも「自己実現」という言葉は用いられ，自己啓発本には欠かせない用語となっている。それらは必ずしも明確な定義の下に用いられているわけではないが，例えば，広辞苑の「自分の中にひそむ可能性を自分で見つけ，十分に発揮していくこと。また，それへの欲求」（『広辞苑』第五版）などは，一般的な見解と言えるだろう。欲求階層説についても，あのピラミッド型の図形を新聞などでもときおり見かける。そして，言うまでもなく経営学のテキストにおいても，モチベーション論の基礎としてマズローは欠かせない存在であり続けている。

　さて，マズローが現在これだけの地位を占めたのは，1つにはマグレガーのX理論・Y理論の影響が大きかったと言えるだろう。マグレガーは，周知のとおり，モチベーション論の領域で画期的なアイデアを提供した。すなわち，一般に，「人間は働くことを嫌う」と考えられるのに対して，「人間は必ずしも働くことを嫌がらない，条件次第で積極的に取り組むのだ」というアイデアを示したのである。前者がX理論，後者がY理論である。

　このX理論・Y理論を提起する際に援用されたのが，マズローの欲求階層説であった。マグレガーは，欲求階層説によって欲求に低次・高次という階層があることを理解し，低次欲求だけで人間を把握するものをX理論，高次欲求で把握するものをY理論としたのである。そして，後者のY理論に立て

I. はじめに

ば，懲罰によって強制的に人を動かすのではなく，組織目的と個人目的が結びつくことを理解させることによって，自発的に人を動かすことができるということを主張した。マグレガーは，非常にわかりやすい形で，マズロー理論を活用して見せた。それはマズロー理論の普及に大きく貢献したと言っていい。

一方，こうしたマグレガーによる欲求階層説の援用やリッカート，ドラッカーらの理論に触発されて，マズロー自らも管理論を展開することになる。彼はその自らが提案する管理を"Eupsychian Management（自己実現の経営）"と名付けた[1]。

本章では，このマズロー管理論の体系を示したい。マズロー管理論は，モチベーション論という観点からそれを見ると，何ら体系性を見いだすことはできない。しかし，第2章で示したマズローの基本思想を踏まえたとき，そこには体系性が見えてくる。

また，本章ではマズローの言う自己実現とマグレガーの言うY理論の根本的な相違性について明らかにする。上記の経緯から，マズローの管理論はマグレガーの管理論とほぼ同種のもの，あるいは類似のものとされることも少なくない。少なくとも，両者の管理論が異なるものだという主張は現在のところなされていない。しかし，両者の管理論が同一であるという場合，1つの疑問が浮かぶ。すなわち，同一であるなら，なぜマズローはわざわざ管理について論じたのか。心理学者であり，経営学者ではなかったマズローが，わざわざ一冊の著書として管理論をまとめたのは，マズロー理論を援用したとされる諸説に不満があったからだと考えられる。事実，マズローは既存の管理論について不備を感じていたのである。

これまでマズローの管理論およびそのマグレガー管理論との関係は，十分に考察されてこなかった[2]。本章では，両者の管理論が同一視できるものであるのかどうか，その思想と方法までを踏まえて明らかにする。マグレガー管理論と対比することによって，マズロー管理論の体系がより鮮明に浮かび上がるであろう。

II. マグレガーのX-Y理論とその管理論

1. X-Y理論と管理論

　まず，マグレガーの管理論の内容について確認しよう。以下では，X理論やY理論について，その背後にある思想と方法も含めて把握していく。

　さて，まずは彼の『企業の人間的側面』(1960)によって，周知のY理論的な管理論の中身から確認しておこう。この書によって彼が問題としたのは，人間の統制（control）である。人間を統制するというとき，マグレガーは，その重要な要因として，管理者の姿勢，特にその従業員観を問題にした。彼によれば，一般に技術が自然法則に則さなければうまく機能しないのと同様に，人間を統制するには，その人間性に即する必要がある。どれだけいい方法を採っても，人間の本性についての仮定が誤っていれば効果はないのであり，逆に適切な人間の理論を受け入れていれば，具体的な方法は自然と応用・改善が進んでいくものである。

　かくして彼は，管理者が採る統制方法の背後にある人間についての仮定を明確な形で打ち出した。それがX理論とY理論である。

　マグレガーがX理論と呼ぶものは次のような理論である（McGregor, 2006, pp.45-46)[3]。

① 普通の人間は生来働くことを好まず，可能ならば，働くことを避けるだろう。

② 働くことを好まないという人間の性格ゆえに，ほとんどの人間は，組織目標の達成に向けて十分な力を発揮するためには，強制され，統制され，指示され，処罰で脅される必要がある。

③ 普通の人間は，指示されることを好み，責任を回避したがり，ほとんど野心はもたず，とりわけ安全を望む。

　マグレガーによれば，いわゆる古典的管理論はこうした人間観・管理観に基づいているが，その根底にはいわば，「大衆は凡庸」という考え方がある。しかし人間は必ずしもこうした存在ではない。彼はマズローの欲求階層説を援用

しながら議論を展開する。すなわち，人間は生理的欲求や安全の欲求といった低次の欲求をもつが，同時に社会的欲求（Social needs），自我の欲求（egoistic needs, 自尊の欲求と他尊の欲求）[4]，そして自己実現の欲求という高次の欲求をもあわせもつ存在である。X 理論とはこのうちの低次欲求に注目するものである。だが現代では，大多数の国民の教育水準，態度と価値観，やる気を起こす原動力，依存度などが変わり，多くの人間が高次の欲求をもつようになってきて，X 理論は通用しなくなりつつある。こうした状況の中で，人間の高次欲求に注目したものが Y 理論である。

　Y 理論とは次のような理論である（McGregor, 2006, pp.65-66）。
① 仕事で身体的・精神的な労力を支出するのは，遊んだり休憩するのと同じくらい自然なことである。
② 外からの統制や罰則による脅しが組織目標に向けた努力をもたらす唯一の手段ではない。人は，自分がコミットする目標に服して，自らを方向づけ，自己統制を行使する。
③ 目標への献身は，それらの達成に関わる報酬次第である。
④ 普通の人間は，適切な状況の下では，責任を引き受けるばかりでなく，責任を探し求めることさえ学ぶ。
⑤ 組織の問題解決において必要な，比較的高度の想像力，工夫力，創造性を行使する力は，多くの人に備わっており，決して少なくはない。
⑥ 現代の企業においては，普通の人間の知的な潜在力は部分的にしか活用されていない。

以上が Y 理論であり，マグレガーによれば，こうした Y 理論に立つ場合の経営原則は，統合の原則である。ここで言う統合の原則とは，マグレガーによれば「個人目的と組織目的の統合（integration of individual and organizational goals）」を意味する。

　マグレガーにおいて，「組織目的と個人目的の統合」が意味するところは，組織目的の達成を目指して働けば，自ずと個人目的，しかもそのより高次の欲求が充足されるのだということを認識させること，つまり組織目的と個人目的の結びつきを認識させるということである。そして彼は，そうした「組織目的と個人目的の統合」があれば自己統制による組織運営が可能だと主張したので

ある。なぜなら，組織目的と個人目的が結びついていることがわかれば，組織メンバーは，組織目的に尽くそうとするだろうからである。こうした統合と自己統制による管理として，具体的には，目標設定・スキャンロンプラン・参加などが提案される。いずれも組織目的と個人目的の結びつきを意識させることがそれぞれの手法の狙いとなっている。

2. マグレガーの管理観と科学観

　第2章で述べたように，マズローには理論全体を貫く基本思想があり，それは管理論にも貫かれている。そう考えると，マグレガーの管理論にも，彼の基本的な考え方が反映されていると見るべきであろう。すなわち，Y理論的な管理論は，マグレガーの管理観と科学観に基づいたものと考えられる。それはどのようなものであろうか。

　まず第1に，マグレガーは管理についてどのように考えていたのだろうか。彼は非常にシンプルな考えをもっていた。彼の没後に出版された『リーダーシップとモチベーション（Leadership and Motivation）』（1966）に収録されている「経営の哲学（A Philosophy of Management）」と題された論文の中では，次のように語られている。

　「管理者（management）の仕事は，企業の目標を達成することであり，今日の我々の経済における目的も同様に，まったく単純に述べられる。つまり，それは，利益が出るように財やサービスを生産し，販売することである。これが産業企業の存在意義であり，管理者はこういった目的を達成するために雇われているのである」（McGregor, 1966, pp.33-34）。

　マグレガーはこれ以上の管理観というものを他の箇所でも特に示していない。

　次に，彼の科学観を見よう。これも同じく『リーダーシップとモチベーション』に収録されている論文「管理者，人間性，そして人間科学」で語られている。彼は科学について次のように規定している。

　「何らかの有用な科学的知識は次のものからなる。(1) ある一連の現象についての，その必要にして十分な〈原因（causes）〉となっている要素・特質あるいは変数の識別，そして，(2) その現象の変化と関連するこれらの要素間の

関係性に関する記述である。したがって，産業組織で働く個人の成果（P）は，個人（individual）の何らかの特質（その人の知識・技能・動機・態度を含む）および環境状況（environmental situation）の何らかの側面（その人の仕事の性質・その人のあげる成果に対する報酬，その人に対するリーダーシップ）の関数である。

　　$P = f(I_{a,b,c,d}...E_{m,n,o,p}...)$」（McGregor, 1966, p.201）。

　さらに次のように述べている。

　「既存の行動科学の知識は，これらの変数とそれらの相互関係を管理の実践に取り入れたときに，組織的な人間行動の統制（control）を改善できる，そのような可能性を提供するものである」（McGregor, 1966, p.202）。

　パフォーマンス（P）は，個人の特質（I）と環境の何らかの側面（E）の関数（f）だという把握は，心理学におけるいわゆる行動主義の刺激－反応図式（S-R図式），その発展形であるS-O-R図式と同一のものである[5]。そして，この形でなければ，有用な科学的知識は成り立たないとマグレガーは主張している。

　いずれにしても，以上の科学についての記述から，マグレガーは，基本的に科学あるいは行動科学の目的を人間の統制（control）にあると捉えており，それに資するものがS-O-R図式だと認識していたということがわかる。そして実際に『企業の人間的側面』のテーマも人間行動のコントロールであった。

　ただし，マグレガーも人間行動のコントロールという考え方をよいものと考えていたわけではない。彼は次のように述べている。

　「人間の行動をコントロールするという考えについて議論すると，操作や搾取（manipulation and exploitation）の可能性に関する懸念が生ずるとしても，それはもっともなことである。こうした心配は新しいものではないが，管理者は，企業の目的達成のために社会科学的知識を用いるということについて，ますますプロフェッショナルとなるので，こうした心配は強まってくるであろう」（McGregor, 2006, p.14）。

　ここでは，人間行動のコントロールについてのマグレガーの懸念が表明されている。ではどうしたらよいと考えていたのか。次のように述べていく。

　「科学的知識はその使用（use）とは関係がない。この意味で（そして，この

意味においてのみ)，科学は価値から独立している。科学的知識は善い目的のためにも悪い目的のためにも使える。人類を救うこともできれば破壊することもできる。それは最近における原子物理学のいくつかの応用例をみればまざまざと理解できよう。それゆえ，管理者が科学的知識を用いるプロフェッショナルになればなるほど，倫理的価値に対する感性についてもプロフェッショナルにならなければならない。管理者は社会的な幅広い価値と，自分自身の組織メンバーのコントロールに関わる価値の両者に関心をもたねばならない」(McGregor, 2006, p.14)。

さらには次のようにも述べている。

「マネジメント (management) が産業組織の経済的目的に寄与すると期待するのは自然なことである。しかし社会立法の歴史を見ると，社会は，人間的な価値が保護され守られる程度においてのみ，これらの目的を追求する自由をマネジメントに与えたということがわかる。…(中略)…我々の社会のどこでも，自由の代価は責任である」(McGregor, 2006, p.16)。

以上が，マグレガーの科学観である。マグレガーは，S-O-R 図式の科学観をもち，これを人間行動のコントロールに活用できるという発想をもっていた。その延長線上に彼の Y 理論がある。ただし，人間行動のコントロールが彼によって全面的に肯定されていたのではない。彼は，こうした問題を懸念し，管理者は倫理的プロにならねばならないとしたのである。

III. マズロー管理論の基底にある基本思想

さて，以上のマグレガー管理論に対して，マズローの管理論はどのような内容をもっているであろうか。第 2 章で述べたように，マズロー理論にはその管理論も含めて貫かれる基本思想がある。

マズローの基本的な思想を一言で言うならば，それはまず第 1 に，人間中心ということである。そのことは，「心理的健康の実現」という形で表現される。彼は，人間において生じてくる個人および社会の諸問題の根本は人間性の問題であると捉えた。そしてその根本的な解決の方法は，人間性の向上，すなわち

III. マズロー管理論の基底にある基本思想

心理的健康の実現であると捉えたのである。自己実現とは，一般的に「個人が自己の能力を十分に発揮すること」と捉えられるが，マズローにあってはそうではない。彼にあって自己実現とは，「心理的健康」を表す概念である。

心理的健康の実現としての自己実現について，次の2点を指摘できる。まず，この「心理的健康の実現」という発想は，いわゆる行動主義，行動科学とは正反対の発想である。行動主義は刺激－反応のS-R図式を採り，行動科学はその発展形であるということができる。その意図は，人間行動のコントロールである。マズローは自身が行動主義から出発したことから，そこに一定の価値を認めながらも，それへの批判的な立場に立つに至った。心理的健康を実現するということは，行動主義が発想するような「外部からのコントロール」を行うということではなく，自分自身で自分自身をコントロールできるようになることを目指すものだからである。

次に，マズローは，個人の自己実現だけを考えていたのではなく，社会全体の諸個人の自己実現を図ろうとしていた。したがって，彼は「健康を育む文化の創造」を研究課題として挙げるに至ったのである。自己実現というと，その言葉だけを見れば，非常に個人的なもののようであるが，実際はそうした「個人」の問題ではなく，それは個人的な問題を含みながらも「社会」をどうするかの問題を含んでいるということである。マズローが健康を育む文化に言及し，のちに経営を論じるに至るのも，そうした発想が基になっている。

マズローの思想の第2は，現実重視ということである。彼は上述の心理的健康の実現に向かうために，その視点から可能な限り現実重視の把握をすることを志向した。それが科学概念の拡張という試みであった。それは，一言で言えば，「配慮から生まれる客観性」を貫くということである。マズローの意図したことは，まずは，価値を科学の研究対象として取り込むということであった。現実重視とは，目に見えるものを重視するということではない。目に見えなくとも存在しているものがあるということも現実であり，重要であればそうしたものも取り上げるということが現実重視ということである。したがって，マズローは，経験的知識を科学的知識として認めるべきを主張したのである。

マズローは，まずは現実だけを述べるのでなく，理想をも述べる必要性があると考えていた。そうであるから，理想としての自己実現の概念を展開したの

である。だが同時に、現実および手段について考えることの重要性も認識していた。それが欲求階層説に代表されるプロセス論として論じられているものである。かくして、マズロー理論は、自己実現の概念という内容論とともに、欲求階層説に代表される自己実現に至る経路を論じる過程論から構成されている。つまり、目指すべき到達点としての理想論と、そこに至る手段論としての現実論から構成されているのである。

このマズローの方法の特徴、つまり、その「科学概念の拡張」という作業の意味を一言で言えば、一般に行動主義に代表される心理学が科学的アプローチを採るのに対して、哲学的アプローチを採っているということである。現代における科学は、「技術への科学の結合」(Drucker, 1970)、つまり技術に奉仕するということを特徴としている。現代科学は、このために厳密性・正確性・確証性が要求されることから、必然的に「対象を限定し・細分化し・専門化し、そして対象把握の方法を限定し厳密にして」進めることを旨とせざるをえないのである（三戸, 2002）。これに対して「哲学は全体と部分を統合的に把握しようとする。（中略）統合は何らかの立場、何らかの価値体系を前提としなければならない」、それは、「全体と部分との位置関係をたしかめ意味を与えるということである」（三戸, 2002, 23-24頁）[6]。このように見たとき、科学的なアプローチは、目的的結果を求めてその因果関係を明らかにしていくのに対して、哲学的なアプローチは、そうした目的的結果とともに、そこに生じうる随伴的結果も含めて把握していくものとなる。

配慮から生まれる客観性という視点にまで進むマズローの「科学概念の拡張」という作業は、現代における「科学」という範疇を越えようとしたものだったということができる。それは、諸個人の心理的健康の実現こそ、現代社会の喫緊の課題であり、それをいかにして実現するかを考えたとき、現代における科学の範疇に止まり、手段に囚われることの不毛さを感じていたからである。

いずれにしても、「配慮から生まれる客観性」を重視するという意識を、マズローは常にもっていた。そうであるがゆえに、マズローは常に可能な限り、広範囲の人々を視野に入れ、理論を考察するに際しても、それが自身の理論に肯定的な意味合いをもつものだけでなく、否定的な意味合いをもつものも含め

て直視するという態度を採っているのである。

Ⅳ. 自己実現の経営（Eupsychian Management）

　さて，マズローの管理論は以上の思想と方法に基づいて展開されているものである。以上を踏まえて，マズローの管理論について見ていこう。彼の管理論は，主として著書『ユーサイキアン・マネジメント（*Eupsychian Management*）』（1965）で展開されたものである[7]。マズローは，その管理論も自らの思想と方法に基づいて展開している。すなわち，第1に，マズロー管理論においても，目指すべき理想がまずは論じられる。すなわち，「心理的健康の実現」を目的とし，それが実現していくような組織が論じられるのである。第2に，現実を直視し，配慮から生まれる客観性の視点から，その管理論を可能な限り全体を意識して展開していくのである。順に見ていこう。

1. 経営の目的をどう考えるか

　すでにさまざまな文献で紹介され周知の事柄ではあるが，"Eupsychia"とは何かをまずは確認しておこう。それは，マズローの造語であり，「介入されることなく隔離された島で，1000人の自己実現的な人間によって生み出された文化」と定義される（Maslow, 1965, p.xi）。またそれは，「心理的健康に向う動き（moving toward psychological health）」，「健康への志向（healthward）」を表している。彼によれば，この用語の下では単なるユートピアとは違い，現実的な問いを発することができると言う。なぜなら，すでに「我々は，人間性（human nature）が獲得しうる高みについては比較的多くわかっているから」である（ibid., p.xi）。

　この「人間性が獲得しうる高みについてはすでにわかっている」という言は，当然ながら彼の主著作を念頭においている。つまり，マズローは，ここまでの時点で人間が到達しうる心理的に最も健康な段階である自己実現について既に多くの研究を積み重ねていることから「比較的多くわかっている」と述べ，またそうであるから夢物語のユートピアではなく，「いかにしてそれを実

現するか」という現実的な問いを発することができると述べているのである。

　このユーサイキアンの概念規定では，先述の「心理的健康の実現」というマズローの問題意識をそのまま踏襲することが宣言されている。マズローの管理論が「自己実現の経営」と呼ばれるとき，そこにおける「自己実現」も自分の能力を発揮したいとか成長したいなどの個人的な欲求を表しているのではなく，心理的健康を問題にしているのであり，かつ心理的健康と言っても，それは，単に心理的健康を問題にしているのではなく，そこに向う動き，志向ということを重視している。つまり，その「実現」を問題にしているのである。マズロー管理論が自己実現の経営の理論だというのはあくまでもこの意味においてである。

　そもそも心理学者たるマズローがこうしたユーサイキアン・マネジメントを論ずるに至った動機は何だったのか。そこには，ドラッカー，マグレガー，リッカートらが展開していた管理論，マズローが呼ぶところの啓蒙的な管理論（enlightened management）の存在を彼が知ったことが大きい[8]。

　まず第1に，マズローはそうした啓蒙的な管理論に触れて，経営の中に心理的健康実現の可能性を見出したからである。諸個人の心理的健康の実現およびそれを通じた社会の向上を志向していたマズローは，まず心理療法（psychotherapy）によって，そのことをなそうとした。しかし，「個人の心理療法を通じて，世界や人類全体を向上させるという可能性については断念した」（Maslow, 1965, p.1）。というのも，量的に見て不可能だと考えたからである。そうした中で，マズローは，次に教育に目を向ける。心理療法から得られたさまざまなデータは教育で応用することができ，その方がデータが活きるとみたのである。そして，マズローはこの教育と同じ効果を経営に見出した。つまり，「人間だれしも仕事に従事するのであれば，個人の仕事生活は教育と同様，あるいはそれ以上に大切」であり，「心理学・心理療法・社会心理学などの教訓を経済生活に応用できるならば，人間を心理的健康に向かわせることができるし，それによっておそらく人類全体に影響を及ぼしていくこともできる」ということを期待したのである（ibid., p.2）。

　マズローが経営を論ずることとなった理由は第2に，その啓蒙的な管理論に対する注文をもっていたからである。つまり，重要な点で物足りなさを感じて

いたのである。その一番大きな点は，経営の究極的な目的をどう考えるかという問題であった。例えば，次のように述べる。

「広い視野ではるか先まで見据え，価値を重視し，ユートピア的な視点をもって考える勇気をもった経営者や組織論の研究者にはほとんど出会ったことがない。概してこうした人々は，離職率の低下や欠勤率の低下・士気の向上・増収といった指標によって経営の良し悪しや組織の健康度を測るのが実際的だと考えている。しかし，このやり方では，開明的な企業における心理的健康に向かう成長の全体像や自己実現・人格的成長といった側面が完全に見落とされることになる」(Maslow, 1965, p.40)。

マズローは，あくまで心理的健康の実現の場として，経営，企業を見出したのであり，啓蒙的管理論の大半でそれが見落とされていると感じた。そして，マズローはむしろ，こうした既存の管理論で見落とされている自己実現＝心理的健康の実現が企業の利益にもつながるという考えをもっていた。すなわち，「実際的に，あらゆるユートピア的・ユーサイキアン的・道徳的・倫理的な提案は，企業の，その状況下におけるあらゆる面を改善するであろう。そして，これは利益を含めてそう言えるのである」と主張する (ibid, p.41)。

それゆえ，マズローは，行動よりも人格 (personality) に注目すべきだという主張をする。すなわち，啓蒙的な管理論は，往々にして工場内での行動や製品の質・量を見る傾向があるが，こうしたものではなく，人格・性格・精神の形成という問題を扱うべきだと述べるのである (Maslow, 1965, p.86)。

この種の経営学に対する批判は，『ユーサイキアン・マネジメント』の他の箇所でもなされている (e.g. Maslow, 1965, p.39, p.68)。確かに，経営学で一般的に問題となるのは業績である。業績の意味は多様であるが，それは収益性であり，シェアであり，いわゆる組織行動論や人的資源管理論の場合であれば，生産性・離職率・欠勤率等となる。マズローは，こうした経営学の見方を批判する。これに対してマズローが提案するのは，一貫して「心理的健康の実現」である。彼は心理学ではなく経営という専門外の領域に足を踏み入れようとも，決して迎合することなく，自身の問題意識を踏襲している。ここには明確なるマズローの信念を見ることができる。

2. 自己実現と責任

　マズローは,『ユーサイキアン・マネジメント』を著す以前から自己実現＝心理的健康について論じてきていたのは先述のとおりである。ただし,経営を論じることによって,その自己実現に対する考え方がより一層明確になってくる。端的に言って,彼の欲求階層説で示される自己実現観よりも厳しい自己実現観が示されることになるのである。その点を見てみたい。

　マズローは,経営の目的を心理的健康の実現と捉え,経営の中に,その心理療法的効果を期待していたわけだが,その効果の中身はどんなものであろうか。あるいはマズローはどのような意味で経営が自己実現＝心理的健康につながると考えていたのであろうか。彼は次のように述べている。

　「私は,創造的教育,そして今や創造的管理は単に個人・自己・アイデンティティ等を発達させるものではなく,共同体やチーム・集団・組織などを通じてその人を成長させるものだと考えている。共同体・チーム・集団・組織は,人格的な成長の経路として,個人内の自律的な成長経路と同じくらい妥当なものである」(Maslow, 1965, p.3)。

　また,彼は次のように述べている。

　「自己実現的な仕事（S-A work）は,自己を探し求め,自己を充実させるものであると同時に,本物の自己の究極的表現である無我（selflessness）に達することでもある。それは,利己－利他の二項対立を解消する」(Maslow, 1965, p.7)。

　マズローが考えていた自己実現における「自己」の意味は,個人的な自己ではない。その究極的な表現としての無我までイメージしてその言葉を当てているのである。それが自己実現を心理的健康と位置付けていることの意味である。かくして,マズローにあって自己実現とは,個人的なもの,自己完結的なものではない。それは他者との関係の中で導かれるものなのである。それは利己と利他の二項対立の解消を含意する。

　そしてもう一つ重要なことは,欲求階層という人間の成長経路に対して,共同体・チーム・集団・組織,つまり人間関係を通じた人格的な成長の可能性がここでは見出されている。そこでは単に欲求を充足させるということではない厳しさを合わせもった提案がなされている。

IV. 自己実現の経営（Eupsychian Management）　137

　マズローは次の2点を指摘する。第1に，先述のような無我に達するには，鍛錬・努力・苦労を経験する必要があるということである。そしてまた第2に，「世界から何か重要なもの（important）を自分自身の中に取り入れれば，それによって今度はその人自身が重要な存在とな」るとし（Maslow, 1965, p.8），こうしたことが自尊心を回復させる特効薬だとマズローは述べる（ibid, p.9）。

　したがって，マズローは，自己実現とは「自分だけが救われる」ことでも，抑制や統制と無縁なものでもないということを述べる。彼は，自己実現とは，利己的なもの，安易なものではなく，上述のように鍛錬・努力・苦労の経験が必要なことを強調するのである。

　「自己」と言っても自分だけが救われるような利己的なものではなく本物の自己，無我に達するものであって，何ものにも縛られないというものではなく，何らかの統制は存在する，このようなものが自己実現だとすれば，その本質的な部分には何があるのか。マズローは自己実現について語る中で，責任概念に言及していくことになる。

　「以上のことはすべて〈状況の客観的要求に応えることとしての責任〉に関する私の考えと関連している」（Maslow, 1965, p.10）。

　ここで言う状況の客観的要求とは，「正しいことを為し，正すよう促されていると，その人物が感じるところのものであり，その人が担うに相応しい重荷であり，他の誰でもないその人自身がまっすぐに掛け直さなければならない傾いた絵のようなものである」（Maslow, 1965, p.10）。

　別の箇所では次のようにも表現される。

　「理想的な環境の下では，人間とその人の自己実現的な仕事（その人間の大義・責任・天職・使命・果たされるべき仕事など）との間には同形性（isomorphism）があり，相互選択（mutual selection）が存在するだろう。すなわち，鍵と錠前のように，果たされるべき仕事（task）は，世界中でそれを遂行するのに最も適している，まさにその人しかいないという人物に〈呼びかけ〉，その人物はその呼びかけを誰よりも強く感じ取り，共鳴する。そして，呼びかけに波長を合わせ，応答する」（Maslow, 1965, p.10）。したがって，「世の中に存する自身の責任や仕事を認識することは，愛の関係のようなものであ

り，所属やつながりを認識するようなものである」(ibid., p.11)。

ここでマズローが述べていることは，次の点である。まず，自己実現とは責任を果たすことと関連している。ここで言う責任とは，状況の客観的要求に応えることとしての責任である。状況の客観的要求とは，その状況の必然性ゆえにその諸個人を何らかの行動へと向かわせるものであり，この意味で利他的なものでありながら，それを受け入れているのは誰かの指示ではなく本人自身の意思であるという意味で利己的と言ってもいいものである。そこでは，利己－利他という二項対立，内的－外的という二項対立は解消されている。以上の意味での責任を果たすには，表面的にはさまざまに存在する二項対立・葛藤状況に耐えることを経験し，そうした利他的な価値を自己の内部に取り込むという経験が必要である。

このような責任を受け入れる機会は教育の場よりも仕事の場において，はるかに多く現れる。マズローは，そうした経験をもたらすという意味において，経営に心理療法的な効果を期待したのである。

ただし，すべての仕事が人々を自己実現に導くわけではない。心理的健康の実現に対して重要なことは，人間の尊厳を守るということであるが，マズローによれば，人間は取替え可能な部品として扱われるとき，その尊厳を踏みにじられたと感じる。そして尊厳を踏みにじると，人間は精神的な病に陥り，そして抵抗活動をするようになる。したがって，経営において人間の尊厳を守ることは意識されなければならない。

いずれにしても，経営との関連の中で自己実現を論じることによって，マズローが考える自己実現とは何かがより一層明確なものとなる。それは，利己的・個人的なものではなく，抑制や統制とも無縁なものではない。むしろ利他的・共同的・社会的なものを含み，自己による統制が必要という意味で，非常に厳しいものでもあるのである。

3．自己実現の組織──シナジー論──

マズローの諸個人の自己実現＝心理的健康の実現こそが管理の目的であるという管理観および彼の自己実現観について見た。彼の管理論は，具体的には組織論として展開している。したがって，次に彼の組織論について見たい。この

組織論の前提には，前項で見た「責任を引き受けられる人間」がある。

マズローの組織論の核になったのは，そのシナジー論であった。彼のシナジー論について見ていこう[9]。

シナジーとは何か。シナジー（synergy）とは，「相乗効果」と訳され，経営学の領域では「〈2+2=5〉のような効果」として語られることが多い（Ansoff, 1968, p.72）。Concise Oxford English Dictionary 10e によれば，「2つあるいはそれ以上の組織・物質あるいはその他の行為主体が，それら各々の個別の効果の総体よりも大きな結合的効果を生むべく，相互作用もしくは協働すること」とされる。ただし，例えばアンゾフが投資利益率（ROI）を例にシナジーを説明していることから明らかなように，経営学で想定されている「効果」とは，基本的に経済的な効果である。

これに対して，マズローは若干異なる規定をしている。彼はベネディクトの規定に従うとして，それを「健康度（the degree of health）」を表す概念と理解する。つまり，マズローはシナジー概念によって，「健全な組織とは何か」を明らかにしようとした。それゆえに，そこには通常のシナジー概念には含まれない2つの意味が与えられ，それがマズローにおけるシナジー概念の特色となっている。すなわち，マズローがシナジーという言葉に込めている意味は，まず第1に，「二分法の超越（transcendence of dichotomy）」である。そして第2に，マズローは，「全体論的（holistic）」ということを含意させた。この2点について，以下で見ていこう。

(1) 二分法の超越

まず，マズローはシナジーについて次のように説明する。すなわち，「シナジーの備わった制度とは，利己的な目的を追求している人がいつのまにか他人を助けており，また，愛他的で，他人を助けよう，利他的であろうとする人が自ずと，そしていやおうなく自分自身の利己的な利益をも促進するよう」調整された制度であり[10]，そこにおいて「利己性（selfishness）と利他性（unselfishness）との二分法が解消される」（Maslow, 1965, p.88）。また，マズローにあって，シナジーは愛と関連づけられる概念であって，次のように表現される。「愛のいま一つの定義は，他人の幸せが自分自身の幸せの条件だということである。シナジーも同種のものであり，一種の愛による同一化（loveidentification）を含んでいる」（ibid, p.89）。

つまりマズローにあって，シナジーとは「二分法の超越（transcendence of dichotomy）」である。ここで，マズローが注意を促すのは，二分法の超越とは，「対立から利益を得る（benefits from）」ことではないということである。そうではなく，「対立を超越する（rise above the conflict）」ことだと述べる（Maslow, 1965, p.96）。マズローはシナジーがあるということについて，高次の真理や高次の実在の知覚が可能となることであり，盲目状態から開眼状態への発展のようなものだとも述べている（ibid., p.97）。

確かに利己的である場合，その人の視野は狭い。利己的であると同時に利他的であるということは，視野が広がり，高次の真理や実在が認識されるという意味で開眼状態なのである。そして，シナジーがあるとは，誰か1人だけがこうした状態にあるのではなく，その社会や組織を構成している人びとがこうした状態にあることである。こうしたシナジーがあれば，逆恨みや価値あるものに対する誹謗中傷を恐れる必要がなく，この意味において人々は自由であると言えるだろう。こうして，二分法の超越とはいわば各個人の認識力の向上を含意している。このような組織の実現をマズローが求めたのは，前章あるいは前項で見たような自己実現に対する考えを彼がもっていたからである。

さて，マズローの言うシナジーは，二分法の超越だが，その仕組みは，人々によるいわゆる相乗効果が念頭にあると言っていい。すなわち，そこにおいて基本的に想定されているのは，人間の利他的な行為をその社会・組織など周囲の人びとが認め，それによって利他的な行為がますます再生産されるという図式である。ここで，マズローが考えているのは，誰か特別な心理療法士や教育者がいて人を育てていくということではなく，その場にいる1人ひとりの人間の一挙手一投足が，その場にいる1人ひとりの人間を育てている，つまり，自己実現に導いているという形である。こうして，マズローは，近い将来どのような人間がよりよい管理者・監督者・ボスあるいはリーダーを生むのかを実験室のテストで予測できるようになると述べ，こうしたよい管理者を生む何らかのものは，一般によい人間も生むので，社会全体をも向上させると述べている（Maslow, 1965, p.100）。

かくして，マズローの言うシナジーとは，二分法を超越した人間が他者の利

IV. 自己実現の経営（Eupsychian Management） 141

他的な行為を認識し尊重することでそうした行為が再生産されると同時に，そうした人間が新たに二分法を超越した人間を育成していくということを意味しているのである。

(2) リーダーとフォロワー

このような考え方は，一般的な管理論・組織論とは重要な点で一線を画するものとなっている。例えばマズローはリーダーとフォロワーについて述べるが，その際にはフォロワーの特徴とその統制方法ではなく，リーダーとフォロワーそれぞれに求められるものについて述べていく。

まず，リーダーシップについて見てみよう。マズローは経営管理の文献に見られるリーダーシップの記述について不満をもっていた。なぜならそれは，「当該状況における客観的要求をリーダーシップの中心点もしくはリーダーシップを構成する要点と理解するよりも，むしろ民主主義についての定説に対する信心深さ」を示していたからである（Maslow, 1965, p.122）。ここでマズローは，民主主義の定説として何を想定しているかを説明していないが，民主主義とは一般に「人民が権力を所有し，権力を自ら行使する立場」であり（『広辞苑　第五版』），いわゆる被管理者に決定権を与える，あるいは決定に参加させる，権限委譲の考え方を指していると考えられる。

つまり，リーダーがフォロワーに「参加」させるということばかりが重要視されて，最終的にリーダー自身が意思決定の責任者としてどのような判断を下し決定していくべきかという視点に欠けているし，参加するからにはフォロワーにも責任が生ずるという視点に欠けているということである。

マズローはこうした自分が読んだ経営学文献とは異なるリーダーシップ概念を示そうとする。まず彼は，自らが述べるリーダーシップが理想的な状況におけるリーダーシップだということをことわる。すなわち，「完璧な（模範的な）状況，すなわち自己実現者たちによって構成された状況（eupsychian situation）という視点から」リーダーシップにアプローチするとする（Maslow, 1965, p.122）。それは，「そのときの状況・果たされるべき仕事・問題あるいはグループの客観的要求が絶対的に支配的であり，事実上，他の決定因が存在しない」状況である（ibid, p.122）。この状況が成立しているということは，各成員が純粋な B 認識（存在認識）をもっており，己と他者の能力を十分にわき

まえ，関係者全員が健康な性格の持ち主であり，全成員によって職務・問題・目的が完全に受け入れられているということである。

まず第1に，このような場合に発現するものをマズローはBリーダーシップ（B-leadership）と呼ぶ。Bリーダーシップは，「その客観的状況における客観的要求，あるいは実在一般，つまり自然的な実在および個々の心理的な実在双方の客観的要求と符合するものである」（Maslow, 1965, p.124）。

マズローは「B-～」という用語をよく用いる。ここで，"B"とは"Being"の"B"であり，「存在」に根ざしているということを意味している。マズロー『存在心理学に向けて』では「存在という状態（states of Being）」について，「その瞬間の，動機づけられることを超越して，争いがなく，自己中心的でなく，無為で，自己妥当性をもった，究極的な経験であり，完全かつ到達点に達している状態」として説明される（Maslow, 1962, p.68）。これは，利己的な自己というものを超越した状態であり，純粋に状況の客観的状況に従うことができる状態であると言えよう。つまり，この意味において，状況の客観的要求に従って行使されるのがBリーダーシップなのだと言える。

第2に，このBリーダーシップは価値を育むものである。マズローによれば，BリーダーシップはBパワー（B-power）とともにある。「Bパワーとは，為すべきことを為す力（power）のことであり，取り組むべき仕事に取り組む力，現実に存在する問題を解決する力，為されるべき仕事を為さしめる力のことである。あるいはもう少し派手に言えば，真・善・美・正義・完全性・秩序といったあらゆるB価値を育み，守り，強化する力と言うことができる」（Maslow, 1965, p.126）。このように，Bリーダーとは「Bパワーを探求し，それをB価値という目的のために上手に用いる者」である（Maslow, 1965, p.128）。

第3に，マズローの考えるリーダーシップは「人を操る」ということとは異なる。マズローは「人を操る」という視点でリーダーシップを捉えることを拒否する。

「誰かが状況の如何によらずその人物が望むときにはいつでも私を意のままに操ることができる力をもっているとすれば，私はきわめて病的な人間ということになるだろうし，私を意のままにしたいと考えるなら，その人物もきわめ

て病的な人間ということにならざるをえない」(Maslow, 1965, p.129)。

かくしてマズローは,「人々に影響を与える,人々をコントロールする,人々を意のままに操る,あるいはこれと同種の何らかのもの」にリーダーシップの定義を見い出すことはできないと述べる（Maslow, pp.128-129)。すなわち,リーダーもフォロワーも,病的でなく,健全であり,いずれも「人を操る」という発想をもってもいなければ,「操られる」ような無力な存在でもないということがここでは仮定されているのである。

以上のようにリーダーについて考えた上で,マズローはフォロワーについても言及していく。彼は,「Bフォロワー（B-follower）はBリーダーとだいたい同じような定義が可能」だと述べる（Maslow, 1965, p.129)。つまり,Bフォロワーとは,「問題のある状況の中で目的・指示・目標を取り込み,それらと同一化するがゆえに,最も実現可能な方法でそれらを為すことを望んでいる者」である（ibid., p.129)。

したがって,マズローは次のように言う。「このことは,すべての人間がB価値を重んじ,正当な義憤をもつことができ,真理や美,正義などを育もうと望まなければならないということに少し近い。そのときすべての人間は責任を重荷や負担と感じるよりむしろ,責任の引き受けを享受できるだけの力を備えていなければならない」(Maslow, 1965, p.131)。

マズローはシナジーを二分法の超越と捉えた。それは,その社会・組織への参加者全員がそうした地点に立つことによって,自己実現した健康な諸個人が自由に振る舞い社会が向上していくことができるからである。したがって,そこでは,リーダーだけでなくフォロワーにも,二分法を超越した健全な認識,存在に根ざし,状況の客観的要求に従うことが求められることになる。いわば管理者だけでなく被管理者にも管理者としての対応を求めることになるのである。

(3) **全体論的アプローチとシンドロームの概念**

さてマズローは,シナジーという概念に今1つの意味として「全体論的（holistic)」という意味を込めた[11]。この点について考えたい。

マズローがこの「全体論的」という発想を採り,これについて『ユーサイキアン・マネジメント』で論じた理由は,それまでの既存の経営学書が企業を原

子論的（atomistic）に把握し，その結果，外部とは何の関係ももたない利己的な存在とみなしていたからである（Maslow, 1965, p.108）。これに対して，マズローは1つの企業が孤立的に存在しているという考えを採らなかった。そのことを彼はシンドローム（syndrome）という概念で把握しようとする[12]。

マズローによれば，ある「工場がそれ自身シンドロームとして捉えられるなら，…（中略）…，そのときこのシンドロームは，より大きなシンドロームに埋め込まれており，そのシンドロームもまたより大きなシンドロームに埋め込まれている」という形で考える，つまり「入れ子構造」である（Maslow, 1965, p.109）。簡単に言えば，ある何らかの個は，孤立的に存在しているのではなく，常により大きな全体と相互作用しており，そのより大きな全体もさらに大きな全体と相互作用しているのだということを意識しなければならないということである。

全体論的アプローチは視野を可能な限り広く取ることであり，このことには2つの意味がある。第1に，より広範な人間関係を視野に入れるということである。それは「空間的」な広がりを捉える側面である。これは，「すぐれた管理・すぐれた労働者・すぐれた企業・すぐれた製品・すぐれたコミュニティー・すぐれた政府は，すべてお互いそれぞれにとっての条件であり，良好な相互関係のための条件」だという考え方である（Maslow, 1965, p.112）。つまり，一企業はそれだけでよい経営ができるのではなく，その外部のいいコミュニティーなり，いい社会が存在し，いい労働者，いい消費者が存在できることによってよい経営が可能となるのであり，よい企業たりうるということである。

第2に，「時間的」な側面の問題がある。マズローは，より広範な人間関係を視野に入れて考える際に重要なのは「長期的なものと短期的なものを明確に区別すること」であると言う（Maslow, 1965, p.113）。というのは，目先の利益に走ると将来的利益を失うことになり，また道徳・人道主義・善は長期的に見れば真実だが，短期的に見れば真実ではないからである。ここでは，空間的だけでなく時間的な相互関係の理解も必要なことが示されている。マズローにあっては，空間的と同時に時間的にも重層的に相互関係があることがシンドロームという概念によって把握されているのである。

(4) セールスパーソンと顧客

　このようにシンドロームの概念では，1つの個体の全体性だけでなく，その個体がまた，時間的にも空間的にもより大きな全体の中で相互連関していると把握されるに至る。こうした発想はマズローをして組織外の人間のあり方にまで言及させることになる。マズローが取り上げて述べるのは，セールスパーソンと顧客の関係である[13]。まず，開明的な企業のセールスパーソンの果たす機能として次のことが述べられる。きちんとした製品知識とともに市場の動向や顧客のニーズ，自分の関わるビジネスや業界全体の動きを把握しておかなければならないということである。こうした指摘は他の経営学書と変わるところはない。しかし，さらに次の点が指摘されていく。すなわち，セールスパーソンは事実・公正無私・正直・真実・能率などをモットーとすべきであり，人をごまかすという通念を払拭する必要があるとする。「現代の平均的なセールスパーソンは自分自身のことを，ひとを操る人間と見ている」が，「原則として，新たな自己実現的なセールスマンシップあるいは新たな自己実現的なマーケティング活動は，すぐれた企業の他のあらゆる側面と同様，事実の十分な開示や公正さ・正直さ・真理に基づかなければならない」と述べるのである（Maslow, 1965, p.225）。

　その一方で，マズローは顧客がいかにあるべきかも論じる。すなわち，こうしたセールスパーソンの存在が健全な企業にとっての真理であるとすれば，「消費者・購買者・顧客は，合理的であると仮定されなければならない。すなわち，消費者・購買者・顧客は自分の目的のためにもっともよい製品を求めるであろうということである」（Maslow, 1965, p.212）。これを言い換えると，「顧客は合理的であり，高品質を好み，自分の目的にとって最もよい製品を，そして質が同じであればより価格の安いものを選び，的外れの言明にそそのかされず，徳・真理・正義などを好み，誰かがその人をだまそうとするなら憤慨し侮辱された気持ちになり愛想を尽かし怒りを露わにするだろう」と仮定することが必要になるとするのである（ibid, p.213）。これが自己実現的な顧客（eupsychian customer）である。

　マズローは，心理的健康のシナジーが生じるような社会および組織の実現のためには，そこに参加している人の意識が重要だと考えていることがわかる。

心理的に健康な人が為す健全な発想を実現していくためには，周囲の理解が欠かせない。それは一組織・一企業だけで実現できるものではない。組織・企業はシンドロームとして把握され，それを取り囲むより大きな全体の中にいる。したがって，より大きな全体との間にも健全な関係つまりシナジーが必要だというのである。このように考えるマズローは，組織の中の人間だけでなく，それを取り囲む人間，例えば顧客などにも心理的健康を求める。マズローが言及したのはひとまず顧客だけであったが，こうした発想は地域住民など，その他の組織外の人びとにも当てはまるであろう。

この顧客や地域住民の心理的健康を実現するという意味においても，自己実現の経営は重要である。なぜならば，一企業・一組織の自己実現の経営は単に組織メンバーの心理的健康を生み出しているだけではなく，そうした組織メンバーが今度はその組織外において顧客や地域住民として振る舞うことから，いわば健全な顧客・健全な地域住民をも同時に生み出すことになるからである。

(5) マズローにおけるシナジー論の含意

以上，マズローのシナジー論について見てきた。マズローが二分法の超越と全体論的アプローチに特徴づけられるシナジー論をその組織論の中核に据えるのはなぜだろうか。それは，マズローの思想と方法が根底にある。

まず第1に，マズローは人間の幸福にこそ科学は寄与すべきとし，そのために諸個人の自己実現＝心理的健康の実現を企図したからである。第2に，彼は配慮から生まれる客観性によって対象にアプローチしようとした。したがって，そこでは単に個人の問題として一時的に誰かが自己実現していればよいという考えではなく，社会の問題として好循環の中であらゆる人が継続的に自己実現に向かっていくような「健康を育む文化」(Maslow, 1957, p.243) の形成を目指すことになったからに他ならない。

諸個人の心理的健康の実現という発想をもち，配慮から生まれる客観性という視点を持っていたがゆえに，彼の管理論は一個人の健康だけでなく組織の健全性をも，また一組織だけでなく社会の健全性をも，配慮するという視野の広さをもつに至ったのである。

この健康を育む文化の担い手は人間諸個人である。マズローによれば，いい社会とは，1つには徳の報われる社会である (Maslow, 1965, p.103)。マズロー

は心理的健康の実現はよい人間関係の如何にかかっていると見た。すなわち，二分法の超越は自己実現的人間＝心理的に健康な諸個人によって実現されるものであるが，そうした自己実現的人間の行動についてその価値を認められる人間がいなければ，そうした自己実現的人間の行為も長続きしない。そして社会全体の好循環は生まれない。逆に言うと，その社会なり組織が自己実現的人間によって占められているような体制を築くことができれば，諸個人の自己実現＝心理的健康は次々に生産・再生産されていくことになる。

いわばマズローは，可能な限り心理的に健康な人間によって構築された人間関係そのものを諸個人の心理的健康実現の中核として捉えた。各人のよい人間性が，さらにその他の各人の人間性を向上させるという発想の仕方をしたのである。例えば，プロ野球における松坂世代や将棋における羽生世代など，さまざまな世界に黄金世代というものが存在するが，それは，この考え方の正しさを示しているであろう。

健康を育む文化の担い手は1人1人の人間である。そしてその場合に，とりわけマズローが求めることになったのは各人の責任である。すなわち，マズローはそれぞれの立場の，それぞれの果たすべき役割・責任について言及していくことになる。この点についてマズローが論じた人間関係は具体的には，大きく2つであった。すなわち，「リーダーとフォロワー」および「セールスパーソンと顧客」である。

経営学において通常一般述べられるのは，リーダーがいかにあるべきか，セールスパーソンがいかにあるべきかであり，そしてそれをフォロワーや顧客の欲求特性から逆算して導き出すということになる。マズローの場合はそうではない。リーダーだけでなくフォロワーについても，そしてセールスパーソンだけでなく顧客についてもいかにあるべきかを説く。この点がマズロー管理論の1つの大きな特色である。つまり，マズローは，一方がコントロールの主体でありもう一方がコントロールの客体であるとは捉えないのである。いずれも主体として把握する。そして，主体として把握するということは取りも直さず，そうした主体に責任を求めることにつながっていく。

先述のごとく，自己実現とは責任と不可分の関係にある。マズローによれば，責任とは「状況の客観的要求に応えること」である。これに対して，例え

ば彼が論じたリーダーシップはBリーダーシップであり，それは状況の客観的要求と符合するものだとされるし，Bフォロワーの定義はこうしたBリーダーの定義とだいたい同じだと述べられる。つまり，マズローはリーダーに，そしてフォロワーにも，状況の客観的要求に応えることとしての責任を求めたのである。そして，これと同じものをセールスパーソンや顧客にも求めた。

　以上が，マズローのユーサイキアン・マネジメント＝自己実現の経営の骨子である。マズローは，これが理想であることを十分に認識していた。例えばマズローは次のように述べている。

　「すぐれた条件は多くの人びとに成長もたらすという効果を有するが，それにもかかわらず，悪い・破壊的ですらある効果もまた少数の人びとにはもたらすことになる。例えば権威主義者に与えられる自由と信頼は，これらの人びとの有害な行動を引き出してしまうことが明白である。自由・寛容・責任は，真に依存的で受身的な人びとを不安と恐怖の中で挫折させてしまう」（Maslow, 1965, p.243）。

　したがって，マズローはこうした理想に向けて社会全体をゆっくりと改善していくことが必要だと述べるのである。

V．マズロー管理論とマグレガー管理論は同一か

　経営学における「自己実現」は，マグレガー『企業の人間的側面』（1960）によるマズロー理論の導入によって大きく注目されることになったと言っていいであろう。それは，マズローの欲求階層説を援用して構築されたものであった。そして，それがマズローとマグレガーの理論を同一視させる理由となっている。

　確かにマズロー欲求階層説を援用して，マグレガーが従来の管理論に対して行った発想の転換は非常に斬新であった。しかし，その理論は最も根本的なところでは，マグレガーの言う古典的管理論を越えていないことは指摘しなければならない。そして，その点がマズロー管理論と大きく異なるところである。マズロー管理論は自己実現の経営と呼べるものであるが，マグレガーのそれは

自己実現の経営と呼べる内実をもっていない。

　以下では，それをマズローとマグレガー，それぞれにとっての自己実現論および管理論とは何だったのかということを確認しながら両者の異同を見ていきたい。

1．経営の目的と科学観──「人間操作」問題をめぐって──

　まず両者は，その自己実現についての考え方が異なっている。マズローにあっては，常に一貫して自己実現は目的である。諸個人がいかにすれば自己実現に至るかを考えている。ただし，ここで自己実現とは単に「個人的な能力を十分に発揮すること」ではない。その意味するところは，既に述べたように，心理的に最も健康な段階だということである。すなわち，彼は，この段階の人間がどのような特徴を持っているか，その動機・価値観・認識・創造力などの点を広範に明らかにしようとした。例えば，彼は『存在心理学に向けて』で，成長動機・B認識・B価値・二分法を解消する創造性について論じる。そして，1人の人が自己実現＝心理的健康になることだけではなく，社会全体の人々が心理的に健康となり，したがって社会自身が健全となるにはどうしたらよいかを考える。彼が欲求階層説にとどまらず自己実現の経営を論じたのはそれゆえである。

　これに対して，マグレガーにあっては自己実現は目的ではない。この点を否定できる人はいないであろう。彼の関心は自己実現をはじめとする高次欲求の持ち主の行動をどのようにコントロールするかであった。

　したがって，第1に，マグレガーにあってはマズローが行ったような広範な自己実現の分析は存在しない。例えば，マグレガーの『企業の人間的側面』が出た1960年には，既にマズローの『動機と人格』(1954) は出版されているが，そこで展開されたマズローの膨大な自己実現的人間についての分析は『企業の人間的側面』にはまったく反映されていない。マグレガーが援用したのはマズロー理論の全体ではなく欲求階層説に過ぎない。しかも，欲求階層説も全体を援用したのではない。人間には基本的に5つの欲求階層があるという分類を援用したに過ぎない。人間行動をコントロールするということが目的であれば，それ以上のマズロー理論の内容はいわば蛇足となる。

第2に，自己実現が目的ではないことの結果として，そこに至るためのプロセスの研究は存在しない[14]。むしろ初めから高次欲求を有していることを仮定する。さらに，こうなってくるとこれもまた必然的なことであるが，第3に，社会全体の人々の自己実現を図るという発想も存在しない。

自己実現についての考え方の相違は，管理論における相違に直結する。まず，マグレガー管理論の斬新さはどこにあったのか。それは言うまでもなくY理論という人間観である。それは仕事は嫌いで罰や指示・命令がないと働かないと考える古典的管理論の人間観すなわちX理論に対して，仕事は嫌いではなく，個人目的との結びつきさえ気づいていれば組織目的達成に向かって積極的に責任を探し求め創造性を発揮して行動するという人間観を提示したものであった。

マグレガーは，人間についてその「行動をコントロールする」という視点からアプローチする。どうしたら人を動かすことができるのかということを考えているわけである。普通，人を動かそうと考える場合には，人というのは基本的に動かないものだと仮定するものである。そうであるからこそ，何とかして動かさねばならないということになる。しかし，Y理論は人を動かそうとしているが，その場合でも，人は別に動きたくないわけではない，無理矢理に動かそうとしなくても動いてくれるという考え方ができるとのだいうことを示唆しており，この点が人間行動をコントロールするという視点から見たとき，きわめて斬新と言える。

ただ，従来の古典的管理論からの脱却を示唆しY理論を提示したマグレガーだが，脱却できていない点がある。すなわち，その管理観であり，「人間行動をコントロールする」という視点である。彼は，経営の目的を「利益が出るように，財やサービスを生産し，販売する」と述べた。そして，この考えから必然的に出てくるのが，「人間行動をコントロールする」という視点である。このこと自体は旧来の管理論の視点を1歩も越えていない。そして，この視点は，科学観としては行動主義と同一の立場を採ることになる。成果（P）は，個人の特質（I）と環境状況（E）の関数であるという考え方は，いわゆるS-O-R図式であり，新行動主義と呼ばれるものの，あくまでも行動主義のS-R図式（刺激－反応図式）の延長線上にあるものである。

さてところが，このマグレガーが踏襲した「人間行動をコントロールする」という視点，行動主義の視点は，マズローが何とかしてそこから脱しようとした視点であることが想起されなければならない。この行動主義を乗り越えようとする試みは『科学の心理学』（1966b）で最もはっきり打ち出されているが，しかし，1946年の論文「科学における問題中心 vs 手段中心」から既にはっきりその志向性が示されていたと言える。マズローは自らが行動主義者たることをやめて以来，「人間行動を外部からコントロールする」という視点に対して疑義を唱え続けてきたのである。

　ただ，経営学においてこの「人間行動をコントロールする」という視点を有しているのは，当然ながらマグレガーだけではない。むしろ，経営学においては，現在に至るまでこの視点は保持されていると言っても過言ではない。むろん，先述のように単純なS-R図式を採っているのではない。現在はS-O-R図式，あるいはそれ以上の変数を扱うようになっている。そして経営学においてもS-R図式に対する批判はなされたが，S-O-R図式に対してはこれまで特段の批判はなされてこなかった。それは，S-O-R図式はS-R図式と違い，主体（O）に対する考慮があるとされるからである。

　しかし，ではS-R図式を越えたS-O-R図式は，「人間行動をコントロールする」という視点を越えたのだろうか。言うまでもなく，そうではない。第1章でも触れたが，L. von ベルタランフィはS-O-R図式について，S-R図式より変数が増えただけでその基本的な発想は同じであるとして批判している（Bertalanffy, 1967）。すなわち，例えば，ネズミによる実験を想起すれば明らかなように，こうした心理学は，ある刺激がどのような反応を生むかということは研究されるが，そのとき主体はどうなるのかということはまるで考慮されないという意味で操作心理学だとしたのである。ここでベルタランフィが述べたことの意味は，行動をどのように得るかということにのみ焦点を合わせ，その結果，人間自身，人間の心理的健康がどうなるのかということへの配慮がないということである。

　しかし，経営学がこの人間操作という視点から抜け出るのは容易ではない。そのことは，1つにはバーナード理論によって示されている。バーナードは，『経営者の役割』において，組織を「2人以上の人びとの意識的に調整された

活動や諸力の体系」と規定し，管理とは，そうした組織の維持機能であると述べた。上述の定義をさらに簡単に言えば，組織とは「活動の体系」となる。これは現実認識とも一致する。人間がそこにいるだけでは組織にならない。企業などはその典型的な存在である。企業という組織は，そこに諸個人が活動を提供して初めて成り立つ。企業にいる人間は，「次にどう動くか」ということを常に意識しなければならない。そのときに必要となるのが組織の3要素たる共通目的・貢献意欲・コミュニケーションである。いずれにしても，諸個人から活動が提供されて初めて組織は成り立つのである。そしてそうであれば，「諸個人から行動をどう引き出すか」つまり，「人間行動をどうコントロールするか」という問題を経営学は無視することができないし，それが中心的なテーマの1つとなるのは自然なことでさえある。

　マズローは心理学という領域においてこの問題を乗り越えようとした。問題は，経営を論じるに際してもこの問題意識が貫かれていたのかどうかということである。結論から言えば，彼は経営を論じるに際してもはっきりこの問題を意識していた。むしろ彼の管理論はこの問題が軸だったのだと言っても過言ではない。事実，彼が『ユーサイキアン・マネジメント』で論じたテーマは，ことごとくこの人間操作問題が絡んでいる。彼が啓蒙的な管理論と呼んだものも含めて，それまでの経営学に対してもっていた不満は，つまるところこの人間操作問題に集約されると言っても過言ではない。

2．リーダーシップ，パワーとフォロワー

　この人間操作問題を視野に入れているかどうかは，その他の点についてもマズローとマグレガーの見解の相違となって表れる。まず，リーダーシップ・パワーとフォロワーについて見てみよう。

　リーダーシップとパワーは，一見したところではきわめて似た概念であり，通常，組織論研究者でもどちらか一方にだけ言及するのが普通である。マズローが組織を論じるに際しても，この2つの概念に同時に言及する必要性はないようにも見える。それにも関わらず，マズローはこれらのどちらか1つではなくあえて両者に言及し，彼なりの概念を提示しようとする。

　まず一般的に考えてみると，リーダーシップ（leadership）とは，「集団に

目標達成を促すよう影響を与える能力」とされ（e.g. Robbins, 1997），パワー（power）とは，「望まれる目標や結果に到達すべく，抵抗を乗越えるための社会的行為者（social actor）の能力」とされる（Pfeffer, 1981, p.2）。これらは一般的な規定だと考えられるが，要するにそれらはいずれも，組織目的を達成するために他者に対して発揮される影響力を表す概念だと言うことができる。つまり，一般的なリーダーシップやパワーという概念は，目指すべき目標・目的の如何を問わず，リーダーシップやパワーの所有者が意のままに人間行動を引き出せるということが目指されている。言い換えるとそれらは，実質的に人間操作を志向する概念として提示されてきたと言えるものである。

マグレガーはリーダーシップにさまざまな形で言及している。その一つの結論は，管理者は被管理者をY理論で捉えるべきだということである。言ってみればこれが，マグレガーの考える「集団に目標達成を促すよう影響を与える」管理者の能力ということになる。

マズローは，まさにこうした概念としてのリーダーシップおよびパワー概念に経営学文献で触れたであろう。それは彼にとっては，どうしても修正しておきたい概念であったに違いない。それはまさに，マズローにとっての「真っ直ぐに直すべき傾いた絵」だったのである。かくして彼はリーダーシップの本来あるべき姿をBリーダーシップとして，すなわち状況の客観的要求に従って発揮されるものとして規定し直し，パワーもBパワーとして，「真・善・美・正義・完全性・秩序といったあらゆるB価値を育み，守り，強化する力」として位置づけ直すのである。

ここで，B価値に奉仕するということはB認識に基づいて判断するということ，したがって状況の客観的要求に応えるということと表裏一体である。つまり，マズローが提起するものは，B認識に基づきB価値に奉仕するリーダーシップとパワーである。それは自分自身の意思決定が自分自身のB価値とB認識によって常に審査されるリーダーシップとパワーであり，恣意的・利己的に使用することができないものである。

このリーダーシップ，パワーについての考えは，マグレガーによっては把握されなかったフォロワーという考えによって補完されている。すなわちBフォロワーでなければBリーダーシップは成り立たないとマズローは考えて

いたのである。フォロワーはリーダーから指示・命令を受ける立場であるが，そのフォロワーもまた B 価値と B 認識によってその指示・命令を評価する。つまり，リーダーが恣意的な指示・命令を行ってきた場合には，それには従わない[15]。こうして，このリーダー・フォロワー関係では，どちらかがどちらかの意のままに操られているということはない。各々いずれもが B 価値と B 認識に基づき，そこに従って意思決定し行動しているからである。そしてこの意味において，このリーダー・フォロワー関係では，人間操作という問題から脱しているのである。

3. 組織と環境

　マグレガーの管理論は，基本的に組織内の人間をどう扱うかに限定される。これに対して，組織と環境の関係にも視野が開かれ，かつその把握が他の経営学における把握と比べても独特なのがマズロー管理論である。

　マズローは企業なり組織を原子論的に把握することをよしとしなかった。彼は，組織に対して全体論的にアプローチしようとしたのであり，これをシンドロームという概念を用いて行った。もちろんこれは，経営学においても一般になされてきたことだと考えられるかもしれない。事実，1960 年代から経営学は状況適合理論（contingency theory）が台頭し，ベルタランフィの概念を援用したオープン・システム・アプローチ（open system approach）が大前提となった[16]。これは組織をその環境との相互作用において把握しようとするアプローチである。

　まず 1 つ言えることは，状況適合理論を提唱したローレンス＝ローシュの『組織と環境（*Organization and Environment*）』は 1967 年の出版であり，マズローの『ユーサイキアン・マネジメント』が 1965 年であることから，マズローのこのシンドロームという考えは時代に先駆けていたものと言いうる。この点もマズローのすごさを表しているが，ただし本当に重要なのはそのことではない。重要なのは，いわゆる経営学におけるオープン・システム・アプローチとマズローのシンドロームは同じように組織とその外部環境との相互作用を問題にしていながら異なるアプローチだということである。

　経営学におけるオープン・システム・アプローチとは，基本的に組織の環境

適応を問題とするものである。これに対して，マズローのシンドロームは組織の環境適応を問題にしているのではない。何故なら，組織の環境適応という考え方では一組織の生存，繁栄が課題となり，それはある意味で原子論的アプローチになってしまうからである。

マズローは一組織の生存ということは問題としない。あるいは少なくともそれだけを問題にすることはない。一組織が健全に機能し，それが社会の健全さに作用し，その社会の健全さが組織の健全さを維持させるという相互作用を目指している。この場合，組織の環境は環境であって環境でない。

一般に組織と環境という把握では，組織が主体，環境が客体として把握される。その場合，環境は「コントロール」の対象となる。しかしマズローが把握している組織の環境は，その組織の外部にあるという意味では環境であるが，組織が自身と同じくその健全さを考えなければいけない対象であるという意味では，それは客体であるよりも主体なのである。つまり，このシンドロームという視点をもつことでマズローは，外部の人間についてもやはり「コントロール」という発想を採らないという姿勢を明確にする。そしてその場合には，彼の顧客に対する議論にも表れているように，内部の人間同様，外部の人間に対してもその行動に責任を求めるのである。したがって，マズローは"Every man a general" (Maslow, 1965, p.131)，いわば「全員が管理者」という発想を採るのである。

以上のように，マズロー管理論は従来の経営学が抜けることができなかった人間操作＝人間行動のコントロールという視点を採ることを拒み，結果として，その視点を越えようとした。その立場は彼の管理論においてどこまでも貫かれているということができる。しかも，その視野は一組織内の諸個人だけでなく，社会全体の諸個人も含めて開かれている。組織内外のあらゆる領域に行動科学が適用されようとしている現代の経営学とは正反対の理論体系であると言うことができる。

4.「Y理論」の取り扱い

さて，ここまで見てきて，マズロー管理論とY理論的管理論とは似て非なるものであるということが明らかである。

しかしそうなると，ここで一応，それにも関わらずマズローが『ユーサイキアン・マネジメント』の中で何度か「Y理論」という言葉を用いているということについて触れておかねばならないだろう。マズロー管理論とマグレガー管理論が異なると言っても，マズロー自身は「Y理論」という言葉を使っているのである。それだけを見れば，それはマグレガー理論に対する賛意を表していると見ることもできるだろう。しかし結論から言えば，マズローがY理論という言葉を用いているということと，彼がマグレガー管理論を支持しているということは別の問題である。マズローはマグレガーとまったく同じ文脈でY理論という言葉を用いているのではない。まずマズローは，マグレガーと違い，Y理論をあらゆる人間にあてはまる現実だと考えていたわけではない[17]。このY理論という人間観がどれほど当てはまるかは，注意深く検証する必要があるとしている。そして，1つの理想的な人間としてY理論的な人間と呼んでいるのである[18]。そして一律に「Y理論的な人間」とみなすことよりも，その「状況の客観的要求」に従うべきを説くのである。

ただ，両者の「Y理論」の取り扱いにおける決定的な相違は，マグレガーのY理論という人間仮説は"被管理者"の人間仮説だということである。これに対して，マズローは被管理者ではなく管理者が有すべき特性として自己実現＝心理的健康を探究している。マズローがY理論的人間と呼ぶのはこうした人間である。

これは，両者の思想の違いを反映している。マグレガーは，管理の対象としての人間をコントロールする方法を考えた。したがって，彼が導き出す人間についての仮定は被管理者のものとならざるをえない。これに対してマズローは，こうした人間のコントロールという発想をあくまで拒否する。したがって，マズローがY理論と述べたとしても，それはマグレガーとは異なり被管理者だけを把握するための概念ではないのである。

5．科学の責任

最後に，両者の科学観について述べておかなければならない。先述のとおり，ここまでの両者の相違は，結局のところ，人間操作問題に対する認識の違いというところに行きつく。そしてさらにその理由を考えると，それは両者の

科学観，とりわけ科学の責任についてどう考えるかの相違に1つの原因を求めることができる。

端的に言えば，Y理論は一見非常に自由な人間を仮定しているように見えながら，その内実は人間操作問題をまったく看過し越えていないと言える[19]。それは彼の科学観にも反映されているところであり，彼のY理論に基づくS-O-R図式は，L. vonベルタランフィがその著『人間とロボット』において人間操作として批判した人間モデルであるということは先にも述べた。

さてしかし，ここに一つの疑問が浮かぶ。なぜなら先ほど見たように，マグレガー自身は管理者による人間の操作について良しとはしていないからである。彼はそこに倫理的問題があることを認める。では，人間操作をよしとしていないマグレガーのモデルが人間操作のモデルであるのはなぜだろうか。

それは，マグレガーが人間操作の問題を経営者・管理者の問題と考え，この問題に対して科学に責任があるとは考えていなかったからである。すなわち，彼はこの問題に対する自らの責任については身をかわそうとする。彼は，科学はよい目的のためにも悪い目的のためにも使用できるとし，経営者に倫理的プロフェッショナルとなることを求めた。これは何を意味しているだろうか。この主張は，科学的知識に対する責任はそれを使用する側にあるのであり，その知識を生み出した側にはないと宣言していることと等しい。つまり，ここではマグレガー自身は自身の理論の責任について放棄してしまう形になっている。マグレガーの論法で言えば，Y理論という考え方でも，使用者次第で人間操作に陥ってしまうことはあるが，そうなるかどうかはマグレガー自身ではなく経営者・管理者の問題だということになる。

これに対してマズローは，科学者に重い責任を負わせる。それが人間操作にならないためにどうしたらよいかを考えることも研究者の為すべきことに含めている。それが「科学概念の拡張」という作業をマズローに為さしめたのであり，全員管理者という発想に基づく管理論を展開させたのである。

配慮から生まれる客観性という視点からは，純粋なS-O-R図式は採ることができない。S-O-R図式は反応（R）に至る経路（O）とそのための刺激（S）を明らかにするものであり，それをその変数だけの閉じた世界で実証を用いて明らかにするものである。極端に言えば，SによってRが生じるならば，それと

同時に，その他のことが生じるとしても，それは考察の対象とならない。それが科学的客観性を貫くということである。

これに対して，配慮から生まれる客観性はR以外にも人間にとって重要な影響が生じるのであれば，それも把握することを求める。無数の影響の考慮は科学的客観性の実現を妨げるとしても，それが人間性の向上・阻害・心理的健康の実現・心理的不健康の生成にかかわるのであれば，それを把握しなければならない。

マグレガー管理論とマズロー管理論が示していることは，1つには，コントロール，科学的客観性の見地からだけでは，社会科学は自らが提供する知識に対して責任をもてないということである。自らは中立であり，使用の結果は使用者だけの責任だと述べることになる。科学が自らの提供する知識に責任を持とうとするならば，主観的側面，自らの経験を反映させた，配慮から生まれる客観性の立場に立つ必要がある。もちろん，事実の正確・厳密な把握が必要ないと言っているのではない。しかし少なくとも，配慮から生まれる客観性の見地をもって，科学的知識を取り扱わなければならないということは言える。

VI. おわりに

以上，マグレガー・Y理論的管理論，マズロー管理論について整理し，両者の相違点について見てきた。Y理論はマズロー理論を援用することで成立したものであるが，それにもかかわらず両者は似て非なるものであり根本的に異なるものである。

自己実現の経営とは何を指すのか。マグレガーの発想から導き出せば，それは「自己実現的人間，その他高次欲求を有する人間をどうコントロールするか」が問題となる。一般に，経営学で議論されるのはこの問題である。組織の創造性・柔軟性が問題となる中で，このテーマは現代において大きな関心を集めている。

ただし，マズローが論じた自己実現の経営はそうしたものではない。それは諸個人の心理的健康を実現することであり，そのような組織を作ることであ

VI. おわりに

り，それを通じてよい社会を作ることに他ならない。「千人の自己実現的な人間が作り出した文化」を論じたのは，彼が現実の人間を自己実現的人間と把握しそれを前提として管理すべきを主張したかったからではなく，彼が理想を論じることから始める学者だったからである。自己実現的人間の研究がまさにそれであった。彼は現実の人間を自己実現的人間と把握したのではなく，人間の理想は何かをまず明らかにし，そこから普通人がそこに至る経路・手法を導き出そうとしたのであった。そして，経営を論じるにあたってもその方法を踏襲したのである。

心理的健康を実現するという発想とは真逆の発想がある。それが人間操作，人間行動のコントロールという発想である。したがって，心理的健康の実現をテーマとするマズロー管理論は，明言はされていないが実質的に，人間操作問題を越えるということをその大きなテーマとし，既存の経営学に対してその点から批判を加えることでその理論全体が構成されている。この人間操作という問題については，現代に至るも経営学において十分に取り組まれてきたとは言い難いテーマである。

マズローは，経営学においてこの問題が十分に取り組まれていないことを感じ取り，「経営の目的」について，くどいほど言及することとなった。すなわち，経営の目的は諸個人の自己実現＝心理的健康，そして諸個人の心理的健康を通じての組織目的の達成であって，あえて言えば，この意味での「組織目的と個人目的の統合」なのだということである。

マズローにあって，経営の目的は諸個人の自己実現＝心理的健康を実現していくことであり，したがって，単にその高次欲求をどう満たすかという議論にはならない。自己実現は，利己的，自己中心的なものではなく，何もしなくても自動的に自らが救われることでもない。それは，存在（Being）に根ざし，利己主義と利他主義を超越することであり，そこに至るには人との関わり，重要なものへの貢献，鍛錬・努力・苦労を経験する必要があるとする。それは，「状況の客観的要求に応えることとしての責任」と大きく関わっている。企業における仕事は，こうした経験を与える可能性を有している。

マズローにあって，人間操作が克服された，理想的な組織とはどのような組織なのか。マズローはこれをシナジー概念によって表現した。彼においてシナ

ジーとは健康度を示す概念であり，二分法の超越と全体論的アプローチという特徴を有する。こうしたシナジーが実現されている組織とは，リーダーとフォロワーが心理的に健康，つまり互いがB価値とB認識に基づいて意思決定・行動しており，なおかつセールス・パーソンと顧客もこうした関係を築いているような組織である。おそらく，現代においてマズローが経営を論じたならば，間違いなく顧客に加えて株主についても論じたであろう。株主が有すべき健全性・取るべき行動について論じたに違いない。いずれにしても，以上のような人間関係は，責任による人間関係が構築されていると言ってもいい。マズローは，こうしたシナジーによって成り立つ組織を，経営学における既存のリーダーシップ・パワー・フォロワーなどの諸概念を自ら再定義することによって示したのである。

これに対して，マグレガーはY理論という斬新なアイデアを示したが，人間操作問題については，気づいていながらこれを科学の問題ではないとした。したがって，Y理論的管理論ではどこまでいっても「人間行動のコントロール」という発想から抜け出ることがなかった。

マズロー管理論とマグレガー管理論は根本的に異なる。実際に，マズローのマグレガーに対する評価がそれほど大きかったとは思えない。マグレガーはマズロー欲求階層説を援用して自身の理論を展開した。マズローはそれを見て，経営に対する可能性を感じ取った。そして経営について論じた。マグレガーの『企業の人間的側面』の出版が1960年であり，マズローの『ユーサイキアン・マネジメント』の出版が1965年であったことを見ると，マズローがいかに素早く反応したかがわかる。しかし，こうした関係にもかかわらず，マズローは『ユーサイキアン・マネジメント』の中でマグレガーをまったく論評していない。もちろん，「Y理論」という言葉はよく用いられている。しかし，その使用法は被管理者だけでなく管理者も把握するものであり，マグレガーの用法とは異なる。そしてマグレガー理論を名指ししての評価も批判もない。それは，マズローがドラッカーに対しては評価と批判を加え，大きな紙数を割いているのを見るとき際立つのである。

マズロー管理論とマグレガー管理論を対比したとき見えてくることは，1つには科学的客観性だけを貫くことの危険性である。科学的客観性は，それに

よって生まれてきた科学的知識の使用に対する責任を，使用する者にのみ負わせなければならない。そうしたことが許されるだろうか。諸々の随伴的結果にアプローチすることができる配慮から生まれる客観性の視点を常に持たなければならないと考えられる。

　以上，マズロー管理論とマグレガー管理論がいかに異なるものであるか，マズロー管理論の意義について見てきた。本章では，基本的にマズロー管理論を肯定的に把えることを目的とした。ただしそれは，マズロー管理論に問題がないということではない。最後に，マズロー管理論の不備・問題点を若干挙げておきたい。

　第1に，マズローは経営を論じるに際して，現状の経営が抱える問題点を想起しきれていないと思われる。もちろんそれは，1つには理想を論じるという意図があったからだと言うこともできる。しかし，この点は彼の論じた心理学とは大きな差が生まれてしまっている。彼の心理学は，フロイトなどの既存研究を踏まえた結果，人間の不健康とは何かが念頭にあった上で展開されたのに対して，彼の論じた管理論は企業・組織における現状の問題点，その不健康さがあまり踏まえられていないからである。人間操作を越えようとする意図は支持されるべきである。だが，誰もそうした人間操作が正しいとは思っていないということも事実であり，それにも関わらず克服できないとすれば，そこにはそれを妨げる要因があると見なければならない。しかし，マズローは，そうした要因を把握した形跡がない。マズロー管理論には，彼の思想がかなりの程度貫かれているが，現状の経営の問題点を把握しきらずに経営を論じているということが，彼の論述の説得力を少なからず失わせてしまっている。

　第2に，マズロー管理論は，マズロー自己実現論が貫徹されていない側面が残っている。それは，本章では触れなかったが，自己実現の経営を現実の経営に適用するためには，「心理的健康に至っている人間だけを選抜しなければならない」という主張である。マズローは，諸個人が心理的健康を実現できるかどうかが社会における諸問題を解決する鍵だとし，また，他ならぬ『自己実現の経営』自体において「世界ないし人類全体の向上」が彼の念頭にあることが表明されている（Maslow, 1965, p.1）。そうであれば，心理的健康のより高次の段階に至っていない人も含めて，どう経営・管理していくかが「自己実現の

経営」の課題でなければならない。『自己実現の経営』の中でも，ほとんどの箇所はその姿勢が貫かれていると思われるが，この「選抜」という主張は，マズロー自己実現論の逸脱であると考えられる。この点は，第6章で検討する。

注
1) 1965年出版の *Eupsychian Management* の訳書の邦題は『自己実現の経営』である。マズローが "Eupsychian" に込めた意味については後述するが，その意味からしても「自己実現の経営」という訳語は適切であると考えられる。
2) マズロー理論について整理している著書であっても，マズロー管理論にほとんど触れていないものもある (e.g. Lowry, 1973)。もちろん，マズローの管理論をまとめたものがないということではない。例えば，ゴーブル『第三勢力』(1970) や上田吉一『人間の完成』(1988年) などが存在する。いずれも参考になるが，マグレガー管理論との違いは指摘されていない。必要に迫られていないという側面もあるであろう。あくまでも，マズローの延長線上にあるものとしてマグレガーが引用されている。おそらくマグレガーY理論に引きずられていないという意味では，ペインの整理が，最もマズローに即した管理論の整理となっている (Payne, 2000)。ただ，逆にペインは，マグレガーY理論には触れておらず，したがって両者の関係性については論じられていない。
　一方，マズローとマグレガーの関係を論じたものとして，近年では，三島斉紀教授の論文「Maslow 理論の経営学的「受容」に関する一考察」(2008年) がある。そこでは，マズローの自己実現概念は，初期・中期・後期でその内容が変容しており，マグレガーは，その初期の概念に基づいて自説を展開し，中期・後期の概念を見落としている，ということが論じられている。この3つの時期の自己実現概念が本当に根本的な違いをもっているのかは，まだまだ議論の余地があると思われるが，いずれにしても三島教授が問題としているのは，マズロー心理学をマグレガーがどう取り込んだかである。これに対して本章の視点は，マズロー管理論とマグレガー管理論がどのように異なるのかを明らかにしようとするものである。また，マズロー理論をマグレガーがどう取り込んだかという点でも，本書と三島教授の見解は異なる。
　なお，村田晋也「マグレガーの自己実現概念に関する一考察―マズロー概念との比較―」(2012年) もある。
3) この書は，周知の通り，初版は1960年の出版であり，訳書も当然この版に基づいているが，今回，原著に関しては筆者が入手できた2006年に出版された注釈付版を参照している。
4) マズローが esteem needs としたものをマグレガーは egoistic needs としている (McGregor, 2006, p.50)。直訳すれば「利己的な欲求」である。この段階に「利己的」という言葉をおくのはどのような意図をもってであろうか。しかもそれをマネジメントと人間自身において最も重要な欲求としている (ibid., p.50)。ひとまず訳書の「自我」の訳をあてるが，この段階に egoistic＝利己的がおかれるのは欲求階層の視点から考えたときあまりに不自然であり，マグレガーが欲求階層説の意味を理解していたかはきわめて怪しい。
5) S-R 図式と S-O-R 図式は，行動主義と新行動主義の違いを表すものとして，その違いが強調されることも多いが，例えば，ベルタランフィは，S-O-R 図式に対して，S-R 図式より単に変数が増えたに過ぎず，基本的な発想は変わらないと指摘している (Bertalanffy, 1967)。この点は後述する。ベルタランフィのこの指摘の詳細については，山下 (2009；2014) を参照。
6) ホワイトヘッドも，科学の特徴を「個々の観察と帰納的一般化」と述べ (Whitehead, 1933, p.143)，「哲学が力説するのは，普遍的に応用されるがゆえに，分類するということがおよそ不可能であるような一般化」であり (ibid., p.143)，「哲学は，事実の完全な実在性 (the complete

reality of fact) を性格づける諸々の一般性を探し求める」と述べている (ibid., p.146)。
7) なお，この著書は1965年の出版であるが，現在，一般的に普及しているのは，1998年出版の *Maslow on Management* を訳した『完全なる経営』(2001年) であろう。本章を論文として発表した段階では，1998年版を用いて引用した。ただし，マズローの死後出版された1998年版では，1965年版のオリジナルから用語を改変した箇所がいくつかあることがその後わかった。したがって，本書では，1965年版から引用していく。
8) "enlightened" は非常に訳しづらい用語である。1965年の訳書では「健全な」，1998年版の訳書では「進歩的」という訳語が当てられている。いずれも苦心の訳と思われる。本章では，まず "enlightened management" の場合は「啓蒙的」とした。ここでマズローが enlightened とした意図は，それが「心理的健康実現に向けた気づきを与える，あるいは気づきを得ている」ということを表現したかったものと考えるからである。マズローは，enlightened management に光を見ながら影も見ていた。つまり，完全なる理想郷である "eupsychian management" に対して，その芽があり，そこに向かっている中途段階の "enlightened management" という図式であると考えられる。したがって，enlightened は「健全な」とまでは言えないものであるし，また「進歩」というのは，主に技術的な前進を意味する言葉で，この場合のマズローの意図にはそぐわないように思われる。ただし，"enlightened enterprise" を「啓蒙的な企業」とするのは日本語として自然ではないので，この場合は「開明的」という訳を当てることにした。なお，1998年版では，1965年版で "eupsychian" と記されている箇所の多くについて，"enlightened" に置き換えられて編集されてしまっている。適切な変更とは思われない。この点については本書第8章の注1を参照。
9) 上田教授は，以下のような構成でマズロー管理論を理解した (上田, 1988, 252-274頁)。
　　　第一節　シナジー概念と経営論
　　　第二節　全体論的有機論的組織
　　　第三節　リーダーシップ
　　　第四節　経営における心理学的配慮
　　　第五節　経営と動機理論
　特筆すべきは，真先にシナジー概念と全体論を取り上げ，それによって，マズロー管理論を説明しようとしている点である。
10) マズローはこのシナジーの考えをルース・ベネディクトのものとしている。
11) あるいは「有機体論的 (organismistic)」とも表現される。
12) この概念は，まずマズローの『動機と人格』(1954) で提示されている。この概念は，日本においても，症候群と訳されるように，病気などを意味している場合が多いが，彼によれば，シンドロームとは本来こうした意味を表すのではないとして別の意味を与える。そこでは，人格的シンドロームは次のように定義される。すなわち，「多様な特殊性（行動・思考・活動への衝動・知覚など）の構造化され組織化された複合体であり，ここでの特殊性とは慎重かつ正当に研究されるなら同類の動的な意味・表現として，〈趣き (flavor)〉・機能あるいは目的という様々に呼ばれうる共通のまとまり (common unity) を有していることが見出せるもの」である (Maslow, 1954, p.32)。
13) 「セールスパーソン」は，salesman の訳語である。この語については訳書『完全なる経営』の訳に従った。ただし，salesmanship という用語については，『完全なる経営』で用いられている「セールスパーソン気質」という訳では若干意味がわかりづらいため，本章では「セールスマンシップ」としている。
14) もちろん，マグレガーも農業的方法による管理者の「育成」を論じている (McGregor, 1960)。しかし，「育てる」とはいうが，マグレガーは自身の考える管理者像とは何なのかをまったく示していない。彼が示したのは，拙速に「工業的に生産する」のではなく，ゆっくりと「農業的に育てる」べきだということだけである。そこには言葉の違い以外の実質的な違いが示されていない。総

じて，マグレガーからは，「諸個人の心理的健康を実現する」という発想を見ることができない。
15) これはフォレットの「状況の法則」，バーナードの権威受容説を想起させる。
16) ただし，経営学において用いられているオープン・システム概念は，ベルタランフィの概念とまったく同じものではない。この点については，降旗（1971a, b），岸田（1986）および山下（2009; 2014）を参照。
17) ドラッカーは，マズローが，ドラッカーとマグレガーに対して，「Y理論が要求する責任や自己規律を引き受けることができないような，弱く，傷つきやすい，あるいは傷ついている人々に対して〈非人間的〉であると批判した」と指摘している（Drucker, 1993, p.233）。
18) ただし，マズローはその後，周知のようにZ理論を展開した（e.g. Maslow, 1971）。そこには自らの理論がマグレガーやハーズバーグとは一線を画すものだとの自負が表れている。そして，この段階では，既にY理論に対する支持すらなくなっていると言えよう。なお，マズローZ理論の意義の考察としては，河野昭三「社会・企業（組織）・個人の統合に向けて――マズローZ理論の意義――」（甲南大学経営学会編『経営学の伝統と革新』2010年）がある。
19) この点については，拙稿「P. F. ドラッカーによるD. マグレガーY理論批判」『日本経営学会誌』第14号，2005年において若干論じた。そこでは，ドラッカーによるY理論批判の意味を探究するという形を採っている。

第 5 章
欲求階層説は ERG 理論に超克されたのか
―― 欲求階層説と実証研究 ――

I．はじめに

　マズローの理論は 1960 年頃から経営学において大きく取り上げられ，そのうち欲求階層説と自己実現の概念が盛んに論議されてきた。前者はまずマグレガーにおいて援用されて大きく注目された後，1970 年頃，C. P. アルダファーの ERG 理論（Existence, relatedness and growth theory）が登場して異なる欲求カテゴリーの数・種類とカテゴリー間の秩序を示し，さらに実証を行ってこの問題の科学性を高めた。以降，欲求階層説は ERG 理論によって修正されたとの認識が一般的となり，あるいはその後に行われた欲求階層説についての数多くの実証研究でもその実証的な支持は得られず，欲求階層説の研究は下火となっている。これに対して，近年では後者の自己実現の概念を中心にしてマズロー研究が進んでいる。そこではさまざまな見解が現れ，これまでのマズロー研究では光の当たらなかった部分が明らかになってきている。

　これまでマズロー理論は一貫して「モチベーションの内容論」として理解されており，いわゆる行動科学として理解されているという点では一致している。モチベーション論あるいは行動科学は「行動をいかにして引き出すか」を問題とするものであり，仮説の設定から実証を通じてその科学性を高めてきた。これは組織目的達成の手段を精緻化していくものであった。だが，マズローはこうした組織目的達成の手段として自身の理論を打ち立てたのであろうか。

　このように考えるとき問わねばならない問題の 1 つは，アルダファーの

ERG 理論は本当にマズロー理論を超えるものとして位置づけられるのかということである。これはマズロー理論に実証的支持を与えるとはどういうことなのかを考えることでもある。これらは第 1 章でも若干触れたが，本章では別の観点からこの問題を考える。その上で経営学に対する若干の含意を示したい。

なおアルダファーと対比する上で，第 2 章で見たマズローの基本思想について触れないわけにはいかない。この点を簡潔に述べて，アルダファーとの対比作業に入る。

II. マズローの思想と方法

1. その心理学観

マズローの論文「心理学の哲学（A Philosophy of Psychology）」（1957）には，経営学では顧みられてこなかったマズロー像が浮かび上がってくる。

この論文で示されているのは，まず彼の心理学への自負であり，「これ以上に重要な学はない」という意識である。そこでは，心理学とは人間の幸せのための学であり，世界が救われるかどうかは心理学にかかっていると指摘される。なぜなら，現代においては医術・法律・教育・産業などが社会を支えているが，それらは手段であって，よい人間にかかればよい道具となるが，悪い人間にかかれば悪い道具となる類のものであり，したがって，善とは何か，悪とは何か，心理的健康とは何か，心理的不健康とは何かを明らかにして，よい人間を生み出すことがすべての根本だからである。

しかし，マズローが見て，心理学はそのような方向に向かえるものとなっていなかった。彼は心理学研究者の間の仲間集団をギルドと呼び，自分はこうしたギルドに属しているだけの者を心理学者とはみなさず，逆に人間の深遠で重要な課題を自らの肩に負わせている人ならばそうした人すべてを心理学者とみなすと述べている。

この論文では心理学に対する 14 の提案がなされる。それらの中から本章とかかわる重要な点をまとめれば，次の点となる。① 人間性の深淵を研究すべきであり，価値・哲学・無意識など，目に見えないものにも向かうべきであ

る。② そのためには手段中心でなく問題中心で取り組むべきであり，心理学者以外のあらゆる人の声に耳を傾けるべきである。③ 心理的健康のために何が必要かわかったら，健康を育む文化という課題に向かうべきである。

　自己実現や欲求階層説，その欲求充足の意味も以上の観点から理解できる。

2. その科学観

　以上の心理学観をもつことは，必然的に方法の転換を心理学に迫ることになる。それは従来と異なる科学観をもつということである。マズローは主として，『宗教・価値・至高経験』(1964) や『科学の心理学』(1966b) によって，彼自身が「科学概念の拡張」と呼ぶ科学論を展開していく。先述の彼の心理学観が示すことは，心理学は諸個人の心理的健康を実現しなければならないということである。それは，人間をより自由で，創造的で，内部決定的にするということである。そのためには従来の行動主義的なものを越える必要がある。なぜなら，「心理的健康」の研究は，「行動」の研究とは異なって価値の問題が入ってこざるをえず，またその研究対象が必ずしも目に見えないからである。かくして，マズローは2つの方向性において科学概念の拡張を唱えることになる。すなわち，科学の対象として価値を含めること，そして科学の方法として経験的知識を含めることである。

　あえて言えば，価値を含めて科学概念を拡張するということについて考えたのが『宗教・価値・至高経験』であった。そこでは，科学が没価値になったのは，宗教と科学の二分化が原因であると指摘されている。宗教と科学の二分化は，結果として宗教も科学もいずれもが価値を扱えないようにしてしまったとマズローは言う。すなわち第1に，組織化された宗教 (organized religions) は自らを事実・知識・科学から切り離し，典礼墨守に陥り，宗教的経験という最も重要な価値的側面を経験できない存在としてしまった。第2に，宗教的な解は現代において通用しないことが多いとしても，宗教的問いは深く人間の本性に根付いており健全である。それにもかかわらず，科学は宗教の提起したものをまるごと否定してしまった。これによって科学も価値を扱えなくなった。ここからわかることは，価値を考える場合には価値と事実を切り離してはならないということである。

次に、この価値と事実は切り離せないという考えを受けて、経験的知識を科学的なものの1つとして取り入れるべきであるという主張が『科学の心理学』によってなされた。経験的知識とは傍観者的知識や抽象的知識とは対照的なものであり[1]、対象と同一化することで得られる、対象のありのままの知識である。この経験的知識には「配慮から生まれる客観性」があるとマズローは述べる。知識が科学的であるか否かは1つには客観性が存在するかどうかの問題だが、経験的知識には客観性が存在しうるとマズローは考えていた。彼によれば、客観性には科学的客観性（scientific objectivity）と配慮から生まれる客観性（caring objectivity）が存在する。科学的客観性とは、何よりも「事実として見えること」が重要と考えるものである。そこでは、観察者の主観が排除されているがゆえに「客観的」と呼ばれる。これに対して配慮から生まれる客観性は、主観が入ることを認める。しかし、それは主体が偏見なくありのままを見ているという意味で「客観的」なのである。マズローが思い描いているのは自己実現的人間である。心理的に健康な存在としての自己実現的人間は、利己的な欲求に引きずられたり常識的な偏見に囚われたりすることなく、可能な限り広範囲の人への配慮をもって、この意味において主観的でありながら客観的に、多面的・包括的な視野で物事を捉えることができる。マズローは、経験的知識にはこうした配慮から生まれる客観性が存在しうると述べるのである。

　マズローの方法の特徴は、価値は科学的に研究できるとした点にある。ただし、価値は事実と切り離しては把握することができない。その考えが、経験的知識を科学に含めなければならないという主張へと展開する。経験的知識には配慮から生まれる客観性が存在しうる。配慮から生まれる客観性は主観の中で客観的に把握するということを含意し、事実だけでなく価値を入れて対象を把握する客観性である。マズローが科学に求めたのはこのことであった。

III. アルダファーERG理論は欲求階層説を超えたのか

1. 社会科学としてのマズロー理論の位置づけ

　以上のマズローの思想と方法を踏まえて、マズロー理論とは何かについて改

めて考えてみたい。前述のように，マズロー理論＝モチベーション論というのが経営学における定説であり，モチベーション論はアルダファーに代表されるような形で仮説が設定され実証され科学性を高めてきた。マズローの思想と方法を見たとき，こうした理解はある意味で再考を求められることになる。

翻って，マズローの心理学観・科学観は，通常一般よりもかなり広義のものである。彼は心理学の哲学について論じ，科学概念の拡張という作業を行なった。それは何を意味しているだろうか。一言で言えばそれは，三戸公教授が『管理とは何か』(2002年) で述べている哲学的接近を科学に取り込むという作業であったと考えられる。三戸教授は科学と哲学を区別し，まず科学については，対象を限定し・細分化し・専門化し，そして対象把握の方法を限定し厳密にして接近していくこととする（三戸，2002, 22-23頁）。これに対して哲学とは，何らかの価値体系を前提として全体と部分を統合的に把握し，したがって対象の位置・意味を把握するものという位置づけが与えられている（同上，23-24頁）。科学が目的的結果を目指してひたすら機能性を追究していくのに対して，哲学は目的的結果に対する随伴的結果を常に意識することになる。

経営学の大家であると同時に，優れた技術論者でもあるドラッカーの『技術，管理，そして社会』(1970) によれば[2]，元々，科学は哲学の一分科であった。すなわち，そもそも科学も哲学と同様，「理解（understanding）」，人間精神の向上に焦点を合わせていた。しかし，その後，両者は袂を分かつ。すなわち，1720年頃から「技術の表出（emergence of technology）」，つまり今の用語で言えば，技術の形式知化が進行するのに伴なって，科学は「統制（control）」と「使用（use）」に焦点を合わせたものに変わるのである。つまり中立であった科学が，技術と結合することとなったのである（Drucker 1970, pp.178-179）。

このような技術に奉仕する存在としての現代科学は，対象の細分化・専門化と方法の限定・厳密化が求められることになる。それは，ホワイトヘッドが科学の特徴を「個々の観察と帰納的一般化」と述べているように（Whitehead, 1933, p.143），正確さを求める技術に奉仕する科学にあって，「観察可能なものによるテスト」は，科学の欠かせない特徴となるからである[3]。

したがって，どれだけ M. ポラニーやクーンのように知識発展における主観

的側面の重要性を強調する議論が出て，科学哲学における1つの大きな流れになろうとも，大勢は理論の確証を求めて実証に向かうこととなる。それは技術への応用を考えたとき避けることができない。

一方で哲学は，そうした科学の扱えない領域を扱う。ホワイトヘッドによれば，「哲学が力説するのは，普遍的に応用されるがゆえに，分類するということがおよそ不可能であるような一般化」であり（Whitehead, 1933, p.143），「哲学は，事実の完全な実在性（the complete reality of fact）を性格づける諸々の一般性を探し求める」（ibid., p.146）。つまり，哲学は科学のように細分化・分類するのではなく，包括的な視点で，事実の完全な実在性，つまりその対象の位置と意味を明らかにしていくのである。

以上の科学と哲学の把握から，マズロー自身が「科学概念の拡張」と呼んだものは，科学的であることを超えて哲学的な接近を取り入れるべきを主張したものと位置づけることができる。それは，心理学界の中で上記のような科学が席巻する世界にいたマズローがその不備を感じて提唱したものである。

さて，以上のようにマズローは，主観を排除する科学的客観性を志向し，ひたすら「刺激-反応」の因果関係を追究する行動主義に疑問を抱き，自らは心理的健康の実現という価値をもって，配慮から生まれる客観性というきわめて哲学的なアプローチで対象を把握すべきを主張し，実際にそれを実践した。

このように位置づけたとき，マズロー理論はモチベーション論ではないことも明らかとなる。それは第1に，価値・問題意識の観点からそのように言うことができる。モチベーション論とは，それが内容論であれ過程論であれ，外発的動機づけであれ内発的動機づけであれ，いずれにしても「人間からどう行動を引き出すか」を問題とし，外部からのコントロールを問題としており，その発想という点では「刺激-反応」の行動主義を一歩も超えていない。しかしマズローは，心理学は人間の幸福に資するべきものと考え，したがって，目に見える「行動」よりもむしろ，必ずしも目に見えず未だ経路もはっきりしない「人間性の向上・心理的健康の実現」に焦点を合わせた。これが彼の心理学の根幹であり思想である。

心理的健康とは何か。それはモチベーション論の観点とは逆に，「自分自身で自分自身をコントロールできる」ようになることであり，それは必然的に利

己性とともに利他的な視点の受容，両者の統合を含意していると言える。なぜなら，他者からのコントロールを免れるには，単に利己的でも単に利他的でもなく，彼我を客観的に把握できなければならないからであり，「他者にとっても自分にとっても良い」という認識と意思決定をその都度見出していくことが必要だからである。それゆえ，価値観として存在価値（全体性・完全性・真・善・美など）を有していること，そのように思えるだけの現実に対する認識力（存在認識），その認識から存在価値を実践できるだけの創造力を有していることなどが，心理的健康の要件としてマズローによって述べられることになる（e.g. Maslow, 1968）。

　第2に，こうした思想を反映した結果，マズロー理論は方法においてもモチベーション論とは一線を画することになる。すなわちモチベーション論はあくまでもマズローの言う「科学的客観性」を貫こうとするのに対して，マズローが重視するのはそれとは対極にある「配慮から生まれる客観性」である。

2．アルダファー ERG 理論とその評価

　さて，以上を踏まえて，アルダファーの ERG 理論がマズロー欲求階層説を越えているのかを考えよう。まず改めて，アルダファーの議論を整理してみる。

　アルダファーはその著『生存・関係・成長—組織における人間の欲求—(Existence, Relatedness, and Growth–Human Needs in Organizational Settings)』(1972) において，自身の理論の目的を次のように述べている。

　「概念的には，それはマズローやその他の概念に基づいて，新たな理論的方向性を提供することである。私の意図するところは，この視点から欲求理論を研ぎ拡張しその価値を高めることである。このアプローチは，欲求理論は人間のモチベーションの理解という役割を果たしうるし，既存の欲求理論を乗り越えた改良の可能性をもつ ERG 理論を提供しうると考えている」(Alderfer, 1972, p.4)。

　ここには，モチベーションの理解に資する欲求理論を精錬しようというアルダファーの意図が読み取れる。アルダファーはこのことを意図してマズローの欲求階層説と自身の提起する ERG 理論を対比した。比較に際してアルダ

ファーの着目するポイントは，欲求のカテゴリーの種類と数，カテゴリー間の秩序の2点であり，それを踏まえて次のように説明されることになる。

「マズロー理論は欲求の5つの組合せを扱」い（Alderfer, 1972, p.24），また「マズローの基本的な仮説は，より低い階層の欲求のある程度の充足は，より高い階層の欲求の発現のための前提条件だということである」(ibid., p.28)。

これに対して，アルダファーのERG理論は異なる欲求カテゴリーを示し（図表5-1），異なる欲求移行プロセスを示し，なおかつ，その実証的な支持を提示して自らの理論の妥当性を示した。

アルダファーによれば，その著『生存・関係・成長』の関心は，人間はいかに動機づけられるかを念頭に人間の欲求（human needs）について明らかにすることであった。ここで欲求とは，人間が経験する願望（desires）と満足（satisfactions）の主観的状態を表す。この枠組みから提示されるERG理論の仮説は図表5-2の通りとなる。

ERG理論ではマズロー欲求階層説に対して，異なるカテゴリーの数・種類，および異なるカテゴリー間の秩序が示されている（Aldefer, 1972, pp.24-28）。まず第1に，カテゴリー数については5つから3つに減らした。すなわち，マズローが示した生理・安全・所属と愛・承認・自己実現の欲求に対して図表5-1のような理解を示して，生存・関係・成長の欲求に区分しなおしたのである。第2に，カテゴリー間の秩序については，まず厳格な優勢仮定をおかないモデルとした（図表5-2）。すなわち，マズローは低次欲求が満たされると順

図表5-1　マズロー理論とERG理論の概念比較

マズローのカテゴリー	ERGのカテゴリー
生理的	生存
物質面の安全	
対人関係の安全	関係
愛（所属）	
対人関係における承認	
自尊としての承認	成長
自己実現	

（出所）Alderfer (1972) p.25.

III. アルダファーERG理論は欲求階層説を超えたのか　　173

図表5-2　ERG理論における満足-願望仮説

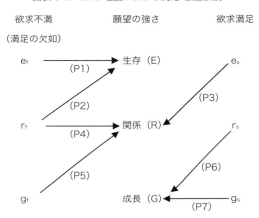

（出所）Alderfer（1972）p.14.
※なお，上記のうちP3とP5はAlderfer（1972）によっては実証的支持が得られていない。また，この図はマズローの欲求階層説とは逆に，「生存」を上，「成長」を下においている点，注意を要する。

に高次欲求が発現するとしたが，ERG理論は必ずしもそのように考えず，成長欲求から関係欲求へ，また関係欲求から生存欲求への移行可能性を示したのである。ERG理論では欲求階層説と異なって，より高次の欲求の不満足が低次の動機に影響を与える可能性があると考えているのである。例えば，その当初の仮説上は，関係の欲求が充足されれば成長欲求に対する願望が高まるが，その成長の欲求が満たされないとより低次の関係欲求に対する願望が高まるということになる。また，アルダファーは，一時的な願望と長期的な願望の区別を導入して，長期的願望と満足の間の関係についてさらに3つの仮説を加える（ibid, pp.18-20）[4]。

　こうした枠組みを提示し実証にかけたアルダファーは，すべての仮説が実証的支持を得たわけではないこと，また一部の仮説は変更の必要があることを述べた上で自らの理論的含意を次の点から示した。すなわち，節減性（parsimony），概念の相関性（interrelatedness of concepts），客観化可能性（objectifiability）と測定可能性（measurability），修正可能性（modifiability）である。アルダファーは，マズロー理論に対して，欲求カテゴリー数を減らし，そ

れにも関わらず「欲求－願望」問題についてマズローよりも多くの側面を扱っているという意味で節減的でかつ包括性が高く，概念間の相関性も明確で，また実証結果から測定力が高い，などの点からERG理論の方が欲求階層説よりも相対的有用性が高いことを示したのである。

いずれにしても，こうした欲求階層説の理解はこれ以降も，基本的に受け入れられた。このERG理論が採られる理由は大きく2つあると言える。第1に，この3つの欲求カテゴリーは，いわゆる経済人・社会人・自己実現人という3分類に対応している。例えば，二村敏子教授はモチベーション管理の展開（テイラー，人間関係論，それ以降のアージリス，マグレガー，ハーズバーグ）との符合を指摘している（二村, 2004, 45-47頁）。第2に，ERG理論には実証による支持があることである。ウィッカーらは，マズロー理論が衰微したのは，実証による支持に失敗したからだと述べている（Wicker et al., 1993）[5]。

こうして欲求階層説は，アルダファーERG理論の影響を受け，大筋では次のように結論される。すなわち，上記のように実証的支持のないことが指摘され（e.g. Campbell & Pritchard, 1976；Kanfer, 1995；Locke, 2008），実証的支持のあるERG理論によってマズロー理論は修正されたと位置づけられるのである（e.g. Campbell & Pritchard, 1976；田尾, 1991；Robbins, 1996；二村, 2004）。

次に，自己実現の欲求について見ておこう。図表5-1のように，アルダファーは，自己実現の欲求を成長の欲求というカテゴリーの中に含めた。成長の欲求は次のように説明される。

「成長欲求は，しばしば観察される事実であるが，人間がその環境と相互作用し，自らの能力と学習を用いうるという事実を説明するために仮定されたものである」（Alderfer, 1972, p.132）。「マズローの自己実現の欲求とERG理論の成長の欲求は多くの点で等しいが，概念レベルで異なる点もある。成長欲求は，人間を環境と相互作用するオープン・システムと見ることから生ずる。環境からのインプットは，ある能力を発展させるための刺激と，ある能力を用いる機会を人間に与える。環境が変われば，成長への願望の性質も変わる。マズローの概念は環境からの様々な影響に関する強調をあまり置かない」（ibid., p.133）。

ここでの成長欲求とは，環境に適応していく能力を発揮する，あるいはそう

した能力を身につけていく，そういった欲求を指していることがわかる．自己実現が通常一般に理解される際には，こうしたアルダファーが提起したような成長欲求として理解される場合が多いであろう．

3. ERG理論の限界

以上のERG理論は，本当にマズロー理論を越えたのか．マズローの基本思想を考慮したとき，そうとは言えない．

まず第1に思想が異なる．マズローは人間性，心理的健康・不健康の理解を現代の社会における最重要の課題と位置づけたが，ERG理論はあくまで諸個人の動機づけのための理論であって，それ以外のことはアルダファーには表明されていないし，その枠組み上も心理的健康を捉えるものとはなっていない．

例えば，アルダファーはマズロー理論にある欲求の移行過程のモデルを批判しているが，第1章でも指摘したとおり，アルダファーの論点はマズローにとって重要なものではなかったし，またより重要なことは，ERG理論では，そもそもマズローの欲求階層説において把握され中心的な意味をもっていた学習や人格形成という意味合いは把握されていないということである．ERG理論では，生存・関係・成長の各欲求間は，低次から高次に上がりもすれば下がりもする．この点が，より正確な欲求の推移を述べたものとしてERG理論が評価される点でもあるが，このような枠組みは，そこから学習や人格形成の意味合いを取り除いた場合にのみ可能となる．

アルダファーは，成長欲求を人間が自らの能力と学習を用いうることを説明するための仮定であると述べ，マズローの自己実現欲求にはこの観点がないと述べている．しかし，マズローにおいては，欲求階層説それ自身が学習・人格形成を含意しているのである．

第2に，方法の観点から見てみよう．マズローがその課題に問題中心で臨むべきを説き，実証できるかどうかだけにこだわらない科学概念の拡張という仕事を行ったのに対して，アルダファーは節減性や測定可能性など科学的客観性の視点に囚われたままである．そこでは，問題のスケールが小さくなり，評価基準が手段中心的となっている．

実証するということの意味，実証の中味が問われねばならないであろう．従

来の経営学，モチベーション論では「マズロー理論には実証的支持がない」ということが主張されてきたが，「配慮から生まれる客観性」をマズローが重視してきたことを考えると，このことはある意味で当然であるし，的を射た指摘とは言い難い。

マズローが科学的客観性もさることながら，配慮から生まれる客観性を重視していたのは，実証の重要性はもちろん認めながらも，そこに至る前段階もあるという事実，そしてそれは必ず通らねばならないものだという事実を重視していたからである。さらに言えば，実証には，それが容易なものばかりでなく，簡単に実証できないものがある。例えば第2章ないし第3章で示したように，マズローは満足するということの意味を多面的に考えていたが，このことを実証すればどうなるであろうか。

経営学でマズロー理論の実証ということが言われるが，それは「基本的欲求が本当にあの5つであるのか」「下位の欲求を充足したら本当により上位の欲求が発現するのか」ということが中心となっている。「欲求の階層が上がることが心理的に健康であることを含意するのか」あるいは「満足の病理は本当に生じるのか」といったこともマズロー理論から考えれば実証の対象となってよい課題であるが，実際にはそのような動きにはならない。また，心理的健康の実現はいわば生涯をかけての課題であり，今日欲求充足したら明日心理的健康になっているという話ではない。つまり実証するにしても長い期間をとる必要がある。

マズロー理論においては，配慮から生まれる客観性を志向した多面的な吟味にこそその最大の魅力があるし，マズロー理論の深さはそこにこそ表れている。それらを見ることなく「実証的支持がない」と述べることにどれだけの意味があるかは考える必要があろう。そして，このように考えてみると，マズロー理論がアルダファーのERG理論によって修正されたという議論の有効性をあらためて問い直す必要がある。アルダファーは，こうした多面的な意味でのマズロー理論を実証にかけたわけではないからである。

アルダファーはマズローの問題意識ならざる「モチベーション」の観点からマズロー理論を分析し実証してみせたに過ぎない。それは矮小化したマズロー理論の分析と実証であったということができる。そこでは，欲求理論・モチ

ベーション論の科学化，組織目的達成手段の精緻化としての貢献はあったとしても，マズローの思想と方法は置き去りにされている。しかも，科学性を高めても，その理論が有用であるかどうかはまた別の問題でもある。事実，ERG理論を実際に活用している例を私は寡聞にして知らない。

IV. おわりに

　アルダファーERG理論は，欲求階層説を理論的に発展させさらには実証的な支持を得たものとして，したがって欲求階層説を超えたものとして位置づけられる。しかし，果たしてERG理論をそのように評価していいであろうか。

　マズロー理論とは，これまで経営学によって把握されてきたような「モチベーション論」ではなく，「配慮から生まれる客観性」によって貫かれた「心理的健康実現」論であるということができる。アルダファーのERG理論は，この観点からして，マズロー理論をまったく越えていないと言うことができる。なぜならアルダファーは，マズローのような「心理的健康の実現」という観点をもっておらず，またマズローの批判した「科学的客観性」にのみ立ち「配慮から生まれる客観性」の立場には立っていないからである。

　ERG理論との対比を踏まえてマズロー理論の示唆について考えるならば，それは，組織目的を重視し人間を手段視する経営学からの脱却の可能性にあると言える。マズローの時代から心理学においても，人間を手段視する見方が存在し，また大勢を占めていたと言っていい。それが行動主義であり，行動科学である。マズローはそうした議論を憂い，超えようとした。それがマズローをして独自の思想と方法を提案させたのである。

　このマズロー理論を援用できれば，人間を人的資源と把握することが当然視され，手段視することから脱却できない経営学を人間重視へと転換させる，その方向性を導き出すことができるものと考えられる。

　ただしそれは，マズロー理論をモチベーション論と位置づけていては不可能である。そもそもモチベーション論は，その思想と方法という点から見る限り，マズローが批判した行動主義を1歩も越えていないからである。それは人

間行動のコントロールを目的とするという点で同類のものであり，両者の違いは変数の多寡にすぎない。確かに，モチベーション論においても，諸個人の欲求満足を提供するという視点が存在する。しかし，欲求満足は，それが即人間的であることを意味しているわけではない[6]。「かわいい子には旅をさせよ」「獅子の子落とし」などの諺は，このことを示唆している。

　真に人間のことを考える視点が求められる。その1つの方向性として考えられうるのが「諸個人の心理的健康を実現する」という視点であり，その思想と方法を踏まえたマズロー理論を経営学に援用することだと考えられる。

注

1) マズロー『科学の心理学』では，経験的知識が何であるかを示すために，一般的な科学的知識を傍観者知識・抽象的知識などとして特徴づけ，それらとの対比が行われている（Maslow, 1966b）。この点については第2章を参照。

2) ドラッカーには，*Technology, Management, and Society*（1970）などの著書がある。近年では，上田惇生編による『テクノロジストの条件』が出版されているのは記憶に新しい。「科学技術」という言葉があるように，現代において，科学を語ることは技術を語ることと不可分であり，*Technology, Management, and Society* に所収の論文「技術革命：技術，科学および文化の関係性に関する覚書」では，技術に奉仕する存在としての科学がいかにして生まれてきたかが論じられている。

3) 例えば，ホワイトヘッド以外にも，ポパーは反証主義の1つの要件として「相互主観的なテストの可能性」を挙げ（Popper, 2002, p.84），クーンは，通常科学の構成要素として「事実の収集」を含めている（Kuhn, 1970, p.25）。

4) 例として生存欲求についてのこの仮説を示しておく。
　「P8a．生存のための材料が欠乏している場合，生存の長期的な願望が高ければ高いほど生存欲求は満たされなくなる。
　　P8b．生存のための材料が欠乏していない場合，生存欲求の充足について各人に差は生じないであろう。これは生存の長期的な願望の作用である。」（Aldefer, 1972, p.18）

5) マズロー理論の実証研究についての詳細は Wahba & Bridwell（1976）に詳しい。
　なお，この第2の点については疑義も唱えうる。例えば，Rauschenberger et al.（1980）は，マズロー，アルダファーの両理論を実証し，マズローだけでなくアルダファーの理論も支持されなかったとしている。また近年，マズロー理論を支持する実証も現れている（e.g. Wicker et al., 1993；Ronen, 1994）。

6) ただし，村田晴夫教授は人々の生活の満足について「満足の原点は「自由」である」と述べられている（村田, 2018）。この意味の「満足」であれば，それは人間的なものだと言える。

第6章

ドラッカーとマズロー

―― 「マズローの批判」をめぐって――

I. はじめに

　第1章でも確認したとおり，近年においてもマズロー理論は研究され続けている。それらは経営学の観点からするマズロー理論の研究を大いに前進させてきた。ただし指摘しておく必要があるのは，それらの研究においてもマズローが展開する管理論について触れるところが少ないということである。もちろん，これまでマズローの管理論に言及するものがなかったということではない。例えば，ゴーブルは，『第三勢力：アブラハム・マズローの心理学（邦題：マズローの心理学）』(1970) において一章をもうけて「自己実現の経営」について論じ，同様に，上田吉一教授もその著『人間の完成』(1988年) の中で一章をもうけて論じ，また，近年でもマズロー管理論の研究は見られる (e.g. Payne, 2000)。いずれも，マズローの考え方，理論に即してその管理論が整理されており，その概要について知ることができる。しかし，いずれもマズロー管理論の位置づけは示されていない。すなわち，マズローの管理論の意義はどこにあり，限界はどこにあるのかということが示されていないのである。

　現代において，「自己実現」という言葉は市民権を得ていると言っていい。これだけ「自己実現」という言葉が溢れ，経営学の文献でも用いられている以上，その経営学における意味を確認する必要がある。そして，そのためには，マズローが自らの理論を応用して展開しようとした，その管理論を批判的に検討しなければならない。

　P. F. ドラッカーは，『マネジメント』(1974) の第19章「労働者と働くこ

と：その理論と現実」に，「マズローの批判（Maslow's criticism）」という一節を設けている。このことは比較的有名であり，マチャレロ＝リンクレターも，マズローがドラッカーを批判したとして取り上げている（Maciariello & Linkletter, 2011）。この『マネジメント』第19章は，マズロー『ユーサイキアン・マネジメント（Eupsychian Management）』（1965）でのドラッカーに対する批判を受け入れ，その上で，ドラッカー自身の主張がなされるという形で議論が展開されている。

さて，仮にドラッカーが「マズローの批判」を受け入れたとするならば，マズローはその時点で，全面的とは言えないとしても，少なくともその一部分についてだけは，ドラッカー以上の管理論を展開していたということになる。内実はどうなのであろうか。なぜドラッカーは「マズローの批判」を取り上げたのだろうか。マズローはどのような批判を行い，ドラッカーはどのようにその批判を受容したのだろうか。マズローとドラッカー，2人の応酬を見ることで「マズローの批判」の意味を吟味したい。このことがマズロー管理論の意義と限界を明らかにしてくれるものと思われる。

II．ドラッカー『マネジメント』における「マズローの批判」

まず，そもそもドラッカーがどのような文脈で「マズローの批判」を取り上げたのかを見てみよう。『マネジメント』は現代社会を組織社会と捉え，マネジメントをそうした社会における器官（organ）と位置づけた上で[1]，第1部「タスク」，第2部「管理者」，第3部「トップ・マネジメント」が展開される。第1部タスクにおいて論じられるのは，企業の成果・サービス組織の成果・生産的な仕事と達成する労働者・社会的衝撃と社会的責任の4点であり，このうち，組織の中の人の問題について考える「生産的な仕事と達成する労働者」（第15～23章）の中でマズローが登場する。

実は，ドラッカーは「マズローの批判」を取り上げただけではなく，その前にマズローに対する若干の批判も行っている。それは第19章に先立つ第16章「仕事・働くこと・労働者についてわかっていること（そしてわかっていない

II. ドラッカー『マネジメント』における「マズローの批判」

こと）」において触れられている。そこでは基本的に，働くこと（working）には5つの次元（生理的・心理的・社会的・経済的・権力的）があるということ，そしてこれらの5つの次元の全体性（configuration）が強調される。そして，働くことに対する伝統的なアプローチ（例えば，マルクス，メイヨー）はこれらのうちの1つを唯一の次元と宣言していたのに対して，マズローはそうではなかったとし，次のように語られる。

「人間主義心理学（humanist psychology）の父，アブラハム・H・マズローは，人間の欲求（human wants）が階層を形成していることを示した。マズローは人間の欲求にいわゆる〈限界効用〉の論理を適用した。彼の理論は深遠で不変性のある洞察であった。マズローは経済的欲求を底辺におき，自己実現の欲求（the need for self-fulfillment）を頂点においたが，その並べ方自体が何よりも重要なのではない。大事なのは，諸々の欲求は絶対的なものではないという洞察である。すなわち，ある欲求が満たされれば満たされるほど，その欲求の充足は問題ではなくなるという洞察である」(Drucker, 1993, p.195)。

このように，ドラッカーは，マズローが諸々の欲求を絶対的なものではないと考えていた点を評価した。ただし，その上で，若干の批判も行った。すなわち，「マズローが理解していなかったのは，充足されることで欲求は変化するということ」である (Drucker, 1993, pp.195-196)。例えば経済的な欲求について見ると，確かに経済的な欲求が充足されると，その人間はさらなる経済的報酬を得て欲求を満足させようとはしなくなっていき，積極的なインセンティブを与えることについて経済的報酬がもつ力は弱くなるが，その一方で，失望させた場合に不満を生み出すということについて経済的報酬がもつ力は急速に増大するし，給与は経済的な次元というよりもむしろ，社会的あるいは心理的次元の一部となっていくというのである。

以上の第16章での指摘を受けて，第19章における「マズローの批判」がある。ドラッカーはマズローを取り上げ次のように述べる。「彼は鋭く私とマグレガーを批判した。つまり，Y理論が要求する責任と自己規律を負うことのできない弱者・もろさのある人・傷ついた人に対して〈残酷〉だと批判したのである。」そしてさらに次のように述べていく。「人は，X理論の安全性とそれがもたらす確実性を，安全性と確実性をもたらす別の異なる構造によって取っ

て代える必要」があり，「マズローの研究からの１つの結論は，Y 理論はその支持者の多くが信じているような寛大なものではないということである」(Drucker, 1993, pp.233-234)。

ドラッカーはこのようにマズローの批判を理解し，まず，X 理論は確かにうまくいかないと述べる。しかしその一方で，啓蒙的な心理的専制（enlightened psychological despotism）でもうまくはいかないと述べる。こうした論者の多くは Y 理論への忠誠を公言しているが，そうした人々が語るのは，結局のところ，心理的操作（psychological manipulation）を通じての統制だとして批判するのである[2]。そして，心理的専制は心理学の誤用であり，心理学の主たる目的は，その人自身の洞察を得ること，その人自身を自ら統御することであるとするのである（Drucker, 1993, p.243）。

では，どうしたらよいのか。ドラッカーは第 19 章の結論として次のように述べる。

「管理者は，Y 理論のように仮定できない側面がある。（中略）責任という重荷を引き受けるには，強者や健康人でさえ，さらなるものが必要とされる」のであり，「その構造は，弱者に対しても──しかも弱者に対してだけでなく──X 理論の命令や世話をされるという安心さに代わるものも提供しなければならない」(Drucker, 1993, p.245)。

以上の結論を得て，第 20 章以降で展開されるのが「責任の組織化（organizing responsibility）」である。それは，各人が責任を引き受けることができるようにするための仕組みを提案するものであり，職務の３つの必要条件（生産的な仕事・フィードバック情報・継続学習）・計画への従業員の参加・明確な権限構造・職務の安定性・給与の確実性・管理者自身が責任を引き受けること等が挙げられる。

ドラッカーは自由にして機能する社会を標榜し，そのゆえにこそ，管理論を展開した（三戸, 1971；2011）。まず，ドラッカーにあって，自由とは責任ある選択であり，彼の社会の純粋理論は，社会における諸個人に地位と機能を与えること，その社会の権力が正当な権力であることによって社会は機能すると説く（Drucker, 1942）。産業社会＝組織社会である現代社会においては，組織において諸個人に地位と機能が与えられる必要がある。

以上のドラッカーの社会論を踏まえて，次のことが言える。第1に，ドラッカーが強者に対しても弱者に対してもX理論の安心に代わるものを提供しなければならないとしたのは，「諸個人に地位と機能を与えなければならない」とする彼の社会の純粋理論からする必然的な帰結である。第2に，組織において，権力を行使するマネジメントが正当な権力たるためには，諸個人に自由をもたらす必要がある。ドラッカーが「責任の組織化」と述べて，責任を重視したのは，彼が自由＝責任ある選択と把握していたからである。

Ⅲ．マズローの管理論とドラッカーへの批判

　さて，以上のようなドラッカーによる「マズローの批判」の受容は，どのような意味があるのだろうか。このことを確めるためには，そもそもマズローが実際にはどのような批判をしたのかを確認しておく必要がある。そして，そのためには，マズローがなぜ，またどのような管理論を展開したのかを押さえておかねばならない。
　まず，マズロー理論は「心理的健康の実現論」である。第2章で詳述したように，マズローは論文「心理学の哲学」（1957）で次のように述べている。世界が救われるかどうかは心理学にかかっている。心理学の究極の目的は人間的充実・人間的向上・成長である。なぜなら人間の本性（human nature）がすべての根本であり，さまざまな知識を用いても，それがよい方向にいくかどうかは，それを用いる人間がよい人間かどうかにかかっているからである。したがって，心理学の仕事は人間の本性，善・悪，心理的健康・不健康について理解することである（Maslow, 1957, pp.225-226）。
　このように述べるマズローは『科学の心理学』（1966b）で科学の目的について，「人間についての知識の究極の目標は，物や動物についての知識の目標とは異なる」とする。物や動物についての知識の目標は，それらを外部からコントロールすることであるのに対して，人間についての知識の目標は，逆に，「外的なコントロールから人間を解き放つこと」であり，「人間をより自由にし，創造的にし，内部決定的にすること」だからである（Maslow, 1966b, p.40）。

マズローが企図したことは、よい人間、つまり心理的に健康な人間へと向かう人間的充実・人間的向上をどのように実現するか、その結果として、人間をより自由な・創造的な・内部決定的な存在とすることである。彼の欲求階層説も自己実現の概念もそのためにこそある。

マズローの管理論もまさに、以上のような諸個人の心理的健康の実現を目的とした管理論として展開される。

まず第1に、マズローは著書 *Eupsychian Management*（1965）で管理論を展開したが、Eupsychia とは「介入されることなく隔離された島で、1000人の自己実現的な人間によって生み出された文化」と定義されるものであり、さらに言えば、「心理的健康に向う動き」、「健康への志向」を表すとされている（Maslow, 1965, p.xi）。

第2に、マズローの管理論は彼が啓蒙的管理論（enlightened management）と呼ぶ、マグレガーらの管理論から刺激を受けたものである。すなわち、マズローは仕事の中に自己実現の可能性を見た。すなわち、「自己実現的な仕事（S-A work）とは、自己を探し求め自己を充実させることであり、同時に、本物の自己を表現する究極の形である無我に達することでもある」とし（Maslow, 1965, p.7）、このことが責任概念と関わるとする。こうしたことが「状況の客観的要求に応えることとしての責任」と関わるとし、「理想的な状況下では、人間と自己実現的な仕事（その人の動機・責任・召命・献身・課題等）の間には同型性、つまり相互選択があるであろう」とするのである（ibid., p.10）。

さて、しかし第3に、マズローは啓蒙的管理論に刺激を受けたものの、それらの管理論の根本的な部分に不満をもっており、したがってそれらの管理論に対する批判を梃子としてマズロー管理論は展開されている。その中心となるのは、「開明的な企業の全体として心理的健康に向かう成長や自己実現・人格的成長といった側面を完全に見落と」しているという指摘である（Maslow, 1965, p.40）。

第4に、これに対して、マズロー自身はシナジーの観点から組織および管理を論じた。ここで言うシナジーとは、一般に言われる「相乗効果」のことではない。彼はベネディクトの概念を用いたが、ベネディクトにおける社会的シナ

III. マズローの管理論とドラッカーへの批判

ジーは原始的文化の「健康度（the degree of health）」を表す概念であったとされる（Maslow, 1965, p.88）。マズローはこのシナジー概念を用いて組織論・管理論を展開した。そのシナジーの概念には 2 つの含意があり，1 つは「二分法の超越」，もう 1 つは「全体論的アプローチ」である（詳細は，本書第 4 章を参照）。

このシナジー状態にある組織は，Eupsychia という言葉についてのマズローの説明からわかるように，1 つの理想である。すなわち，そこでは，管理者・リーダーがいかに心理的に健康であるべきか，その場合，こうした人々はどのように振る舞うのか，被管理者・フォロワーがいかに心理的に健康であるべきか，その場合こうした人々がどのように振る舞うのか，同様に，セールスマンと顧客についても，両者が健康であるべきこと，その場合の振る舞いはどのようなものであるかが語られていくことになる。

さて，以上のようなマズローの管理論が展開される中でドラッカーが取り上げられる。その扱いは，マグレガーやリッカートといった同書で取り上げられる他の人物と比べると特別なものがある。まず，何よりもドラッカーに対しては人間の本性の理解についての共感が表明されている。すなわち，「人間の本性（human nature）に関してピーター・ドラッカーの達した直感的結論は，第三勢力の心理学が導いた結論ときわめて類似している」と述べられ，「ドラッカーはカール・ロジャーズやエーリッヒ・フロムが到達した人間の本性の理解とほぼ同様の理解に達している」と述べられるのである（Maslow, 1965, p.2）。

人間の本性の理解に共感しているということは，物事についての根本的な考え方が一致しているということと等しい。このような評価をされているのは，*Eupsychian Management* ではドラッカーだけである。そして，この大いなる共感を背景にしてドラッカーに対する批判が次のように述べられる。

「われわれの目の前にいるのが，成長が可能であり成長を熱望するきわめて成熟した人間である場合は，ドラッカーの管理原則は素晴らしいものだと思われる。その管理原則は機能するであろう。しかし，それは人間の発展階層の頂点にいる人間に対してだけである。ドラッカーの管理原則は，理論的に言えば，次のような人間を仮定している。すなわち，過去において自らが成長する

中でその基本的欲求を充足してきた人間，そして，現在においてその生活状況が充足されている人間である。」(Maslow, 1965, p.15)

　これは，2つの批判にまとめられるとマズローは述べる (Maslow, 1965, p.36)。すなわち第1に，ドラッカーの管理原則を機能させるためには適切な種類の人間を選抜する必要があるが，その点を見逃しているということであり，第2に，世の中には邪悪な人間・病的な人間・たちの悪い人間がいるという事実を無視しているということである。

　この批判に立ってマズロー自身は，この「選抜する必要がある」という立場から管理論を展開している。したがって，マグレガーが人間についての見方・仮説としてX理論-Y理論を提起したのに対して，マズローはもはやそれは事実であり，X事実，Y事実だと述べ (Maslow, 1965, p.148)，Y理論が当てはまる人間に特化した管理論を展開したのである。

IV．ドラッカー「マズローの批判」の意味するもの

　以上，ドラッカーとマズローにおけるそれぞれの「マズローの批判」を概観した。ここまで見てきてわかるように，ドラッカー，マズロー両者の「マズローの批判」は若干食い違っている。ドラッカーは，マズローが「Y理論が要求する責任と自己規律を負うことのできない弱者・もろさのある人・傷ついた人に対して残酷だ」と批判したと述べているが，実は，マズローはドラッカーに対してこのような批判を行っていない。

　もう少し正確に言うと，これに類した言葉は出てくるが，それは，ドラッカーを含めて誰かを批判するために述べられたのではない。『自己実現の経営』では次のように述べられている箇所がある。「自由・任せること・責任は，真に依存的で受動的な人々を不安と恐怖の中で挫折させるであろう」(Maslow, 1965, p.243)。そして，このことを通じてマズローが言いたいことは，「よい状況が必然的にあらゆる人間を，成長し自己実現する人間とするなどと考えるべきではない」ということである (ibid., p.243)。

　マズローがドラッカーに対して行った批判は，ドラッカー管理論の適用可能

な人間は限定的であり，したがって適用する人間を選ぶ必要があるのに，ドラッカーはそのことを認識していないということであった。そして，むしろ，マズローは適用可能な人間が限定的であるということを是とし，その前提に立って自らの理論を展開していく。では，ドラッカーはなぜマズローが批判として述べていないことを，マズローが批判したとして述べたのか。逆に，マズローの実際に批判していることを取り上げなかったのはなぜだろうか。

1．マズローに対するドラッカーの共感

　ドラッカーを批判したのはマズローだけではなかった（e.g. McGregor, 1960）。その中でドラッカーがあえて「マズローの批判」を取り上げたその根底にあったものは，2人の人間理解についての共感であったと考えられる。マズローはドラッカーに対して「第三勢力と同様の理解に達している」とし，またドラッカーはマズローを「人間主義心理学の父」と評しているように，両者は根本的な部分で認め合っている。マズローもドラッカーも，マグレガーの名を出し言及するが，いずれも必ずしも高い評価を与えているとは言い難く，その扱いは対照的と言える。

　実際に，マズローの言う自己実現とドラッカーの言う自由は，1つの理想として同じ地点を目指す別の表現であると考えられる。このことは2人がともに，「人間を操作する」という発想に疑問を呈しているところに表れている。興味深いのは，両者が「心理学とは何か」という問いに対して同じ解を提出していることである。マズローは，人間を自由にし，創造的にし，内部決定的にすること，外的コントロールから解放することとしたのに対して，ドラッカーは，その人自身の洞察を得ること，その人自身を統御することとした。つまり，他人をコントロールするのではなく，自分を自分自身でコントロールできるようになること，この意味で，自由となること，自己実現できることに2人は心理学の価値を見出したと言える。

　したがって，マズローとドラッカーは両者とも「人間の操作」という考え方に対する批判に向かう。マズローは「啓蒙的管理論」についてそこから多くの示唆を得ながらも，諸個人の心理的健康という問題について言及しないとして批判した。また，ドラッカーはY理論の支持を表明する「啓蒙的な心理学」

の論者について,それは心理的操作を通じたコントロールであるとして批判した。以上のように,人間の本性についての理解,自己実現もしくは自由への志向性,「人間の操作」への批判という根本的な部分をマズローとドラッカーは共有していたと言える。

　以上のことは,2人がある意味において管理観を共有していることを意味している。すなわち,管理とは一企業のために存在するのではないという認識である。ドラッカーは,管理（management）を社会における器官と見た。マズローは,企業の管理に諸個人の心理的健康の実現の可能性を見たが,それはまさに,世界が救われるかどうかは諸個人の心理的健康を実現できるか否かにかかっていると考えたからである。現代はドラッカーも述べているように組織社会であり,社会を創り上げるのは人間であるが,そうした人間は日々,組織の中で生きその中で管理されている。こう考えれば,日々の組織における管理が人をつくっているのであり,引いては管理が社会をつくっていると考えることができる。社会全体がよい方向に向かうかどうか,人間が自由で自己実現し,心理的に健康に生きる社会がつくり上げられるかどうかは,まさに管理にかかっていることになる。

　ドラッカーが「マズローの批判」について語った背景にはまさにこうした両者の管理観があると考えられる。人間の自由や自己実現をいかに実現していくかという問題は現在のところ必ずしも管理の問題として考えられてはいない[3]。一企業がいかにして高い業績をあげていくかという視点から考えるならば,確かにそうしたことは特に取り上げるべき問題とはならない。しかし,管理こそが一企業を越えて諸個人を育て社会を構築していくと考えると,人間の自由・自己実現は管理にとって不可避の課題となる。マズローやドラッカー自身がその点を重視したのに対して,彼らの理論を援用する諸理論は,こうした認識を十分にもっていない。それがドラッカーの指摘する啓蒙的な心理的専制の問題である。ドラッカーが「マズローの批判」という一節を設けたのは,マズローがドラッカーを批判し,それ自体が正鵠を射ていたからでは必ずしもない。それは,マグレガーY理論をはじめとするマズロー理論を援用した諸理論が,ドラッカーも共感するマズロー理論の根本的な部分を蔑ろにしていたからである。マズローと同じくドラッカーもこの啓蒙的な心理的専制を乗り越え

る必要性を感じていた。マズローが実際に行ったドラッカーへの批判は，直接的に心理的専制を乗り越える視点を提示するものではなかったが，マズロー理論そのものにはこの視点が存在していた。したがって，ドラッカーはマズロー管理論からではなく，マズロー理論全体の観点から「マズローの批判」を再構成したと考えられるのである。

2．ドラッカーは「マズローの批判」を受容したのか

さて，ただし，ここで1つ言及しておく必要のあることは，このようにドラッカーによって再構成された「マズローの批判」と，第19章以後の労働者と仕事の管理についての展開は，皮肉にも「マズロー管理論への批判」という側面をもっているということである。根本的な部分で共感しているドラッカーも，マズローの主張は受け入れ難い面があったのではないかと考えられる。それは，X理論・Y理論はもはやX事実・Y事実であり，したがって，心理的に健康な人だけを選抜する必要があるというマズローの主張である。

事実，マズローと違いドラッカーは，人間を分類してそれに合った管理論を提案するという手法を採らない。彼は，怠惰な人間も活力ある人間もいるが，より重要なこと，日々の経験がわれわれに教えることは，同一の人間が異なる状況ではまったく異なった反応をすることだと述べ（Drucker, 1993, p.234），したがって，必要なのは職務の構造，仕事の構造だとする。このような観点から展開されたのが「責任の組織化」である。

責任の組織化とは，組織のメンバーに「責任を負わせる」のではなく，「責任を引き受けることができるようにする」ための条件を整えるという発想である。ドラッカーにあって，責任ある選択こそが自由であり，「責任を引き受けることができるようにする」ということは，諸個人を自由にすることと等しい。もちろんこれは，あらゆる人がドラッカーの提案する施策によって必ず「責任を引き受けることができるようになる」というのではない。しかし，「同一の人間が異なる状況では異なる反応をする」というのは，一見怠惰に見える人もそうでない人も，いずれも組織が作り上げる状況次第では，「責任を引き受けることが可能となる」ということを意味している。つまり，ドラッカーは，人間を分類せず，人々の可能性に焦点を合わせて，組織化する方法を提案

したと言える。そしてまた，ドラッカーにおいて仮定されているのは「初めから責任を担える人間」ではなく，必ずしもそうではない人間を含めて，どうしたら責任を引き受けることができるようになるかであった。

こうした，人間をあらかじめ分類しないという発想の伏線は，「マズローの批判」の節より前に，別の箇所でドラッカーが行っている主張に見られる。すなわち，「充足された欲求は問題でなくなるのではなく，実際には変化するのだ」というマズロー欲求階層説に対する批判がそれである。また，ドラッカーはこのことを述べる前に，欲求階層説について，その「並べ方が何よりも重要なのではない」と述べている。もし「並べ方を重視する」とすると，それは，マズローのように欲求を階層でとらえて低次と高次を区別するということを意味する。そして，その上で，「充足された欲求は問題でなくなる」と理解すれば，現在問題となっている欲求がどの段階にあるかによってその人を分類できることになる。すなわち，ドラッカーのこの2つの言葉は，人間をその人のそのときもっている欲求によって分類するという考え方を拒否しているのである。

以上のことから，ドラッカーはマズローの批判を「受容した」とは言えないことがわかる。むしろドラッカーによる責任の組織化の展開は，マズローの管理論への批判を含んでいるとさえ言える。なぜならば，こうしたドラッカーによる「責任の組織化」の主張は，本来であればマズローが主張すべき内容のものだからである。

マズローは健全な社会の実現を目指し，そのために諸個人の心理的健康の実現について考えた人である。そもそも彼の欲求階層説は，人間を類型化するための理論ではない。彼は *Motivation and Personality* の第2版の序文で，次のように述べている。「私の疑問は，本質的に臨床的なものだった。すなわち，どのような初期のはく奪が神経症を生むのか。どのような心理的療法が神経症を治すのか。どのような予防法が神経症から守るのか。どのような順序で心理的療法が要求されるのか。もっとも強力なものはどれか。どれが最も基礎的なのか」(Maslow, 1970, p.xi)。欲求階層説とはこの問いへのマズローの1つの解答である。

マズローが欲求階層説で語ろうとしたのは，心理的に不健康な状態にある人

をどう心理的に健康な状態へと導くかということであり，欲求階層説はその「順序」を示したものであった。ここには高次欲求の人と低次欲求の人を分類し，高次欲求者のみを対象として心理的健康に導くという発想はない。基本は社会全体を健全なものとすることであり，社会における可能な限りの人々を心理的に健康な状態へと導くことが企図されている。そもそもマズローが「管理」に注目した理由もそこにあった。つまり，世界や人類を向上させようと思えば個人を対象とする心理療法では量的に見て難しく，したがって教育や企業管理に注目する必要があると考えたのである。

マズローが自らの論理を貫こうとすれば，それは自身が展開する管理論全般においてもこうした論理を引き継ぐべきだったはずである。しかし，マズローはその管理論の中身に入ると，X事実，Y事実という形で人間を分類し，その分類に基づいてY事実に立った管理論のみを展開し，その条件として，適用できる人間を選別すべしという主張に転換してしまった。

ドラッカーとマズローの管理論をめぐる違いはどこから生まれるのであろうか。いくつかのことが挙げられるであろうが，根本的には社会論を明確にもっていたかどうかであったと言える。

ドラッカーは『産業人の未来』(1942)において，「社会の純粋理論」を展開した。社会はその機能の観点から見れば，諸個人に地位と機能を与えなければならないし，そして社会における権力は正当なものでなければならない。さらに，ドラッカーには現代社会が組織社会であるとの認識がある。すなわち，現代は企業をはじめとする組織が諸個人に地位と機能を与える社会であり，その組織を支配する経営者は，つまり管理は，正当性をもつものでなければならないし，諸個人に地位と機能を与えるものでなければならない，ということである。

この立場に立てば，「心理的に健康な人にのみ適用でき，心理的に健康でない人には適用できない」管理という発想は許されなくなってくる。なぜなら，この発想は，管理が一部の人には地位と機能を与え，他の一部の人には与える必要はないと述べていることになりかねないからである。またもし仮に，弱い者たちには権威主義的に管理すればいいのだと述べるとすると，自由・自己実現を与えないその管理にはたして正当性はあるのかという問題が出てくる。

マズローは社会の諸問題にどう対応するか，そのためには人間の心理的健康を実現していくことが必要だという理解をもっていたが，社会それ自身が何であるか，少なくともドラッカーの社会の純粋理論にあたるもの，社会が成り立つ上で最低限何が必要なのかという視点をもっていなかった。1つには，この違いが，管理についての両者の主張の差となって表れたといえる。

ドラッカーは「マズローの批判」と称して，実際にはマズローがドラッカーに対して行っていない批判を批判として取り上げた。その背後には，彼の言う啓蒙的な心理的専制，心理的な操作への批判があった。それはマズローの問題意識と軌を一にするものであった。ただし，それによってドラッカーが行った主張はマズローとは異なり，Y理論的な管理を適用できる人を選抜しなければならないという主張ではなかった。弱者だけでなく強者や健康人に対してもさらなるものが必要とされるとして責任の組織化を提案したのであった。

この主張は本来であれば，マズローがその管理論の中でもなすべき主張だったのであり[4]，マズロー理論に共感するドラッカーはいわばマズローの代わりに，本来のマズロー理論の延長線上に立って，「マズローの批判」を論じて問題提起し，そこから得られる結論に基づいて自らの管理論を展開したということができる。したがって，ある意味ではドラッカーの「マズローの批判」は，本来のマズロー理論からの逸脱に対する「マズロー管理論への批判」だったと言うことができる。

V. おわりに

以上，マズローとドラッカーの「マズローの批判」を巡る応酬を見てきた。

ドラッカーが「マズローの批判」を取り上げたことの含意は何だったのか。結論を述べるならば，ドラッカーは，マズローおよびドラッカー自身の考えていたことに対する誤解を解こうとしたのだということができる。すなわち，マズローやドラッカーの理論は，Y理論への忠誠を公言する啓蒙的な心理的専制とは一線を画するということを指摘しようとしたのが「マズローの批判」なる一節を設けたドラッカーの意図である。

V. おわりに

　ただし，このように考えてくると，マズローがドラッカーを超えた観点から管理を論じドラッカーがそれを受け入れたということは言えない。むしろ，「マズローの批判」はドラッカーがマズローの意を汲んで再構成したものであり，そこにはいわば，マズローの人間観・管理観に対する支持と，その一方で，マズローの実際の管理論に対する若干の批判が込められていたと言える。

　マズローは1970年に亡くなり，その後の1974年にドラッカー『マネジメント』が出版されている。したがって，マズロー自身は，この『マネジメント』における「マズローの批判」に応答する機会をもたなかった。もしマズローが生きていたら，はたしてこのドラッカーによる「マズローの批判」はどう受け止められていたであろうか。

　おそらくマズローは，ドラッカーの「マズローは，Y理論が要求する責任と自己規律を負うことのできない弱者・傷つきやすい人・損害を受けた人に対して残酷だと述べた」という指摘に対して，わが意を得たりの感を抱いたであろう。しかし一方で，ドラッカーがマズローに対して行った批判については，それを簡単に受け入れられたかはわからない。マズローがドラッカーの考えを受け入れるためにはその前提となる理論を受け入れる必要があるからである。それはドラッカーの社会の純粋理論である。すなわち，マズローは，ドラッカーのような，社会が機能するために最低限必要なものは何かということについての理論をもっていなかった。つまり，社会が機能するには諸個人に地位と機能が与えられ権力が正当なものでなければならない，という考えがマズローにはなかったのである。

　組織社会たる現代においては，社会をどう捉えるかは，管理をどう捉えるかの根底を規定することになる。

　マズローに社会論があるとすれば，社会はよい人間，心理的に健康な人間を生み出せるかどうかにかかっているということである。マズローは，諸個人の自己実現を企図し，ドラッカーも諸個人の自由を企図したが，ドラッカーの管理論の背後には，その上でさらに，諸個人に地位と機能を与えなければならないという認識，そして全員が責任ある選択をすることはできないし，誰もが完全にできるわけではないという認識があり，したがって，そうした人々をフォローする用意，受け入れる用意が必要だと考えていたのに対して，マズローの

管理論は，まだそうした視点をもつに至ってはいなかったと言える。

　マズロー理論は，諸個人の自己実現＝心理的健康をどのように実現するかという視点によって貫かれており，この視点は彼の管理論においてもまた貫かれている。それは，モチベーション論が陥っていた「他者を操作する」という視点ではなく，諸個人が自らを自ら自身でコントロールできるようになるという意味での自己実現を志向する理論であり，ここにマズロー管理論の特異性と意義がある。それは管理を一企業の視点ではなく，社会的観点から捉えたときの意義である。

　ただし，そこには一定の限界も存在していた。社会的視点から捉えたとき，管理論はまさにマズローが言うように心理的健康を視野に入れたものである必要がある。しかし，同時に，どれだけ見事な理論，手法が現れたとしても，世の中の全員が自己実現＝心理的健康を実現できるとは言えない。そのような世界は容易には実現しえないであろう。したがって，管理論は，心理的健康の実現を企図しながらもその実現の可否にかかわらず，さまざまな人をフォローするもの，すくい上げるものでなければならない。人々に地位と機能が与えられなければ，社会は混乱するし諸個人の充実もない。言ってみれば，ドラッカーの「マズローの批判」は，管理論は心理的健康の実現という理想とそこに達するのは容易ではないという現実の両者に立って構築される必要があるということを示唆するものと言える。

注

1) Drucker, *Management* は1974年に出版されているが，本章で以下使用しているのは基本的に，1993年に出た Harper Business 版である。ただ，マネジメントを器官と把握する見解は1974年版の「まえがき：専制に代わるもの」で示されたもので，1993年版の「まえがき」には記されていない。また，もう少し厳密に言うと，マネジメントは企業等の制度（institution）の器官（organ）であり，次には制度もまた社会の器官であるとドラッカーは述べている（Drucker, 1974, p.x）。

2) なお，ドラッカーのY理論批判については，拙稿「P. F. ドラッカーによるD. マグレガーY理論批判」（『日本経営学会誌』第14号，2005年）で若干論じている。

3) もちろん，ここで言う「自己実現を実現していく」ということは，「自己実現欲求を満たす」ということではない。

4) もちろん，管理論を離れたマズローは，この主張をしている。その代表的な著作は『科学の心理学（邦題：可能性の心理学）』（1966b）である。

第 7 章
自己実現とウェーバー官僚制問題
——組織社会における自己実現の問題——

I. はじめに

　前章までで，マズローの心理学観・科学観，彼の自己実現論の骨子，管理論の体系について整理し，それがマグレガー管理論といかに異なるか，アルダファー ERG 理論と対比できるものであるのかどうか，ドラッカー管理論との異同について論じた。
　これらを踏まえたとき，経営学におけるマズロー自己実現論の現代的な意義は何なのであろうか。
　マズローの欲求階層説を援用して，かつては低次欲求の充足に汲々としていたが，現代では低次欲求は充足されており，人間の高次欲求に注目しなければならない時代であるとも言われる。
　しかし，はたしてそうであろうか。現代は格差社会とも呼ばれ，非正規雇用の拡大とともに収入・所属の安定しない層が拡大し，うつ病等の精神的な病もその患者を増やしており，さらにテロ・戦争の脅威も身近なものとなっている。現代は高次欲求を満たしていけばよい時代とはまったく言えない。
　こうした中で，マズロー理論の意味を改めて問う必要がある。
　組織論において今日まで続く現代的な課題は官僚制の問題だということができる。本章では，この官僚制問題に対してマズロー理論がいかなる位置づけをもっているのかを考える。
　官僚制をどう評価するかは諸説あり，経営学の領域では過去のものとされることも少ない。だが例えば，官僚制の問題は今なお現代的な問題だとする主張

があるのもまた事実である（e.g. 鈴木, 2008）。実際に現代は「コンプライアンス」が叫ばれ，組織体における科学的管理が隅々まで浸透し，製造やサービスの現場だけでなく，上層部の管理者に対してまで「おわび」マニュアル等のマニュアルが存在する時代である。法・規則中心の官僚制こそが現代社会における諸組織を運営する核となっていることは疑いえない。

この官僚制が生み出す問題に対して，マズロー自己実現論は重要な示唆を与えうるものであると私は考える。しかしそれは，動機づけ理論＝モチベーション論としてのマズロー理論が官僚制問題の克服に重要な役割を果たすという意味ではない。なぜならこれまでの諸章で述べてきたとおり，マズロー理論はその本質においてモチベーション論ではないからである。

本章ではウェーバーの提起した官僚制問題の意味を確認した上で，その官僚制問題との関わりの中でマズロー自己実現論の現代的な意味を考えたい。

II. ウェーバー官僚制論と抑圧性問題

ウェーバーの提起した官僚制問題とはどのような問題であろうか。

経営学においてウェーバー官僚制論はさまざまに評価される。最も有名なのは，R. K. マートンらのいわゆるウェーバーリアンによるものであり，ウェーバー官僚制論はその逆機能性を看過しているというものである（e.g. Merton, 1957）。この結果，官僚制はマーチ＝サイモンをして「器械的」なモデル（March and Simon, 1958）と把握されることにつながり，またバーンズ＝ストーカーのように「有機的システム」に対する「機械的システム」（Burns and Stalker, 1961）と位置づけられることにもつながっている。

ただし，これとは別の指摘も存在する。例えば，C. ペローはウェーバーの官僚制論を踏まえて，官僚制はすぐれた組織形態であり，当分，捨て去ることは困難であると指摘しているし（Perrow, 1972）[1]，池内秀己教授は，ウェーバー官僚制論を組織論の側面と支配論＝抑圧性論からなるものと把握し，組織論の側面は確かにその後の経営学の発展の中で乗り越えられたが，支配論＝抑圧性論の側面が乗り越えられたわけではないことが指摘されている（池内,

1986b)。

　本章は，ウェーバー官僚制論は現代においても意味をもっているという立場に立っている。

1．ウェーバーの官僚制論

　まず，ウェーバーが官僚制によって何を語ったのかを押さえておきたい。

　ウェーバーの基本的な主張は，官僚制はきわめて機能的であるが，それゆえにきわめて抑圧的だということであった。

　ウェーバーは，近代官僚制の特殊な機能様式（funktionsweise）について説明しているが，それを示せば次のようになる（Weber, 1972, S. 551-552）。

① 各官庁が規則によって一般的な形で秩序づけられた明確な権限（活動の分配・命令権力と強制手段・有資格者の任命）をもつ，という原則
② 職務階層制と審級順序の原則
③ 職務執行は，文書と，下僚や書記からなるスタッフに基づく
④ 職務活動は徹底的な専門的訓練を前提としている
⑤ 職務が完全な発展を遂げると，職務活動は官僚の全労働力を要求するようになる
⑥ 職務執行は習得可能な規則に則って行われるが，その規則の知識は法律学・管理学・会計学等の技術学からなる

　さらに，こうした官僚制における人間（beamte）の特性が説明される（Weber, 1972, S. 552-556）。すなわち，こうした官僚制における人間は，「特殊な職務誠実義務を引き受ける」のであり，「没主観的な目的（sachlichen Zweck）に仕える」存在となる。これは，官僚制における人間が社会的評価・職の終身性・金銭的な報酬・昇進経路等を受けることと引き換えになされるのである。その結果，官僚制における人間は，まさに「人物の如何を問うことなく」「計算可能」な行動を行う存在となる。

　かくして，官僚制はその技術的優秀性，すなわちその精確性・迅速性・明確性・文書に対する精通・継続性・慎重性・統一性・緊張感のある服従関係・摩擦の削減・物的および人的費用の節約を得ることになるのである（Weber, 1972, S. 561-562）。

ウェーバーが描く官僚制は過去のものでないことは明らかである。ウェーバーは,「科学的管理が経営の機械化と規律化の最終的帰結を育てていくことになる」と指摘した（Weber, 1972, S. 686）。この官僚制が実践されているということは,例えば,現代においてもトヨタ等を見れば明らかであり,そこで提示される目で見る管理・5回のなぜ・QCサークル・標準作業表等のマニュアルといった道具立ては（e.g. 大野, 1978；小川, 1994），現代においても官僚制がしっかりと機能していることを示している。

　もちろん,ここで言う官僚制とは,マーチ＝サイモンやバーンズ＝ストーカーが述べるような「機械的」なものだという意味ではない。それらが実現するのはきわめて柔軟な組織である。しかし,そこには確かにウェーバーの言う「機能様式」が兼ね備えられており,そこにおける人間は「人物の如何を問うことなく」「計算可能」な行動を行う存在である。したがって,三戸公教授は,テイラー以降の管理学の一切はその科学的管理の枠内での発展である,と述べている（三戸, 2002, 1頁）。

　官僚制は以上のように現代でも機能し,組織において中核的な役割を担っている。そして,この官僚制の抑圧性を問題にしたのがウェーバーであった。官僚制における抑圧性とはどのような問題であろうか。

　ウェーバーはその「官僚制的支配の本質,その諸前提および展開」における官僚制の考察を,その教育への影響に言及することで終えている。すなわち,かつて教育の目標は教養人（kultivierte Mensch）を育てることであったのに対して,官僚制においては専門人（Fachmensch）の育成がその目標となると言うのである（Weber, 1972, S. 576-578）。

　官僚制の下においては,合理的・専門的な試験制度の不断の発展がある。そして,この発展は専門試験によって獲得される教育免状のもつ社会的威信によって強力に助長され,その社会的威信がさらに経済的利益に転嫁されることからさらに助長される。こうして,かつて求められていたのは「教養人」であるが,現代は「専門人」となる。かつて支配層を支配層たらしめる資格は「教養資格」をより多く持っていることに基づいていたが,官僚制化は支配層たらしめる資格を「専門知識の量」にもとめることになるのである。

　これは『プロテスタンティズムと資本主義の精神』でなされたウェーバーの

嘆き,「精神なき専門人 (Fachmenschen ohne Geist), 心情なき享楽人 (Genußmenschen ohne Herz)。この無のものは, 人間性のかつて達したことのない段階にまですでに登りつめた, と自惚れるだろう」(Weber, 1963, S. 204) と結びついていくものである。

2. マーチ＝サイモン『オーガニゼーションズ』と官僚制問題

　官僚制の問題は, 組織論においては, すでに克服されたものと位置づけられることも多い。しかし, この問題の評価は錯綜している。この点に関するマーチ＝サイモンの『オーガニゼーションズ』(1958) をめぐる評価が興味深い。

　『オーガニゼーションズ』が組織論においてきわめて重要な位置を占めていることは言うまでもない。近年, 改めて, 訳書が出版されたが, その「訳者あとがき」において, 高橋伸夫教授は「今の「組織論」はすべてがここからはじまっている」とまで述べている (高橋, 2014, 296頁)。

　『オーガニゼーションズ』は官僚制論の流れの中できわめて興味深い位置づけをもっている。まず第1に, マーチ＝サイモン自身は官僚制を器械的モデルと位置づけ, 自らの理論をそうした器械的モデルを越えるものと位置づけている。しかし, 第2に, それにもかかわらず『オーガニゼーションズ』は, 後にC. ペローによって「ネオ・ウェーバー・モデル」として, ウェーバーの官僚制論の延長線上に位置づけられた[2]。マーチ＝サイモンは否定的な意味で官僚制を器械的モデルと位置づけたのに対して, ペローは肯定的に『オーガニゼーションズ』を官僚制論の延長線上に位置づけたのであった。このペローの観点をさらに踏み込んで検討したのが池内秀己教授であった。

　そこで,『オーガニゼーションズ』をめぐって, 官僚制の問題がどのように理解されたかを見ておきたい。まず,『オーガニゼーションズ』についてその概要を押さえておく[3]。

　『オーガニゼーションズ』は, マーチ＝サイモンによると, 公式組織 (formal organization) についての書である。彼らが組織を研究する理由は, 組織には市場等の他の影響過程に比してその影響過程の明確さ (specificity), つまり予測可能性があるからだと述べられている (March and Simon, 1958, pp.2-3)。

　『オーガニゼーションズ』は, それまでの組織についての研究を体系的な方

法で整理しようとするものである。ここで体系的な方法とは、マーチ＝サイモンによれば、まず第1に組織を語る共通言語を提示するということ、第2に公的な検証可能性と再現可能性（the public testability and reproducibility）という通常の科学的基準に従う形でさまざまな理論を整理していくということを意味している。

　こうしてマーチ＝サイモンは彼らが「心理的な公準（psychological postulates）」と呼ぶところの人間行動の公準を設定し、それを基礎として理論を整理・展開していく。すなわち、彼らは古典的組織論における人間モデルを器械的モデルとしてその限界を指摘し、それに対していわゆる動機的モデルおよび認知的モデルで補完するという形で論を進めていく。

　この3つのモデルは、「人間行動についての命題」という形で次のように説明される（March and Simon, 1958, p.6）。

　「1．組織メンバー、特に従業員は主として受動的な器械であり、仕事をこなし指示を受け入れることができるが、何らかの意義深い方法で行動を創始したり影響力を行使したりはできないと仮定する命題。

　2．組織メンバーは自らの組織に態度・価値・目的を持ち込む。したがって、メンバーは組織行動の体系に参加するために動機づけられるかもしくは誘引される必要がある。ここでは組織メンバーの個人的な目的と組織目的は完全には一致しない。そして、こうした実際の目的もしくは潜在的な目的の対立・葛藤の存在は、権力現象・態度・勤労意欲という問題を組織行動の説明における最も重要な問題とするのである。以上のように仮定する命題。

　3．組織メンバーは意思決定者かつ問題解決者であり、知覚過程や思考過程が組織行動の説明において中心を占めると仮定する命題」

　以上のような3つのモデルが設定されたうえで、『オーガニゼーションズ』では次のような2つの課題に取り組まれることとなる。

　「1．従業員を道具とみなす古典的な記述の不自然さを1つずつ取り除いていくこと。

　2．こうした古典的な抽象を次のような認識をもつ新たな抽象に置き換えること。すなわち、組織メンバーは欲求・動機・動因をもっており、学び、諸問題を解決するための知識と能力において限界があるという認識である。」

(March and Simon, 1958, p.136)

さて，上記の3つのモデルのうち，ウェーバー官僚制は1つ目の器械的モデルに位置づけられる。器械的モデルに立つ組織理論の説明は，『オーガニゼーションズ』第2章で展開されるものであるが，ウェーバー官僚制論はこの第2章には登場しない。それはこの器械的モデルを動機的側面から補完して説明しようとする第3章において登場する。ただし実質的には，「器械的モデル」に属するものとして説明される。少々長いが，マーチ＝サイモンがウェーバー官僚制論をどう把握したかについて引用しよう。

「〈官僚制〉の現代的な研究は，時代的にも，一般にその知的な恩恵が承認されているという意味においても，ウェーバー（1946, 1947）から始まっている。しかし，ある意味で，ウェーバーはこの第3章に属するというよりも，どちらかというと前章に属している。組織の研究に関するウェーバーの主たる関心は次の4点であったと思われる。すなわち，(1) 彼が〈官僚制〉と名づける存在について，その性格を明らかにすること，(2) 官僚制が発展してきたこと，および官僚制が発展してきた理由を述べること，(3) それに付随して生じる社会的変化を特定すること，(4) 官僚制的な目的（主として，政治的権威者のもつ目的）を達成することに対して，官僚制組織はどのような結果をもたらすかを明らかにすることである。この最後に上げられた関心の中に，ウェーバーが，本章で取り上げる他の官僚制研究者と明確に区別される点がある。ウェーバーは，官僚制組織が現代の問題の複雑性に対してどのくらい合理的な解であるかを示そうとしたのである。もう少し厳密に言うと，彼は，官僚制組織が個人や他の組織形態における意思決定の限界や〈計算〉の限界（the decision-making or "computational" limits）をどのような方法で克服するかを示そうとした（例えば，専門化・分業等）。

結果として，ウェーバーは，ウェーバーの継承者を自認する人々よりも，アーウィック，ギューリック，その他の人々に相通ずるものをもっているように思われる。確かに，ウェーバーは重要な意味で〈器械的〉モデルを超えている。特に，彼は，ある程度，役人とその事務所の間にある関係性を分析する。しかし，ウェーバーは主に官僚制を専門化された技能を用いることに順応した仕掛けだと考え，人間有機体の性格に対してあまり注意を払っていない。

しかしながら，われわれがウェーバーから官僚制についてのより近年の研究者に目を転じるならば，そうした研究者が組織メンバーの〈予期せぬ〉反応にますます注意を払うようになっているということを見出す（Merton, 1936; Gouldner, 1957）。マートン（1940），セルズニック（1949），グールドナー（1954）の調査と分析は，ウェーバーの本質的な仮定を否定することなく，つまり，官僚制は他の組織形態よりも（公式的な階層制組織の目的に関して）能率的であるという仮定を否定することなく，官僚制組織が重要な逆機能的な結果（dysfunctional consequences）をもたらすことを示した。加えて，彼らは——グールドナーの場合は明示的に，他の２人の研究者の場合は暗示的に——，次のような仮説を立てた。すなわち，個人を器械として取り扱うことの意図せざる結果として，事実上，〈器械〉モデルの継続的な使用を助長することになるということである。」（March & Simon, 1958, pp.36-37）

以上のマーチ＝サイモンのウェーバー官僚制論の把握は，まさしくその全体像を把握しており，ウェーバー官僚制論はマーチ＝サイモンの指摘する４点の内容をもつものである。特に第３点目として，「官僚制の発展に付随して生じる社会的変化」を把握しているのは注目に値する。

ただし，その中でマーチ＝サイモンが注目したのは第４点目の「官僚制的な目的の達成に対して官僚制組織がどのような結果をもたらすか」ということであった。彼らは，自らの意思決定論に基づきながら，ウェーバーによる専門化や分業等の提案が，個人や他の組織形態における限界を克服しようとしたものとして評価しながらも，個人を器械として扱うことによって生じる意図せざる結果を看過していると見るのである。

マーチ＝サイモンは，この「個人を器械として取り扱うことの意図せざる結果」，いわゆる「逆機能性」の問題を「病的な過程（pathological processes）」と呼ぶ。なお，逆機能性とは，マートンによれば，「観察される結果のうち，そのシステムの適応や適合を減ずる」ものである（Merton, 1957, p.51）。『オーガニゼーションズ』第３章，第４章では，どのようなことが組織内の個人を動機づけないこととなるのか，すなわち病的な過程，逆機能性を引き起こすのか，また逆に何が人々を生産性に向かって動機づけるかが多様な文献を用いて整理され，また組織への参加・不参加の意思決定が整理されていく。さらに，

第5章ではコンフリクト（conflict）を取り上げ，それを個人・組織内・組織間のそれぞれのレベルについて分析していく。

こうした動機的モデルでの議論を受けて，認知的モデルはまず，器械的モデルでは想定されていない「合理性の認知的な限界（Cognitive Limits on Rationality）」に注目する。なぜなら，「組織構造および組織機能の基本的な特徴は，人間の問題解決過程の性格および人間の合理的選択の性格に起因する」からである（March and Simon, 1958, p.169）。このように合理性の認知的な限界を仮定すれば次のように考えることができる。

「個人と組織の直面する問題の複雑さに比して人間の知的な能力には限界があるがゆえに，合理的な行動は単純化されたモデルを必要とする。そうした単純化されたモデルはその問題の複雑さすべてを把握することなく，問題の主要な特徴を把握してくれるのである」（March and simon, 1958, p.169）。

マーチ＝サイモンによれば，こうした単純化は数多くの特徴を有するとし，次の5つを挙げる（March and Simon, 1958, p.169）。

① 最適化は満足化に置き換えられる。
② 行為の代替案と行為の結果は探索過程を通じて逐次的に発見される。
③ 行為プログラムのレパートリーは組織と個人によって発展させられ，繰り返し生起する状況においては，これらのレパートリーが選択の代替案として役に立つ。
④ 各々の特定の行為プログラムは，諸状況のうちの限定された範囲と，諸結果のうちの限定された範囲を取り扱う。
⑤ 各々の行為プログラムはそれ以外の行為プログラムからは半独立で実施される。

人間は認知上の合理性の限界を有するがゆえに，繰り返し同じような状況が生起する局面では，限定された範囲の状況および結果のみが取り扱われた，単純化された行為プログラムを用意し，そこから選択をしていくことで，組織全体としては合理的・機能的となるのである。

マーチ＝サイモンは，こうしたいわゆるルーティンな状況下での人間行動を分析した上で，認知上の合理性の限界が組織変化の過程やプログラム開発の過程にどのような影響を与えるのかを分析するとして，創始・イノベーション・

問題解決過程を整理していく。

　以上のマーチ＝サイモン『オーガニゼーションズ』は，ウェーバー官僚制論に対してどのような位置づけを有しているであろうか。

　マーチ＝サイモン『オーガニゼーションズ』がウェーバー官僚制を「器械的モデル」と位置づけたにもかかわらず，例えばペローは，むしろ『オーガニゼーションズ』を「ネオ・ウェーバー・モデル（neo-weberian model）」と位置づけた。とりわけ，その後半の認知的モデルに関する部分をそうした官僚制を強化するものとして評価した。すなわちペローが評価したのは，『オーガニゼーションズ』が，組織においてメンバー諸個人の意思決定前提を形成していくということの重要性を理解し，組織を目立たないコントロール（unobtrusive control）の問題として理解した点であった（Perrow, 1972, pp.156-157）[4]。言い換えると，マーチ＝サイモンは，諸個人には合理性について認知上の限界があり，そうであるがゆえに諸個人が合理的な行動をとるには単純化されたモデルが必要であるとし，逆に組織がこの単純化されたモデルを諸個人に提供することで組織にとって合理的な意思決定前提が諸個人に形成され，もって個人をコントロールすることが可能となるとしたが，官僚制が現代において不可欠と考えるペローはこの点を評価したのである。

　また池内教授は，こうしたペローの指摘に同意した上で，さらにまず第1に，『オーガニゼーションズ』はマートンらウェーバーリアンの指摘した「逆機能性」の克服論として展開されていると位置づける。したがって，官僚制論が，ウェーバー，逆機能性を論じたマートンらのウェーバーリアン，さらにはマーチ＝サイモンのネオ・ウェーバー・モデルという形で展開してきたのだという把握がなされている。また第2に，ウェーバー官僚制論は組織論とともに支配論＝抑圧論から成り立っており，『オーガニゼーションズ』ではこの支配＝抑圧論の視点が欠けているということが指摘されるのである（池内, 1986b）。

3. 官僚制と抑圧性問題

　『オーガニゼーションズ』は，マーチ＝サイモン自身の意図からすれば皮肉なことであるが，ウェーバー官僚制論の延長線上に位置づけることが可能であ

る。ただし，そこには池内教授が指摘されているように抑圧論が欠けており，この意味ではウェーバー官僚制論の十全な展開とは言えない。マーチ＝サイモンは「官僚制の発展に付随して生じる社会的変化」をウェーバーの官僚制論が問題にしていることをしっかりと把握していながら，自らの立論では取り上げなかったのである。

　さて，では，官僚制がもたらす抑圧性とはどのような問題なのであろうか。三戸公教授は，「抑圧性」は官僚制の議論においてよく問題とされる「逆機能性」とは異なる概念であると指摘している。すなわち，次のように述べている。

　「逆機能性は機能性に対する言葉であり，機能に関するプラスとマイナス，特定目的達成における有効性に関するものである。これにたいして，抑圧性は自由に対する言葉であり，人間の意思・行動に関するものである。」（三戸，1982，214頁）

　さらに，三戸教授は論文「組織理論とビューロクラシー」において，逆機能性はより機能的に修正することは可能であるが，ビューロクラシーの生む抑圧性は容易に克服することはできないとして，次のように述べている。

　「それは，ビューロクラシーにおける機能性がより高まれば高まるほど，ビューロクラシーの生む抑圧性は深化・拡大する，という構造的把握がなされているからである。」（三戸，1987，39頁）

　「では，なぜ機能的であることが抑圧的となるのか。極めて単純である。機能性は目的合理性の追求の中に成立する。1つの目的を追求することは，他の目的を捨てることである。1つのことを突出的に合理化することは，それに関わる一切を非合理化するということである。目的合理性を追求するところに，機能性が尊重せられ，それが最高の価値となる。諸他の人間的なもろもろの価値はいずれも機能性に従属してしまう。目的と手段とが転倒するのである。」（三戸，1987，39-40頁）

　抑圧性とは，まずは自由に対する言葉であり，人間の意思・行動に関するものである。ウェーバーが官僚制を論じる最後に，教育の問題を提示したのは，このことが背景にあると考えられる。

　まず，自由にはさまざまな捉え方が存在する。例えば，自由が単なる個人的

な意味における「選択の自由」であれば、それはウェーバーの言う「専門人」にも存在している。しかし、一方で、P. F. ドラッカーの言う「責任ある選択」（Drucker, 1942）や E. フロムの言う「積極的自由」（Fromm, 1941），M. P. フォレットの言う「関係性の充実」（Follett, 1918）のような自由の捉え方がありうる。この意味での自由は、「選択の自由」のような個人的な問題ではなくなっている。それは責任ある選択にしろ、積極的自由にしろ、関係性の充実にしろ、関係する他者とのかかわりの中で、機能性以外の諸々の価値に目配りすることを意味するからである。このような意味での自由を得るために必要なことは、「専門的知識」ではなく「教養」である。

　ウェーバーが、官僚制の下で社会が求める人間は「教養人」ではなく「専門人」だと述べている意味は、まさに抑圧性の問題が背景にあると言える。

　組織社会たる現代において人間に対する抑圧の問題が大きく存在している。ウェーバーの語った「精神なき専門人、心情なき享楽人」の問題がまさに現れてきている。大学は、職業訓練を重視せよということが堂々と公言されるようになり（日本経済新聞, 2015年5月27日），経営はますます社会的な観点をもってなされるよりは、自社あるいは株主の観点からなされるようになりつつある。こうして、生活困窮者の増大、うつ病患者の増大、過労死・過労自殺の問題、こうした問題の端緒となりうる非正規雇用の拡大、等々の問題も生起してくることとなるのである。

　さて、このように考えてくるとき、抑圧性の問題を考えるに際しては、「随伴的結果」が非常に重要な概念となると考えられる。

　「随伴的結果」とはつぎのような概念である（三戸, 1994, 7-16頁）。

　人間行為の特徴は目的意識的だということであるが、その人間行為は、あらゆることが相互連関の下にある中でなされることになる。その場合、そうした目的意識的な行為は、その意図した目的が達成されたかされなかったかという「目的的結果」が生ずると同時に、それとは別に、意図せざる「随伴的結果」が生じてくることになる。

　この随伴的結果は、いくつかの基準によって評価される。すなわち、その結果が些細であるか重要であるか、その結果がプラスであるかマイナスであるか、そして、その結果が予測可能なものであるか予測不可能なものであるかで

ある（図表 7-1）。

　行為に伴う随伴的結果は，個人よりも組織において，さらに組織の中でもそれが大規模であればあるほど，大きなものとなる。現代において組織はますます巨大なものとなり，巨大な随伴的結果，巨大な自然・社会環境の破壊が生起している。

　この随伴的結果論の観点から考えれば，官僚制は現代において人間に対する抑圧性をもっているが，それは，官僚制がきわめて機能的であり，そうであるがゆえに必然的に伴う随伴的結果のゆえである。

　さて，では官僚制によって抑圧される対象は何であろうか。ウェーバーが語った「精神なき専門人，心情なき享楽人」という言葉を想起する必要がある。この言葉が示唆するのは，官僚制は，「行為を受ける側」を抑圧するということと同時に，「行為を行う側」も抑圧するということである。

　官僚制組織が引き起こす随伴的結果は，2つの意味で抑圧性を生じさせる。すなわち，第1に，生起した負の随伴的結果自体が，行為を受ける側の人間諸個人を抑圧する（行為を受ける側の抑圧性）。しかし，第2に，負の随伴的結果を引き起こすことは，行為を行う側，つまり組織の諸管理者にとっても，随伴的結果を視野に入れた意思決定ができていないという意味において抑圧的である。

　ドラッカーは自由とは責任ある選択であると述べ，フォレットは自由とは関係性の充実であると述べたが，責任ある選択，関係性の充実こそが自由であるとするならば，それが個人的な能力に起因するものであろうと，組織的な圧力に起因するものであろうと，随伴的結果を視野に入れた意思決定ができないということは，まったく不自由であり，抑圧的だということになる。

図表 7-1　目的的結果と随伴的結果

（出所）三戸（1994）より筆者作成。

図表 7-2 官僚制・随伴的結果・抑圧性

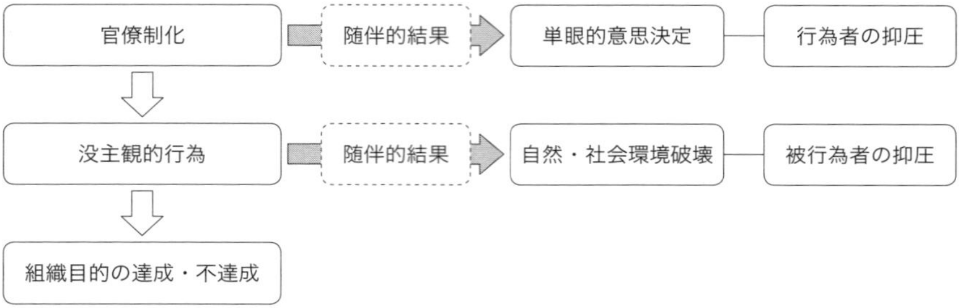

官僚制化 → 随伴的結果 → 単眼的意思決定 → 行為者の抑圧

↓

没主観的行為 → 随伴的結果 → 自然・社会環境破壊 → 被行為者の抑圧

↓

組織目的の達成・不達成

（出所）筆者作成。

さて，ここまでの官僚制における抑圧性を整理すると次のようになる。まず，組織の機能性を高度に実現するという意図を官僚制は有している。それを実現するのは，規則中心という考え方であり，規則に従わせるための仕組みとしての階層制や文書の活用・専門性・規則の技術学，そして社会的評価・職の終身性・金銭的な報酬等々である。これによって，諸個人の没主観的な行為が得られ，組織の目的が機能的に実現される。しかし，ここには2つの随伴的結果が関わり，したがって2つの抑圧性を生起させる（図表7-2）。まず，組織目的の達成を旨とした没主観的行為は，その随伴的結果として自然環境・社会環境の破壊を生起し，そうした自然・社会環境は，被行為者諸個人を抑圧することになる。また，没主観的行為をもたらすことを意図した官僚制化は，それ自体がその随伴的結果として行為者たる諸管理者の視野を狭め，随伴的結果を視野に入れた意思決定を行う力を奪うのであり，この意味において行為者から自由を奪い抑圧することになる。つまり，人間の価値・事実を総動員する意思決定が「抑圧」されてしまうという問題だと言える。

III. マズロー理論と官僚制問題

1．マズローの自己実現論

　以上の官僚制問題は現代の問題である。この問題に応えようとするものがマズロー自己実現論に他ならないと私は考える。まずは，ここまでの諸章で論じ

III. マズロー理論と官僚制問題

てきた彼の自己実現論・科学論・管理論について本章で必要な範囲において再論しておこう。

マズローが論文「心理学の哲学」の中で述べたように，マズロー理論の目的とは自己実現，すなわち人間の「心理的健康」をいかにして実現するかということであり，それが世界を救うための根本だと考えられていた。この場合，自己実現＝心理的健康とは何かということが問題となる。

心理的健康とは，2つの観点から捉えられねばならない。すなわち，第1に，個人の外部環境たる社会や組織に対して機能的たりえているか否か，第2に，個人の内面について深刻な対立・葛藤が解消され調和がとれているかどうか，である。

この観点から考えると，心理的健康とは意思決定力の問題となる。意思決定とは，H. A. サイモンが明らかにしたように，意思決定前提たる価値前提と事実前提に基づいて代替案を列挙し，それぞれの結果を確定し，比較・評価する過程である。したがって，意思決定の材料となる価値前提と事実前提がどのようなものであるかがきわめて重要となる。こう考えると，心理的健康はその人の有するこの2つの前提がその個人においてどのように育まれるかという問題となる。

マズローが心理的に最も健康な人間である自己実現的人間の特徴として挙げたのは存在認識と存在価値であった。

存在認識とは，「たいていとらわれがなく，客観的で，認識する者の願望や恐れや欲求によって汚されていることがすくないので，対象のより正しい，より事実と一致した認識である」(Maslow, 1971, p.167)。

これに対して，存在価値とは具体的には，真，善，美，全体性，二分化の超越，生命・過程，等々の価値を指す。それは，存在に根ざした価値であり，「われわれにある種の〈その実現を求められているという感覚（requiredness feeling）〉を引き起こし，まだまだその価値に達していないという感覚（a feeling of unworthiness）を引き起こす」ものである (Maslow, 1971, p.334)。

こうした存在認識・存在価値は，具体的な意思決定の段階においては，統合を生むものと言える。マズローはより健康な人々について次のように述べている。

「これらのあらゆる〈対立物（opposites）〉は，実際には，より健康な人々においては，階層的に統合される（hierarchically-integrated）。そして，治療の正しい目標の1つは，表面的には両立しない対立物を二分化したり分割したりすることから，それらを統合することに向けて進むことである」(Maslow, 1962, p.164)。

自己実現とは心理的健康であり，存在認識・存在価値に根ざして統合的な意思決定をする力を身につけていくことを意味している。

このように考えたとき，欲求階層説は存在に根ざした人間の把握であることがわかる。

まず，欲求階層説の特徴は，数ある欲求の中でも生理・安全・所属と愛・承認・自己実現の5つを人間の基本的欲求（basic needs）と捉え，その5つの欲求の関係性を低次から高次へと向かう「階層」で把握し，より低次の欲求を充足することでより高次の欲求が発現すると捉えるものである。

この5つの欲求は人間のbasic needs＝基本的な必要物であり，人間がいかなる存在であるかをそのまま表しているものである。すなわち，生理的欲求・安全の欲求は人間が個的存在・身体的な存在であることを，さらに所属と愛・承認の欲求は人間が社会的存在であることを意味し，自己実現の欲求は人間が精神的な存在であることを意味しているのである。

ここに欲求階層として低次と高次の別が把握される理由もある。すなわち，欲求階層説における，より高次の欲求の発現は，よりとらわれのない認識の獲得であり，そうした存在に根ざした価値の獲得であり，それらを踏まえた統合力の獲得である。簡単に言えば，低次の欲求を充足することで，その個人は学び，余計なとらわれがなくなって広い視野をもつことができる。欲求階層説は認識と価値の深化・拡大プロセスを描くものとして捉えることができるのである。

2. 自己実現論から科学論，管理論へ

さて，以上のマズロー自己実現論は，人間に関する科学のあり方についての疑問を抱かせることになった。自己実現している人たちの認識には，現代社会の認識を規定していると言っても過言ではない現代の「正統派科学」には認識

しえないものが存在したからである。そしてマズローは，当初自らが取り組んでいた行動主義の立場に疑問を抱き，人間を操作するという発想から脱した心理学，人間についての科学を構築しようとしたのである。

したがって，マズローは，自らの自己実現論に基づいていわゆる正統派科学を批判し，科学概念の拡張を試みようとした。

マズローは例えば『科学の心理学』において，人間についての科学は人間の行動を予知したりコントロールしたりするためのものではないと述べている。そして，むしろ，人間をそうした外的なコントロールから解き放すこと，したがって自分自身で自分自身をコントロールできるようになることをこそ目的とすべきだと述べているのである。

人間についての科学の目標のあり方をこのように述べたマズローは，科学概念の拡張について提案する（Maslow, 1966b）。いわゆる正統派科学が抽象的知識のみを科学と呼んでいたのに対して，マズローは経験的知識も科学概念に含めるべきを主張したのである。

マズローによれば，抽象的知識は，科学の最終段階である「明確・明快で，一義的に定義され，明白で，証明可能・反復可能・伝達可能で，論理的・合理的で，言葉で表現できる知識」であり，科学的客観性（scientific objectivity）を有し，価値判断の入っていない知識である。それは物事をコントロールしようとする科学である。

これに対して，経験的知識は科学の中では一番最初の段階ではあるが，包括的な知識であり，ありのままの意味（suchness meaning）を得るものである。そこには，経験する者の諸価値が入り込んでおり，科学的客観性はないが，配慮から生まれる客観性（caring objectivity）が存在する。それは対象を受け入れることによって得られる道教的科学である。

マズロー『宗教・価値・至高経験』によれば，彼が科学に価値を入れねばならないと考えたのは，社会が「没価値状態」にあり，したがって，「教育が少なくとも部分的にはよき人間を生み，よき人生とよき社会を育成する営為だと考えなければならない」とすれば（Maslow, 1964, p.58），「事実，まさにこれらの究極的価値こそ一切の教育の目標であり，またそうあるべきだといえる」からであり，「そのことは，ちょうど，それらの価値が精神療法・子どもの世

話・結婚・家庭・仕事やまたおそらくは他のすべての社会制度の長期目標でもあり，そうあるべきであるのと同様である」(ibid., 1964, p.57)

こうした科学観をもつがゆえに，マズローは，『ユーサイキアン・マネジメント（邦題：自己実現の経営）』において管理を論じるに至った（Maslow, 1965）。それは，ドラッカーやマグレガーらの影響を受けながらも，それらを批判的に検討しようとしたものである。

マズロー管理論の特徴は，心理的健康の実現を企図したということであり，既存の管理論に対して，生産性や離職率といった要因ではなく，心理的健康を企業目的として把握すべきを説き，そのために組織におけるシナジー＝二分法の超越の必要性，企業に対する全体論的アプローチの必要性を唱えたのであった。

さて，以上のマズロー理論が官僚制問題とどのように関わっているであろうか。

3．マズロー理論と抑圧性問題——マズローとウェーバー官僚制——

ウェーバーは支配の正当性の問題を論じることで抑圧性問題にアプローチした。すなわち，支配の正当性の根拠がカリスマ，伝統，法・規則と移り変わる中で社会がどのように変わり，それが人間性にどのような影響をもたらすのかを暗示したのであった。ウェーバーが明らかにしたことは，組織が規則中心・文書化・権限の明確化・階層制・専門性によって運営され，その組織メンバーが社会的評価・職の終身性・金銭報酬・昇進等々により動機づけられることによって，メンバーの没主観的な行動が得られる一方で，人間が抑圧されるということであった。

官僚制問題の根本はこの抑圧性の問題にある。「抑圧性」の問題とはいわゆる「逆機能性」の問題とも異なるし，またモチベーションの問題でもない。随伴的結果の問題を考慮に入れたとき，そこには2つの種類の抑圧性が存在することがわかる。第1に，行為がなされ生起してくる負の随伴的結果が被行為者を抑圧するという問題であり，第2に，負の随伴的結果を引き起こすことは行為者の側から見て随伴的結果を視野に入れた意思決定ができていないという意味で，すなわち，ドラッカーやフォレットの言う意味での「自由」が得られて

いないという意味で抑圧されるという問題である。

　マズローが自己実現を論じた意図は何だったのであろうか。それは、心理的健康の実現であった。これをウェーバー官僚制論の文脈で言うとすれば、マズローが実現しようとしたことは抑圧性の克服であると言える。マズローは抑圧性という言葉は用いていない。しかしマズローは心理的健康の実現を企図していたがゆえに、その逆の現象として例えば「精神病理の発生（psychopathogenesis）」（Maslow, 1954, pp.155ff；Maslow, 1970, pp.105ff）や「人間を退歩させる力（the forces toward regression, regressive forces）」（Maslow, 1965, p.36, p.42, etc.）について論じており、マズローが主張するところの真意を見れば、それは抑圧性の克服を企図していることがわかる。マズロー自己実現論においては、次の3点の「抑圧性」の存在が事実上、指摘されていると言える。

　まず、被行為者に生起する抑圧性であり、これは、欲求階層説における5つの欲求が満たされていない状態である。欲求階層説において示されている欲求は、すでに見た通り人間存在に根ざす基本的な必要物なのであり、そうした基本的な必要物が得られていないということは抑圧的と言える。

　次に、行為者の側における抑圧性である。これは、マズロー理論の観点からはさらに2つの種類が考えられる。まず第1に、未だ心理的な健康、その能力が得られておらず、その心理的な健康の実現が抑圧されているという状態であり、第2に、心理的な健康は得られ、その能力を有しているにもかかわらず、健全な意思決定ができない、この意味で抑圧されているという状態である。

　また、マズローも、ウェーバーに比べるとやや抽象的な面があるが、抑圧性生成の論理を把握している。例えばまず、先の「精神病理の発生」のメカニズムとして指摘されているのが「脅威（threat）」の理論である。欲求不満や葛藤をもたらすものが脅威となり、恐れることがその人間の視野を狭め、自己実現＝心理的健康の実現を妨げるのである。

　また、「人間を退歩させる力」の例としては、物資が十分に行き渡っていないこと、有力な基本的欲求の充足が得られないこと、シナジーに反する組織や法、恐れや不安を増幅させるもの、さまざまな種類の劣悪なコミュニケーション、真理を信じることができないという意味での不信、等々が挙げられている

(Maslow, 1965, p.42)。

　これらは，何が自己実現に導かず，したがって抑圧性をもたらすのかをマズローなりに把握したものと言える。

　マズローは以上のように，抑圧されている状態および抑圧性の生起するプロセスを把握しており，その上で抑圧性克服の方途を探ったのであった。それが，基本的欲求を充足する必要性を唱える欲求階層説であり，人間行動のコントロールという発想から抜け出すための科学概念の拡張（Maslow, 1964; 1966b）という主張であった。

　まず欲求階層説の観点から考えると，基本的欲求を充足していくことがその克服策となる。また科学概念の拡張については，第1に，科学に価値を入れること（Maslow, 1964），第2に，抽象的知識・コントロール科学・科学的客観性だけでなく，経験的知識・道教的科学・配慮から生まれる客観性を含めたものへと知識・客観性についての考えを転換することで（Maslow, 1966b），人間が自己実現＝心理的健康の実現に向かう科学を構築しようとしたのであった。

　また，さらに，マズローは管理論においても次のような提案をすることとなった（Maslow, 1965）。まず，自己実現とは状況の客観的要求に応えることとしての責任と関わるものであることが指摘され，シナジー（利己主義と利他主義を融合させること，両者の二分法が解消・超越され，新たなより高次のまとまり（new higher unity）へと構成されること）と全体論的アプローチ（環境から恩恵を受けて成り立っている存在としての組織という発想）の必要性が述べられ，リーダーとフォロワー，従業員と顧客等のコミュニケーションについて，存在価値・存在認識に立ったコミュニケーション，評価が必要であることが述べられるのである。

　要するに，ウェーバー官僚制論との対比の中でマズロー自己実現論を位置づけると次のように言える。ウェーバーの官僚制問題の根本はその抑圧性問題である。これに対して，マズロー自己実現論は抑圧性の克服を企図した理論である。「精神病理の発生」や「人間を退歩させる力」という形で，人間の抑圧性を把握し，それが「脅威とそれに対する恐れ」や「シナジーに反する組織や法」によってもたらされることを明らかにし，こうした状態から抜け出すため

に，欲求階層説・科学概念の拡張・自己実現の経営が提案されていると言うことができる。

4. マズロー理論における抑圧性克服の意味――マズローとサイモン――
(1) 人間における認識の問題

　マズロー理論とは，抑圧性の克服を企図した理論であると言える。抑圧性に注目するということは，人間をどのように扱うということなのであろうか。ネオ・ウェーバーモデルたるマーチ＝サイモンの『オーガニゼーションズ』が指し示す人間像と対比する中でこの問題について考えておきたい。

　マズロー自己実現論は，『オーガニゼーションズ』に対してどのように位置づけられるであろうか。

　まず，マズロー理論は動機に注目しており，それが器械的モデルでないことは確かである。もちろん『オーガニゼーションズ』では，いわゆる高次欲求はあまり想定されていない。しかしその出版年が1958年であり，まだ，D. マグレガーの『企業の人間的側面』(1960) さえ登場していないという時代的な制約を考えれば，この点はやむを得ないところもあるであろう。

　さて，仮にマズロー理論＝モチベーション論と解すれば，マズロー理論は『オーガニゼーションズ』における動機的モデルに位置づけられるという以上のことはないことになる。むしろ，組織の機能性を高めるという観点からすれば，マズロー理論は『オーガニゼーションズ』に遠く及ばないとさえ言える。しかし上述したように，マズロー理論は人間操作に対する科学批判を根底に据えた心理的健康実現論であり，この観点から見たときその官僚制問題，『オーガニゼーションズ』との関係はまったく別の側面をもつことになる。

　すなわち，既にみたように，マズロー理論が官僚制問題に対してもっとも寄与するのは，その抑圧性の問題に対するものである。官僚制における抑圧性とは自由に対するものであり，行為者側において存在認識・存在価値に根ざした心理的な健康が実現されない，あるいは健全な意思決定ができないということであり，その結果，自然環境・社会環境の破壊によって，被行為者の側における基本的な必要物が得られないという問題であった。これはマーチ＝サイモンがウェーバー官僚制論における論点の一つとして，つまり「官僚制の発展に付

随して生じる社会的変化」として把握していながら問題として取り上げなかったものである。

　この官僚制の抑圧性問題の観点から，マズロー理論と『オーガニゼーションズ』を対比したとき，その関係性が興味深いのは動機的モデルにおける関係性よりもむしろ，認知的モデルにおける関係性である。

　両者の理論の根幹にこの「認知」の問題がある。まず，マーチ＝サイモンは自らの理論の根幹に，この「認知的な限界（cognitive limits）」を据えている。これに対して，マズローも自己実現における中心的な問題として，認識（cognition）の問題を論じた。しかし，人間の認知上の限界を巡る両者の対応はまさに対照的である。

　『オーガニゼーションズ』は「合理性の認知的な限界」を理論の1つの軸とする。

　まず「合理性の限界（the limits of rationality）」ないし「限定された合理性（bounded rationality）」は，サイモンが『経営行動 第2版』において提唱した概念であった。

　合理性とは何であろうか。サイモンは，まずは次のように言う。

　「大雑把に言えば，合理性とは，何らかの価値体系の観点から選好される行動の代替案の選択と関わっている。」(Simon, 1957, p.75)

　サイモンは，この合理性の概念において，意識的・無意識的，意図的・無意図的，いずれについても合理的と言うことは可能であると述べている。また，主観的観点から合理的とも言えるし，客観的観点からの合理性もありうる。したがって，「合理的」という言葉をこうした複雑な問題を避けて用いるためには，適当な副詞をつけて用いることが必要である。すなわち，「意識的に」「意図的に」「組織から見て（organizationally）」「個人的観点からすると（personally）」等といった形において，はじめて「合理的」と言うことができるのである（Simon, 1957, pp.76-77）。

　サイモンの言う「合理性の限界」は，この意味での「合理性」の限界について指摘するものであり，あくまでも「組織から見て」，個人が有する「合理性の限界」を指摘するものに他ならない。

　サイモンはこの「合理性の限界」の概念を用いて，いわゆる「経済人

（economic man）」に対して提起した周知の「経営人（administrative man）」モデルを打ち出した。それは，人間は最大化しようとするのではなく，「十分だ」と言えるところで満足するものであり，また世界を認識するに際して，その複雑性のすべてを扱うのではなく，本当の世界を思い切って単純化した世界を認識するものと捉える人間モデルである（Simon, 1957, p.xxv）。

　この有名な「経営人モデル」の意味するところをもう少し述べると次のようになる。すなわち，こうした存在としての人間は，最大化するよりも十分だというところで満足するがゆえに，初めにあらゆる可能な行動の代替案を検討したり，これらが実際にすべての代替案であるのかどうかを確かめることなく選択するということであり，また，世界をむしろ「中身がない」ものとして扱い，「あらゆる事物の相互関連性」を無視するがゆえに，比較的に単純な経験則で意思決定することができ，人間の思考力に対して不可能な要求をすることはないのである（Simon, 1957, p.xxvi）。

　そして，この人間の合理性の限界を補うために組織が存在しているというのがサイモンの考え方である。サイモンが提起した「合理性の限界」は，すぐれて現実的な概念であり，きわめて有効な概念である。『オーガニゼーションズ』でもこの考え方は基本的に踏襲されている。

　『オーガニゼーションズ』では，こうした合理性の限界の概念を「合理性の認知的な限界」と呼びなおして議論を展開する。これは妥当と言っていい。サイモン自身が指摘した「合理性の限界」は，組織にとっての観点から見たときに存在する，諸個人の認知上の限界に他ならないからである。そして，名称的に「認知的な」という形容詞がつき，合理性の定義などがより詳細なものとなっているものの，そこには満足基準の考え方も含み込まれており，基本的な考え方はサイモン『経営行動 第2版』のそれと同じと考えていいであろう。

　『オーガニゼーションズ』において合理性の認知上の限界は，いわば理論の出発点であり所与である。この認知上の限界を是とし，これがあるために意思決定前提として「単純化されたモデル」を諸個人に与えることが組織の役割となる。

　さて，「合理性の認知的な限界」は，それを理論の出発点とするものである。しかし，認知の問題は，サイモンやマーチ＝サイモンのようにその限界を所与

として理論的前提として議論を展開することもできるが，逆に人間の認識の深化・拡大について議論を展開することも可能である。すなわち，マズローの自己実現論がそれであり，それはまさにサイモンらとは逆に，認知上の限界を可能な限り取り除いていくプロセスを描いたものと言える。

マズローは言ってみれば，認知限界を可能な限り取り払うことはできないかを考えた。それが，マズローの言う存在認識に他ならない。もちろん，実際には，どこまでいってもサイモンやマーチ＝サイモンの言う合理性の限界が克服されるわけではない。しかし，認知的な限界を所与とするのみでは，それによって組織の機能性は向上するかもしれないが，人間の人間的な成長，マズローの言う心理的な健康の実現を認めないこととなる。

この「認知」をめぐる考え方の違いは，価値についての考え方の違いとなって表れてくることとなる。

(2) 科学と価値

合理性の限界の考え方は，サイモンの有名な科学観，すなわち「管理科学はあらゆる科学と同様，事実的な言明にのみ関係するのであり，科学の体系に倫理的な主張が入る余地はない」と述べた科学観と深く関わっている（Simon, 1957, p.253）。

サイモンは，倫理的命題は科学に入り込む余地はないと述べているが，このことは，「人間は価値を有していない」と仮定することではない。それは，『経営行動』において誘因や能率の基準について論じ，『オーガニゼーションズ』において動機的側面が分析されていることからも明らかである。

しかし，人間の価値の側面は，自分の中で利害を比較衡量するような動機的側面や利益の最大化をもたらす代替案の選択を意味する能率の基準のみではない。何が正しく何が誤っているか，何がよく何が悪いかという自己の利害を超えた価値判断を人間はするし，また，能率の基準を所与とせず，場面に応じて能率の基準を適用すべきか否か，他の基準はないかを考え，そうした価値判断を成長・向上させることができる。こうした側面を科学に含めるべきだと主張したのがマズローであった。

事実，マズローはサイモンのような科学の考え方を正統派科学と呼び，次のように批判している。

Ⅲ．マズロー理論と官僚制問題

「正統的科学は，没価値なもの（value-free）と定義され，人生の最終目的・目標・目的・報酬あるいは正当化について言うことは何もないものとして定義されてきた。よく知られた表現は，〈科学は，それは何故かという問いについてわれわれに語ることはできず，ただ如何にという問いについてのみ語ることができる〉というものである。別の表現としては，〈科学は，イデオロギー・倫理や価値体系ではない。科学は，良いか悪いかの選択をわれわれにさせることはできない〉とされる。こう語られるとき，その必然的な含意は，科学は道具であるにすぎず，技術であるにすぎず，善人にも悪人にも等しく用いられるものであるということである。ナチスの強制収容所はその一例である。もう1つの含意は，よい科学者であることはよいナチ党員であることとは矛盾しないということであって，ある役割が他の役割に本質的な緊張を及ぼすことはないということである。実存主義者がなぜわれわれは自殺すべきでないのかと問うとき，正統的な科学は肩をすくめて，〈どうしてそんなことを聞くのか〉と言うことができるだけである。」(Maslow, 1966b, p.120)

さらに，マズローは次のようにも述べている。

「こうした状況は今や，ルネッサンスの頃よりも悪くなっている。なぜなら，最近になるとますます，あらゆる価値の領域，あらゆる人間性，あらゆるアートが，この非科学（nonscience）の世界，つまりは反科学（unscience）の世界に包含されてきたからである。科学はもともと，古代人や教会の権威や純粋論理に代えて，自分自身の目を信頼するという決意として始まった。つまり，科学はもともと，他の誰かの以前からもっていた考えを信頼するというよりもむしろ，まさにある種の自分探しであった。そのときには，科学が没価値なものであるということについては誰一人として何ら語ることはなかった。科学が没価値であるということは，後になって言われたものであった。」(Maslow, 1966b, p.120)

サイモンにあっては，合理性とは「組織にとって」や「個人にとって」などどこか1つの視点をとる必要があるものであった。そして「組織にとって」という立場からすると，「合理的」なのは人間の認知限界を所与とすることであり，人間が自己の利害の比較衡量以上のことをするなどと仮定しないことであったと言える。

マズローにあって，「認知」を語ることは即「価値」を語ることに結びついていた。すなわち，人間の認識の広がり・深まりは，人間の価値観を広め・深化させることになるからである。したがって，心理的に健康な，自己実現的な人間は，存在認識に立ち，存在価値を有すると仮定していたのである。逆に，こうした仮定をおくことなく，認識と価値の限界を所与とすることは，人間性の向上の可能性を抑えること，すなわち抑圧性に結びつくことになる。

マズローは抑圧性を問題視していたからこそ，認識をどう広げていくかについて語り，価値を科学に含めるべきを主張したのである。

IV. おわりに

官僚制問題の根本は抑圧性問題であり，マズロー理論は抑圧性問題に応えようとする理論である。

ウェーバー官僚制論の提起する問題は今なお現代的である。ウェーバーはカリスマ的支配や伝統的支配に対して，合法的支配，その典型たる官僚制が機能性において最も優れるということを示した。このことは，現代社会が官僚制から容易に逃れられないことを意味する。しかし，法・規則中心の官僚制は，そのきわめて優れた機能性とともに，人間に対する抑圧性を有している。

抑圧性の問題は随伴的結果の問題と密接に関わっており，この観点から考えると官僚制に伴う抑圧性は，行為者と被行為者双方に生じうる。すなわち，随伴的結果を被るという被行為者諸個人に対する抑圧性であり，随伴的結果を生むという行為者・管理者の側への抑圧性である。

マズロー自己実現論は，この抑圧性問題に応えようとするものだということができる。

まず第1に，マズローの自己実現論はこの抑圧性問題のうちの後者，つまり行為者の側の抑圧性に応えようとするものだと言える。すなわち，目的的結果とともに随伴的結果に配慮した意思決定を為すには，個人的な考えや組織の圧力に流されることなく，存在認識・存在価値に立つこと，それによって諸々のコンフリクトを統合していくことが求められるであろう。そして，マズロー

は，人間の外的なコントロールではなく，人間が自分で自分をコントロールできるようにすべく，欲求階層説，科学概念の拡張や二分法の超越・全体論的アプローチからなる管理論を唱えた。

また第2に，マズローの自己実現論は前者，つまり被行為者に対する抑圧性の問題を考えるに際して示唆を与える。それは，欲求階層説が人間の基本的な必要物（basic need），すなわち，人間が生きていくために必要なものを示してもいるからである。つまりそれは，現代で言えば，所得と所属を与える雇用，安全を与える治安，愛と承認を与える人格的交流，存在認識・存在価値に立って意思決定を為していく機会が必要だということを示唆する。

以上の意味において，官僚制問題の克服には，つまり組織の機能性に対して人間性の問題を考慮するためには，マズロー自己実現論を取り込んでこの2つの視点をもつ必要があると考えられる。すなわち，一個人としての自己実現と同時に，管理者としての自己実現が必要となるということである。

ただし，最後に，マズロー理論には，一定の限界があることを指摘しておかなければならない。それは前章で見たように，マズローが現代社会の特徴を把握するという作業を行っていないということである。

ウェーバーは官僚制の概念において現代社会の特徴を把握した。すなわち，それをそれ以前の社会で支配的であったカリスマ・伝統と対比することで，現代社会がどのような社会であるか，またどのような社会になっていくかを明らかにしたのである。その文脈の中で，人間の抑圧性問題も把握されている。

しかしマズローは，こうした現代社会の特徴を把握する概念を有していない。マズローは科学が実証研究に傾斜していく事実とその問題性を捉えるし，また管理において自己実現がいかに重要かを説く。しかし例えば，現代における法・規則の必要性・重要性について把握していないが故に，なぜ科学が実証研究に傾斜していくのか，現代社会において心理的健康を妨げるものが何であり，どのようにしてそれらを克服して，心理的健康を実現していくかについて積極的に語ることができない。

マズロー自己実現論は，一定の限界を有するものであるが，こうした限界を踏まえながら，マズローの理論を生かしていく道を考えていく必要があると考えられる。

第7章 自己実現とウェーバー官僚制問題

注

1) ただし，ペローのこの主張がなされているのは，同書の第1版・第2版までであり，第3版になると，このような論調は，だいぶ影を潜める。すなわち，官僚制（bureaucracy）は今後もわれわれに欠かせないものであるという主張から（Perrow, 1972, p.7），組織とりわけ大規模組織（large organizations）はわれわれに欠かせない（Perrow, 1986, pp.5-6），という主張に変わってきている。
2) 野中郁次郎教授が『組織と市場』の中でペローのこの見解について紹介している。
3) 引用は基本的に第1版から行っているが，『オーガニゼーションズ』の理解に際して高橋伸夫教授による新訳も参照した。
4) ただしペローは，『オーガニゼーションズ』をはじめとした理論は環境を所与のものとしていると捉え，そこに1つの問題点を見出している（Perrow, 1986, pp.155-156）。

第8章

自己実現と経営学

——金井壽宏「完全なる経営」論について——

I. はじめに

　経営学においてマズロー理論が語られるようになってすでに久しい。自己実現とは，経営学にとってどのような問題なのだろうか。経営学にマズローの自己実現論を取り入れるということはどういうことなのであろうか。ここまでの各章の内容も踏まえて考えてみたい。

　この問題について考えようとするとき，どうしても避けられないのは，マズロー自身が論じた管理論についてである。その詳細についてはすでに第4章で触れたところであるし，ドラッカーとの対比，ウェーバー官僚制論との対比の中でその意義およびそこに一定の限界があることもすでに見た。ただ，このマズローの論じた管理論を経営学はどう受け止めたであろうか。ドラッカーも経営学者の一人であるが，その受け止め方が経営学一般のものとは言い難い。ここまで何度か触れてきたマズロー『ユーサイキアン・マネジメント』(1965)は，1998年に *Maslow on Management* として復刻されており[1]，同書は金井壽宏教授による「監訳者まえがき」と「監訳者解説」が付されて『完全なる経営』として邦訳が2001年に出版された。マズローの管理論がどう受け止められたかはこの「まえがき」と「解説」に最もよく表れていると考えられる。

　以下では，経営学におけるマズロー理解を確認し，*Eupsychian Management* の背景と概要を把握した上で，金井教授による「まえがき」と「解説」における「完全なる経営」論の検討を行って，マズロー自己実現論を経営学に取り入れるとはどういうことなのかを考えていく。

II. 経営学におけるマズロー理解と『完全なる経営』

1. 経営学におけるマズロー理論の位置づけ

　経営学におけるマズローの理解はモチベーション論としての理解の進展であった。モチベーション論とは「人間行動の方向づけ・強度・持続性の説明，コントロール」を目的とするものである（e.g. Locke & Latham, 2004）。この観点から理解されるとき，マズロー欲求階層説は2つの方向性において評価されることとなった。第1は肯定的な評価であって，1960年代，D. マグレガーのX理論－Y理論の登場によって，とりわけ人的資源論が台頭してくる中で高次欲求が大きく注目されることとなった。第2はある意味でマズローを越えようとの動きであり，その代表は実証研究を行いマズロー欲求階層説に対する自説の妥当性の高さを示したC. P. アルダファーのERG理論（Existence, relatedness and growth theory）である。これ以降多くの実証研究がなされ，欲求階層説は実証的支持がないということが定説となっていく[2]。

　日本の経営学においても，マズローは多くの研究者によってとり上げられてきた。モチベーション管理の理論を早い段階から研究されている二村敏子教授はそれを下表の3つのアプローチとして整理されている（図表8-1）。テイラーらの「伝統的アプローチ」，人間関係論による「人間関係アプローチ」，マグレガー・アージリス・ハーズバーグらの「人間資源アプローチ」という把握である。そして，これがマズローの欲求階層説あるいはアルダファーのERG理論に対応していて興味深いとされている（二村, 1982, 249-250頁）。

　経営学におけるマズロー欲求階層説の位置づけは長い間，これらの位置づけを大きく超えることはなかったと言っていいであろう[3]。

図表8-1　3つのアプローチの人間モデル

伝統的アプローチ	人間関係アプローチ	人間資源アプローチ	
経済的人間	社会的人間	自尊人	自己実現人

（出所）二村（1982）249頁。

2.『完全なる経営』とマズロー理論

　さて，近年，マズローの研究は再び活発なものとなりつつある。その1つの契機は，2001年の金井壽宏監訳『完全なる経営』の出版であろう。

　金井教授が Maslow on Management に「完全なる経営」と名づけた理由として，「監訳者まえがき」では次の2点を挙げている。第1に，Toward A Psychology of Being の邦訳書が『完全なる人間』（上田吉一訳）とうまく名付けられており，それにあやかったのであり，第2に，自己実現やB価値や精神的健康に充ちた人間，およびシナジーや全体論・有機体論に裏付けられた思考に充ちた社会・経営が実現しうる理想郷に対してマズローが希求した完全さを表すためである（金井，2001，7頁）。

　また，マズローが管理を論ずるに至った1つの背景として，「監訳者解説」では次の点が指摘される。すなわち，「マズローは，健全な人間の発達の問題を，健全な社会の発展の問題と結びつけて論じることを目指した」ということである（金井，2001，412頁）。そして，マズロー心理学を次のように説明する。

　「「いい人間とはなにか」「いい社会とはなにか」「その相互関係はなにか」という単純素朴な問いに，要素還元的な分析ツールではなく，自己実現したひとの経験からの全体論的（ホーリスティックな）理解を目指したのが，マズロー心理学だったと言える」（同上，414頁）。

　では，この延長線上にある「完全なる経営」としてのマズロー管理論はどう位置づけられ，把握されているだろうか。次のように述べられている。

　「かつての人間関係論は，マズローの欲求階層説の観点からいえば，安全への欲求や所属のレベルにとどまる，職場の集団や会社にやや依存的な人間モデルに基づいていた。これに対して，マズロー，マグレガー，リッカートは，自尊心や自己実現の欲求まで見通して，組織に依存しきらない，（マズローの言葉を使えば）精神的に健康な自律的な人間モデルに基づく新たなマネジメント論を目指した。」（金井，2001，417頁）

　金井教授は，この「完全なる経営」とは何かを考えていくためには，自己実現の概念が正しく理解されていなければならないとする。すなわち，ピラミッド型の「教科書的な」欲求階層説の図は大きくは間違っていないが，重要なポイントが強調されていないとする。それは，承認・自尊心の欲求に至るまでの

欲求と自己実現の違いである。前者が足らないものを満たす欠乏欲求（D欲求）なのに対し，後者は1人ひとりの人間のかけがえのない存在そのものにかかわる欲求（B欲求）である。自己実現への欲求は弱い本能に基づくため，その充足にはいい社会やユーサイキアン・マネジメントがいる。

ここに至って金井教授は，「自己実現とはモティベーションの問題ではない」という重要な指摘をする。すなわちモティベーションとは，自分たちに欠けている基本的な欲求を満足させるために努力することを指す，非自己実現者の世界でのみ成り立つ概念であり，承認までの欲求には成り立つが自己実現者には成り立たない。自己実現は自分の存在価値を示していくことによって長期的に探し続けるものであるとするのである（金井, 2001, 423頁）。

以上を踏まえつつ，金井教授は「自己実現に「これだ」という正解はない」とし，その代わりに現実に自己実現していると思われる人々を例示する。

マズローが一貫してモチベーション論と解されてきた経営学において，金井教授の指摘はきわめて画期的なものである。ただし，マズロー自己実現論の本質に迫るためには，さらに一歩踏み込んだ理解が必要であるように思われる。そしてその観点から見たとき，マズローの論じた経営は「完全なる経営」と呼んでよいものかという疑問も浮かぶ。

III. 「ユーサイキアン・マネジメント」と経営学

1.「ユーサイキアン・マネジメント」の背景――自己実現と現代社会――

マズローはEupsychiaという語の含意について次のように説明する。「それは，未来の確実性・予言・不可避性・必然的な成り行き・完全性・自信過剰の予測，こうしたものよりもただ現実的な可能性と改善可能性のみを含意」し，「心理的健康に向けた動き」や「健康志向」を表し，治療・教育あるいは仕事の遠大なる目標と捉えることもできる（Maslow, 1965, p.xi）。

このEupsychiaの含意を見るとき，それは，モチベーション管理の理論の中に位置づけられるマズロー理論，欲求階層説とはだいぶ隔たりがあるように見える。そもそもマズローの鍵概念である自己実現とは何であろうか。

マズローが自己実現を追い続けた背景には，その現代社会に対する認識がある。とりわけ，マズローは，1つには，E. フロムの理論から欲求階層説を導き出したのではないかと考えられる[4]。なぜなら第3章で示したとおり，フロムの人間把握とマズローの人間把握はきわめて類似しているからである。

フロム『自由からの逃走』(1941)の概略は次のように言える。まず，人間の本性の欠くことのできない部分として自己保存の欲求があり，それには「生理的に条件づけられた欲求」と「所属の欲求」がある。

後者は，資本制社会において顕著に現れてくる。すなわち，中世までの共同体的な社会では，人間は原始的な結びつきに埋め込まれており，所属の欲求は問題とならなかった。しかし資本制社会の発展によって，人間はそうした原始的な結びつきから抜け出し個人化（individuation）が進展していくことになる。個人化は原始的な結びつきから解放するという意味で人間に自由をもたらすが，その一方で「孤独の増大」をももたらす。また，資本制社会における市場や大企業の力は，個人に利己主義をもたらし，自己を弱体化させる。その結果，人間は権威主義・破壊性・自動人形的従順に，すなわち，全体主義に流れていく。「自由からの逃走」である。

これに対して積極的自由をはかる道が提案される[5]。すなわち，「自己の強さの伸長（the growth of self-strength）」であり，「自己の実現（self-realization）」である。そして，フロムはここに人間の健康を見た。

フロムの指摘における「所属の欲求」の顕在化，その結果生じる権威主義や自動人形的服従は，現代が組織社会であることを暗示している。組織社会という場合に，フロムは論じていないが，触れなければならないのは官僚制の問題である。資本制社会において，各組織は機能性の追求が求められることになるが，これは官僚制化の進展をもたらすからである。

官僚制はきわめて機能的であり，同時に，そうであるがゆえに抑圧的でもある。この官僚制における抑圧性の問題とは自由の問題であり（三戸, 1982），意思決定力の健全性の問題である。抑圧性の問題の根本には，「随伴的結果」の問題がある。抑圧性を克服するということは，組織における目的的結果を実現しながら，自然・社会環境の破壊を招かない，したがって，関連する諸他の人々の基本的欲求を阻害しない，この意味で随伴的結果に配慮した意思決定が

なされていくことを必要とするからである[6]。

　以上の論点を踏まえたとき，マズロー自己実現論の意味が見えてくる。『自由からの逃走』におけるフロムの自己保存の欲求・自己の実現の概念は，マズローの欲求階層説における5つの基本的欲求と見事に符合する。フロムが自己の実現に健康を見たように，マズローにおいても自己実現とは心理的健康に他ならない。周知のとおり，マズロー『動機と人格』(1954) 第12章は「自己実現的人間：心理的健康の研究」である[7]。

　自己実現の欲求についてマズローは，「人は，そうでありうるものであらねばならない。人は，その人自身の本性に忠実であらねばらない (What a man *can* be, he *must* be. He must be true to his own nature.)」と述べている (Maslow, 1970, p.46)。「そうで在りうるもので在る」ということが自己実現であり，人間の存在に根ざしたものとしてあるということである。この状態にあるとき，人間は囚われのない認識である存在認識，そうした認識から得られる存在価値に立つことが可能となり，このために統合的な意思決定を行うことが可能となる。それは，言い換えると，個人にとっても社会にとってもよい意思決定をなす力を身につけている状態である。これが，自己実現が心理的に「健康」と位置づけられる所以である[8]。

　資本制社会・組織社会，個人化・孤立化が進展した現代社会において，フロムの自己保存の欲求は，まさにマズローの言う基本的な欲求＝必要物 (basic need) となって表れてくる。逆に言うと，個的であると同時に社会的存在であり，身体的であると同時に精神的存在である人間は[9]，現代社会において，こうした基本的な必要物に囚われねばならない存在なのであり，そうであるがゆえに，それらの充足に囚われたときに失われる自己実現＝心理的健康をどう実現するかが問われねばならないのである。

　この個人としての自己実現に加えて，さらに，官僚制化が進展する現代社会において，個々の組織体が，その目的的結果とともに，諸他の人間がもつ基本的な必要物の充足を妨げぬよう，負の随伴的結果を視野に入れた管理を行うには，その基礎に組織メンバーの心理的健康が不可欠となる。管理者としての自己実現である。マズローは，自己実現的人間は「状況の客観的要件に応答するものとしての責任」を有すると語る (Maslow, 1965, p.10)。

以上見てきたように，マズローがユーサイキアン・マネジメントを展開した背景として，現代社会の理解を踏まえた人間の本性・人間存在の全体的把握があり，また諸個人の心理的健康としての自己実現が現代社会においていかに重要かということの認識があると言える。

さらに付言しておくと，このような認識に立ったとき，マズローは心理学・科学のあり方についても問うことになった。なぜなら，実証研究によって科学的客観性（scientific objectivity）を追い求め，そこから得られる抽象的・傍観者的知識で人間行動をコントロールするという発想では，人間の全体像および自己実現＝心理的健康を把握できないと考えたからである。彼は「科学概念の拡張」を唱え（Maslow, 1964, 1966b），科学に価値を含めるべきこと，科学的客観性に欠けるとしてもその代わりに配慮から生まれる客観性（caring objectivity）を備える経験的知識の重要性を説いた[10]。

Eupsychian Management は，以上のことを背景にもって展開されている。マズローは自らが経営学について「初心者（novice）」であることを自認しながらも，現代社会における「組織の経営・管理」という領域の重要性を見通し，自らが培ってきた心理学の観点から何らかの示唆を与えられると考えたのである。簡潔に述べれば，経営の目標に心理的健康を掲げ，諸個人の心理的健康を実現すべく所属や承認の欲求を満たし責任ある仕事を与えること，その結果として，上司・部下，従業員・顧客を問わず心理的に健康であることがシナジー（二分法の超越）の発想や全体論的思考を生み，かくして，いい社会の構築が可能となる，というのが *Eupsychian Management* の論旨である。

現代社会において，諸個人の自己実現は経営・管理にかかっていることをマズローは見通したのであり，そしてまた，マズロー自身は十分に指摘していないが，経営の観点からも自己実現はきわめて重要であると言える。

2. マズロー「ユーサイキアン・マネジメント」の位置づけ

以上のようにマズロー理論の背景も含めてユーサイキアン・マネジメントを把握する場合，それをモチベーション論としてマグレガーらと同列に位置づけることはできない。

マズロー自己実現論とそこに立つ彼の管理論は，不十分な面があるものの，

部分＝科学とともに全体を統合的に把握しようとし，機能性とともに人間性を視野に入れた管理論を展開しているという意味において，フォレット・バーナードらと同様，本流（三戸，2002）に位置づけられると思われる。

　機能性と人間性の両者を実現する結節点としてマズローが考えたものが諸個人の心理的健康であった。この観点は組織社会たる現代においてきわめて重要である。組織社会においては，組織の経営・管理が社会の行方を左右すると言って過言ではないが，経営・管理とは組織における1人1人がいかなる意思決定を行うかという問題であり，そして，心理的健康を実現するとは諸個人がすぐれた意思決定力を身につけるということだからである[11]。C. I. バーナードやH. A. サイモンが明らかにしたとおり，組織は活動や諸力の体系であり，個人による意思決定の連鎖である。こう考えると，組織と個人をめぐる諸問題，すなわち，組織の機能性の実現・負の随伴的結果への配慮・諸個人の自由，これらの問題はすべて，最終的には組織内外の諸個人の意思決定によって積み上げられ実現されることになる。したがって，マズローが洞察したように，現代社会の諸問題は，根本的には，諸個人の心理的健康，意思決定の健全さの実現にすべてかかっているし，また逆に諸個人の自己実現は経営にかかっているのである。

　もちろん，意思決定の問題はバーナード，サイモン以来，経営学における中核的な問題であり続けている。ただし，その中で，経営学はサイモンの言う事実前提の重視に傾斜した理論を展開してきた。しかも，その事実は実証の可能な，この意味において客観的な事実を取り扱うものであり，人々をコントロールするという発想について特に問題視することなく議論が展開されてきた。これに対して，マズローは人間行動のコントロールという発想を批判して価値・事実の両面からアプローチし，かつ事実についても経験の重要性を踏まえている。マズローはそれを，現代社会の理解を背景にした人間存在の全体的把握をもって行ったのである。

IV.「ユーサイキアン・マネジメント」と「完全なる経営」

　では，以上のようなマズローが論じた経営を「完全なる経営」と呼ぶことははたして適当であるだろうか。結論から言うと，そう呼ぶことは可能であるが，次の2つの意味で適当ではないと考えられる。第1に，金井教授の規定する「完全なる経営」は，マズローの「ユーサイキアン・マネジメント」とは若干内容が異なると言える。第2に，マズロー自己実現論を踏まえたとき，また経営・管理とは何かを考えたとき，その管理論に「完全なる」と冠することは，その本質を見失わせる危険性があると考えられる。

1．人的資源管理論・組織行動論とマズロー自己実現論

　第1の点から見ていく。金井教授による「完全なる経営」論の中身は，簡潔に言えば，D欲求とは根本的に異なるB欲求を有する精神的に健康で自律的な人間モデルに立った管理論だと言える。すなわち，マズローの根本には，いい社会がいい人間を実現するという発想があり，いい社会を把握するときに，それをより具体的に把握しようとすれば企業をはじめとする組織体に注目することになる。1つにはここに，マズローが経営に注目した理由があった。そして，マズローの自己実現論・管理論は，いわゆる人的資源管理論，組織行動論にその後も揺るがない堅固な基盤を与えた。このように理解されるのである。

　以上の把握には，他の経営学者が行ってこなかった見事な洞察が示されている。それと同時に，マズローの発想が十分に反映されていないと思われる部分もあると思われる。順に見ていこう。

　まず，金井教授はそれまで経営学ではなされてこなかった洞察を示した。それは次の3点である。すなわち，「いい社会とは何か」「いい人間とは何か」および両者はどう相互作用しているかという問いをマズローがもっていたこと，「精神的健康」がマズロー理論の1つのキーワードであること，「自己実現はモチベーションの問題ではない」という理解を示したこと，である。ただし，これらの理解はそれぞれさらにもう1歩踏み込んで考えるべき余地を残している

と思われる。

　まず第1に，マズローの根本には，金井教授が述べられているように「いい社会とは何か」「いい人間とは何か」という問いがあり，「いい社会がいい人間を生み，逆もまた然り」という考え方が根底にある。そして，「いい社会がいい人間を生む」という考えの背後には，健全ないい社会のためにはいい人間を育てていく必要があるという考え方がある。ただし，これらの問いに対する金井教授の評価は決して高くないように見受けられる。というのも，こういった問いに対して「子どものような」「素直な小学生なら言いそうな」「単純素朴な」といった形容がなされているからである。これらの問いに対する重要性が見いだされているとはやや言い難い。

　もちろん，これらの問いを真正面からまともに受け止めることは簡単なことではない。「いい社会」「いい人間」と言っても，「いい」とは何かというきわめて難解な問題が残る。科学が価値を捨象しようとするのはそのためである。しかし，マズローだけでなく，人間性の問題について考えてきた多くの思想家が「いい人間がいい社会を生む」という考えを基底にもっていたのは確かである。古くは儒教においても，その基本思想とされる『大学』の序で「格物致知誠意正心修身治国平天下」と述べられていることは，まさにこの考え方を反映している[12]。また M. ウェーバーが官僚制の抑圧性を論じたのも，この考え方が背景にあると言っていい。そして，自由を論じたフロムやドラッカーにも，「いい人間がいい社会を生むのであり，したがっていい人間を育てなければならない」という考え方が基底にあると見ることができる。

　さて，「いい社会はいい人間を生む」「いい人間がいい社会を生む」という考え方を真摯に受け止める場合には，いわゆる組織行動論や人的資源管理論の堅固な基盤としてマズロー理論を位置づけることは簡単ではなくなる。両者は，必ずしもいい人間・いい社会を生むという発想を基底に据えているわけではないからである。

　この観点から考えてみると，マズローの理論を自らの理論の堅固な基盤とするために組織行動論・人的資源管理論が『ユーサイキアン・マネジメント』から受けとる必要のある主張は，マズローの行った「経営学が心理的健康を目的として掲げていない」という批判である。だが，組織行動論や人的資源管理論

IV.「ユーサイキアン・マネジメント」と「完全なる経営」 233

はこの点を受け入れているであろうか。マズローは，人間性の理解については，唯一ドラッカーのみを評価しているのである[13]。

第4章・第5章で示したとおり，マグレガーやアルダファーは，マズローに大きな影響を受けているものの，マズロー理論の延長線上にあるものとは言えない。もちろん，組織行動論はモチベーション論を含みながらも，そこに留まらず，リーダーシップ論や学習論などその領域は年を追うごとに拡大している。ただし，その枠組みはマズロー理論を基盤としているのではなく，受動・能動の別，変数の多寡はあるとしても，基本的にS-O-R図式（刺激－有機体－反応図式）に依っていると言える。いずれも，それがどう行動を生み出しているかには注目するものの，それが心理的健康にいかなる影響を及ぼすかを視野におさめてはいない。

人的資源管理論はさまざまな把握が可能である。旧来の人事管理論の延長線上に捉えることもできる。しかし，人事管理論から人的資源管理論へと名称変更が行われた背景には，人間を資源として把握しようという考えがある。ただ，この「人的資源」という考え方もマズローの発想ではない。もちろん，「人的資源」という把握に「人間尊重」を見る学者もいる。人的資源という考え方が，物的資源に対する人間の資源としての優位性を把握する考え方にも通じるからである。ただ，詳細を論じる余裕はないが，しかし，人的資源という把握は人間尊重にはならないということをここで少し述べておきたい[14]。

ジンマーマンによると，資源という言葉は「事物の機能・作用に関する評価」を表している（Zimmermann, 1951, p.7）[15]。すなわち，事物があるだけでは，それは資源ではない。そこに人間が機能性を見出すことができる限りにおいて，それは資源となる。すなわち，鉄は固いし，火は熱い。しかし，人間によって，その固さ・熱さが役に立つと判断されたとき，はじめて鉄も火も資源となる。逆に，他にその機能を代用できるものが発見されたり，その機能自体が不要になれば，それらは資源と見なされなくなり，捨てられることになる。

人間を資源と見る場合も同様である。人的資源という把握は，人間を機能性の観点から評価するものであり，機能性があるとみなされれば活用されるが，機能性がないとみなされれば廃棄されるのが「人的資源」というものである。

組織行動論・人的資源管理論が基盤とするS-O-R図式，人的資源の概念は，

いずれも「心理的健康の実現」を基底に据えたものではない。この意味において，これらは，マズロー理論の延長線上に位置づけるのは容易ではないのである。

マズローは経営学者の中でも特にドラッカーを評価した。そのドラッカーも自らの管理論を展開するにあたって「機能」を掲げてはいる。しかし，同時に「自由」も掲げ，「自由にして機能する社会」を展望し，そのための管理を論じた。ドラッカーにおいて自由とは責任ある選択であり，したがってそれは，自己にとっても他者にとっても良い意思決定の問題であって，マズローの言葉で言えば自己実現である。そして，その自由を掲げているがゆえにドラッカーも『マネジメント』において，マズロー同様「人間操作」という考え方を批判した。

2．自己実現と精神的健康

次に，金井教授が精神的健康という表現を用いたこと，また，自己実現はモチベーションの問題ではないという指摘について考えてみよう。

この2つの指摘は経営学においてまったく画期的なものである。ただし，そこには，それでは自己実現とは何であるか，精神的健康とは何であるか，またD欲求についてどう考えるかという問題が残されている。そして，これらの点について，金井教授は十分に触れていない。それは，金井教授が「自己実現がモチベーションの問題ではない」という認識をもっていたとしても，「マズロー理論がモチベーション論ではない」という認識をもってはいなかったことに起因していると考えられる[16]。

基本的欲求は5つであるが，それを分類する方法は2つありうる。1つは，B欲求かD欲求かの分類であり，もう1つは，高次欲求か低次欲求かの分類である。両者は似たようであるが異なる分類である（図表8-2）[17]。金井教授の「完全なる経営」は，B欲求を有する人間が仮定されているが，マズローのユーサイキアン・マネジメントが強調するのは「高次欲求」である。少々ややこしいが，高次欲求という場合，そこにB欲求は含まれるが必ずしもB欲求のみを指すわけではない。B欲求とは自己実現欲求のみを指す。つまり例えば，所属や承認の欲求は高次欲求ではあるがB欲求ではない。それらはD欲

図表 8-2　欲求階層説における欲求分類

基本的欲求	「B−D」分類	「高次−低次」分類
自己実現	B 欲求	高次欲求
承認	D 欲求	
所属と愛		
安全		低次欲求
生理		

（出所）筆者作成。

求である。マズローは，単にB欲求の重要性を強調しているわけではなく，D欲求たる所属や承認を含めた高次欲求を充足する重要性についても指摘しているのである。

　自己実現とは何であろうか。金井教授は「自己実現に「これだ」という正解はない」とされる。このためか「精神的健康」という言葉を用いていても，その意味するところは述べられていない[18]。確かに，「自己実現に「これだ」という正解はない」ということもある意味ではそうであり，各人が自由に発想できるという意味で魅力的な考え方である。しかしそれにもかかわらず，マズローにとっては正解があったと言わねばならない。なぜなら，彼にとって自己実現は個人的な概念ではなかったからである。彼は，現代社会，そこに生起する諸問題を背景に自己実現を語ったのであり，個人的観点を含みながらも社会的問題を解決する鍵概念として自己実現を論じた。この意味で，自己実現とは社会・個人にとって統合的な意思決定をなす力，心理的健康であるという視点が重要となる。

　もちろん，さきほどのマズローとドラッカーの関係性からもわかるとおり，自己実現の問題は自由の問題と密接な関係にあり，それは自由に発想する余地を必ずもっている。しかし，ドラッカーが述べた自由は，個人的な意味において，何でも好き勝手できるという自由とは異なる。それは責任ある選択であった。自由が責任ある選択であるのは，他者の自由も同時に尊重し，実現することを視野に入れていなければ，言い換えると，つねに自らの行為に対する「随伴的結果」を視野に入れていなければ，本当の意味での自由とは言えないからである。したがって，それは，まさに「権利」の問題ではなく「能力」，とり

わけ，意思決定の能力の問題となる。自己実現もまさにこの意思決定の能力の問題であり，それは，存在認識・存在価値に立ち，統合的意思決定を下していく能力であると言える。

自己実現を欲求として捉えている場合には，その「充足」が問題となるが，自己実現をこのような意思決定の能力であるという観点から考える場合には，それをいかに「育てる」かが問題となってくる。この意味も含めて，自己実現は実のところD欲求の充足に支えられている側面をもつ。欲求階層説は，個的であると同時に社会的であり，身体的であると同時に精神的な存在である人間をトータルに把握したものである。低次の欲求を満たさなければ高次の欲求は発現しないとしたマズローは，自己実現＝心理的健康の実現には，人間関係や身体的な健康も含めたトータルな健康が背景に必要だという認識をもっていたと言える[19]。ユーサイキアン・マネジメントが成り立つには，B欲求だけでなくD欲求に注目することも必要なのである。

ユーサイキアン・マネジメントからは，組織社会たる現代において，諸個人の自己実現が経営にかかっているということを読み取ることができ，また同時に，経営にとっても諸個人の自己実現はきわめて重要だと言えるが，金井教授の「完全なる経営」論はこの視点に欠けていると言うことができる。

3. 「ユーサイキアン・マネジメント」と「完全性」

自己実現が心理的健康，意思決定の能力の問題であるという理解は，先述の第2の点，マズロー管理論に「完全なる」と冠することについて考える際，重要となる。ここでの論点は次の2点となる。まず1つは，マズローの「ユーサイキアン・マネジメント」が「完全」なものと言えるかどうかということ，もう1つは，いかなる経営ないし管理であっても，それに対して「完全」と冠していてよいのかどうかということである。

まず，金井教授は『完全なる人間』にあやかって「完全なる経営」と呼んだとされているが，これは誤解を与えることになろう。マズローが「完全なる人間性（full humanness）」（Maslow, 1968, pp.vi-vii, etc.）について語ることができた理由は，彼が人間の「心理」について，フロイトなども踏まえてその不健康な状態について十分に知った上で，理想状態，心理的健康について徹底的に

追究してきたからである。しかし，これに対して「経営」の研究については本人が認めているとおり「初心者」であることは否めない。少なくとも，経営における現実的な困難がどこにあるかを踏まえた議論の展開ではない。マズローは，人間性についてはその十全な姿を語ることができたとしても，経営については必ずしもそうではなかった。

　もし「完全なる人間性」と同様の意味で，「完全なる経営」を語るとすれば，それはどのような経営であろうか。

　まず，「完全なる人間性」とは，対立・葛藤，すなわちコンフリクトを抱えていない状態ではない。むしろ，「二分法の超越」によって，それらを受け入れる力をもち，統合していく力をもつものである。経営においてこれが適用されるとすれば，組織の内外に，心理的に非常に健康な人もいればそうでない人もいる中で，またその他のさまざまなコンフリクトがある中で，それらを統合していけるときに，あえて言えばマズローが「完全なる人間性」と言った意味における「完全なる経営」を語ることができる。しかし，マズローの「ユーサイキアン・マネジメント」は，そうではなく，全員が自己実現的人間であるという仮定の下での管理論である。

　さらに，マズローの自己実現とは意思決定力の問題であること，および「経営とは何か」を考えるときには，それを「完全」と呼ぶことは憚られる。現代社会において，あらゆる組織を管理する上で考慮に入れなければならないのは，その組織の機能性とともに組織体が引き起こす随伴的結果の問題である。この観点からすると，マズローの「ユーサイキアン・マネジメント」は2つの意味で「完全」とは言い難い。

　まず第1に，マズローは組織における随伴的結果という問題を把握していたわけではない。さまざまな社会問題，価値の喪失という問題を念頭に自己実現を論じているマズローだが，それらの問題が組織によって惹き起こされているという認識をもってはいなかった。したがって，組織の随伴的結果という問題にどう対処するかを考える枠組みをもっていなかった。この問題を念頭においていない段階で，管理論に「完全」という形容を与えることはできないであろう。

　第2に，マズロー自身も自らの管理論に対して，「完全なる」という形容を

与えることは難しかったと考えられる。それは，随伴的結果の問題を想起する場合にはつねに「想定外」の出来事を念頭におかねばならないことになるが，*Eupsychian Management* における実存心理学（existential psychology）についての記述からは，存在認識についてのマズローの考えを窺い知ることができるからである。

　「私が実存心理学から学んできたことの1つは，人生の基本的かつ重大な問題の多くは解決することができないということである。そうした問題は，理解し，納得し，理由をつけることは難しい。ただ，そうした問題が存在する，というだけである。」(Maslow, 1965, p.194)

　ここでは，存在認識に立つときには，人間の限界を認識しなければならないこと，またさまざまな事象について，「完全」は想定できないことがわかる。人間はさまざまなことに挑戦し，それが現代においてここまでの豊かさ・便利さを実現してきたことは確かであるし，人間の限界を考えていては自分の行動にブレーキがかかり，いろいろなことに挑戦しにくくなることも確かである。しかし，「責任」を意識したときには，人間にとって何が大事であり，それを守るためにはどう考えなければならないかという視点をもつことも重要となる。「完全」と考えると，こうした観点からの思考は停まってしまう。真の意味での心理的健康とは，「完全」を仮定せず，人間には解決できない問題が存在し，それがつねに生起しうるということを考慮にいれることである。この意味では，ユーサイキアン・マネジメントは，それが自己実現的人間によるものだとしても，言うなれば試行錯誤の経営でなければならない。先述のように，マズローは Eupsychia という語に「完全」という意味を込めていない。単に，「可能性」が含意されるのみだと指摘している。諸個人の心理的な健康を実現すること，そして，そうした人々による組織を論じようとしたマズローは，自らの管理論を「完全」と呼ぶことはできなかったであろう。

V. おわりに

　マズロー自己実現論を経営学に取り入れるということは，個人の，モチベー

ションの問題としてよりも，社会と個人にとってよい，健全な意思決定を行っていく能力の問題として取り上げ，生かすということである。

マズローが自己実現論を展開することによって見据えていたものは，個々人の心理もさることながら，現代社会に生起する諸問題にどう対処するのかということであった。組織社会である現代においては，官僚制化した巨大な組織体による負の随伴的結果の問題に対処していく必要がある。組織とは諸個人の意思決定の連鎖であり，組織メンバー諸個人がどのような意思決定をするかが決定的に重要である。誰しも，少なからず何らかの形で組織の管理者なのであり，したがって管理者としての健全なる意思決定が少なからず求められるのが現代である。しかし，組織社会を現出させた資本制社会は，一方において人間の個人化・孤立化をもたらしたのであり，そのことによって人間の認識とその結果としての意思決定は，自らの基本的欲求＝基本的必要物に囚われるものとならざるをえなくなった。ここに，個人としての，そして管理者としての自己実現，すなわち心理的健康の実現の必要性が生じるのであり，自己実現は経営学において重要なキーワードとなる。

このような観点から考えるとき，マズロー管理論を「完全なる経営」と呼ぶのは不適当ではないだろうか。目的的結果に対して随伴的結果は必ず生起するのであり，それらをいつでも完全に想定することはできないがゆえに，何らかの経営・管理を「完全」と呼ぶことは危険である。そして，マズローの管理論それ自身にも完全とは言えない面があることは忘れてはならない。

経営・管理の問題を考える上で，自己実現はモチベーション以上の重要な意味をもっている。経営学こそがこの自己実現という問題に取り組まねばならない。

注
1）ただし，両者はまったく同じではない。単に，*Maslow on Management* には経営者のインタビューが収録されているということ以外にも，最も大きな違いは，*Eupsychian Management* にはあった実存心理学に関する2つの稿「実存心理学に関する覚書（Memorandum on Existential Psychology）」と「実存心理学に関する追記（Additions to the Notes on Existential Psychology）」が *Maslow on Management* では省かれているという点，eupsychian という言葉が *Maslow on Management* では非常に多くの箇所で enlightened という言葉に置き換えられているという点が挙げられる。後者については，その理由は明記されていないが，推測するならば，ベニスによる「新版へのまえがき」にその理由があると考えられる。ただし，*Eupsychian Management* において，

マズローは，eupsychian と enlightened を同義で用いていると思われる箇所もあるが，基本的には意図的に使い分けているのではないかと考えられる．
2）マズロー理論とマグレガー理論の根本的な相違性，アルダファー ERG 理論がマズロー欲求階層説を超えるものであるかについては第 4 章，第 5 章でそれぞれ論じている．
3）マズロー理論の経営学における評価の推移については第 1 章でもう少し詳細に整理している．
4）ホフマンは，マズローが影響を受けた人物の 1 人としてフロムを挙げる（Hoffman, 1988, pp.99-102）．もちろん，欲求階層説はフロムだけから影響を受けたものではない．欲求階層説が論じられる『動機と人格』の第 4 章「人間の動機理論」の冒頭で，マズローはフロムも含め，何名かの心理学者の名前を挙げている．ただ，マズローがどこまで自覚していたかはわからないが，フロムの理論との整合性はきわめて高いということは言える．
5）なお，バーリンはむしろ消極的自由の重要性について語っている（Berlin, 1969）．ただし，フロムの言う積極的自由・消極的自由とバーリンのそれは同じではない．また，バーリンは，フロムの自由論に反対意見を述べており，フロムが自由と活動を同一視するのに対して，自身は，自由とは行動それ自身ではなく行動の機会にあるとする．両者は共に全体主義を問題視しているが，フロムが議論の焦点に「健康」を据えているのに対して，バーリンの焦点はそこにはない．この点が両者の自由観の差異を生んでいると考えられるが，この点はさらなる検討を要する．
6）この点の詳細は，本書第 7 章を参照．
7）なお，ここで言う「健康」とは，近年語られるようになってきた「健康経営」における健康とは意味が異なる．第 2 章を参照．
8）紙幅の都合上すべては挙げられないが，より具体的には，例えば，自己・他者・自然の受容，自然性，問題中心的，自律性，認識の新鮮さの持続，等となる（e.g. Maslow, 1970, pp.149-180）．この点は本書序章で若干触れている．
9）なお，バーナードは，「協働に加わる人々の動機は，それが少なくとも社会的，生理的に条件づけられているという意味で，たいていの場合，生理的，社会的動機の複合体であるといえる」としている（Barnard, 1938, p.20）．
10）第 2 章で論じたように，このマズローの拡張された科学概念には，一般には「哲学」と呼ばれるものも含まれている．そこには，そうしたものまで含めて「科学」と一括りにしてよいかという問題が残る．
11）この心理的健康のより詳細な内容は，第 3 章を参照．
12）この点は，吉田松陰もこの考え方が原則だと述べている（『講孟箚記（上）』講談社学術文庫）．近藤啓吾の訳注によると，次のように説明されている．
　「その順序として，平天下（天下を平らかにする）のもとは治国（国を治める）にあり，治国のもとは修身（身を修める）にあり，修身のもとは正心（心を正す）にあり，正心のもとは誠意（意を誠にする．意識を誠実のものたらしめるように努力すること）にあり，誠意のもとは致知（知を致す．致すは推し極めること）にあり，致知は格物（物を格（きわ）める．道理を徹底的に究明すること）にあり，と説いている．」（『講孟箚記（上）』講談社学術文庫，25頁）
13）この点は，第 6 章で触れている．
14）この点の詳細は，拙稿「HRM と人的資源概念の変容」『日本経営学会誌』第 20 号，および「人的資源アプローチと人間尊重」『高松大学紀要』第 52・53 号で論じた．
15）もう少し正確に言うと，次のように述べている（Zimmermann, 1951, p.7）．
　「資源は，人間の評価を表現・反映したものである．」「"資源" という言葉は，事物や物質そのものを指した言葉ではなく，事物や物質の果たしうる機能，ないしその機能がもたらしうる作用を指した言葉である．すなわち，それは，欲求を満たすということのような所与の目的に到達するための機能ないし作用を表している．言い換えると，"資源" という言葉は，人間の評価を反映した抽

16) この点は拙稿「Maslow 理論の誤解をめぐって」で若干論じた。なお，金井教授は，「自己実現はモチベーションの問題ではない」という見解を，すでに 1997 年の「有能感，自己決定，フロー経験と自己実現」という論文において示されている。ここでは，「モティベーション論の再構築，脱構築」という金井教授の立場が示されている（金井,1997, 64頁）。
17) なお，「所属と愛の欲求」は「高次欲求」ではなく「低次欲求」に分類することもありうる。今回，「高次か低次か」は，ロビンス（Robbins, 1996）の分類に従った。
18) 厳密に言うと，まったく記されていないわけではない。例えば，次のように述べられている。

「消極的な定義では，本書でもあるように神経症や精神病への傾向をもたないことが精神的健康であり，それが自己実現に関わっていると定義される。」（金井, 2001, 406頁）

これ以外には，精神的健康の定義らしいものは記されていないようである。ここでは，まず第1に，消極的な意味として精神的健康が把握されている。第2に，ここでの記述でも示されているように，自己実現と精神的健康が同義とは把握されていない。
19) もちろん，マズローは「欲求充足から生じる病理」について言及しており，低次欲求の充足がどんな場合でも自己実現に導くということではない。

終章
マズローと経営学

　これまでの経営学はマズローをそのまま受け取ることをしてこなかったと言える。つまり，マズロー理論の本質を捉え，有効性と限界を把握するということをしてこなかった。経営学がマズローをそのまま受け取らなかったのは何故であろうか。

Ⅰ．経営学におけるマズロー

　正確に言うと，経営学はマズローの有効性と限界を把握しようとしてきた。その代表が D. マグレガーであり，C. P. アルダファーである。ただ，それらがマズローの本質を把握した上での有効性と限界の把握かと言えば，そうとはいえない。

　経営学はマズローの欲求階層説を取り入れたが，それは欲求階層説のもつ単純明快さゆえである。すなわち，生理・安全・所属と愛・承認・自己実現という5つの基本的欲求があること，そこに低次と高次の別があり，低次欲求の充足とともにより高次の欲求が発現していくという図式がきわめて単純明快なのである。

　これを活用して経営学においてモチベーション論，とりわけその内容論が発展することになる。例えば，マグレガーは欲求階層説を援用して X 理論・Y 理論を提起し，それまでの経営学が注目していた欲求を低次欲求であると規定することで，それに対する高次欲求への注目を促した。これに対してアルダファーはモチベーション論の観点から欲求階層説の不備を指摘し，より実証的な支持の得られるモデルを提起した。

いずれも欲求階層説が有する単純明快さゆえにこのような有効性と限界の指摘が可能となったのである。

5つの基本的欲求の中では自己実現が経営学の中で特別の注目をあびてきた。そして自己実現もその有効性と限界が把握されてきたと言えるし，その評価は一定ではなかった。

例えば，自己実現が欲求として，成長欲求や達成欲求等に置き換えられて捉えられている場合には，それは動機づけに役立つものとして把握され，取り上げられることになる。他方で，自己実現を欲求の中でも最も高次の欲求として捉える場合には，あるいはそれは理想であり動機づけに用いることは難しいとして，またあるいは実証による支持が得られないとして，取り上げられない方向へと向かう。

このように，確かに経営学はマズローの有効性と限界を把握している。しかし注意しなければならないのは，それらは，マズローの本質を把握した上での有効性と限界の把握ではなかったということである。つまり，それらにおいてマズロー自身の意図，なぜ彼が欲求階層説および自己実現の概念を展開したのかということは説明されない。そしてマズローの意図とは異なる，むしろマズローの意図とは真逆の意図をもつモチベーション論として援用され，かつその際にも欲求階層説全体を用いるのではなくその一部が用いられるに留まっている。

II．マズロー理論の本質とその現代社会における意味

1．欲求階層説

欲求階層説は人間にとっての基本的な need＝必要不可欠なものを捉えている。金井壽宏教授が「自己実現はモチベーションの問題ではない」と指摘された。実際には，承認欲求以下も含めた欲求階層説全体がモチベーションの問題とは言い難い。

マズローは自己実現すなわち心理的健康の実現を企図したのであり，それを人間の欲求を中心とした多面的な理解に立って実現しようとした。それは一つ

には，その欲求階層説に典型的に表れているように，生理・安全・所属と愛・承認・自己実現という基本的な欲求・必要物（basic needs）をどう充足させるかという問題であり，いまひとつには，人間性の問題，健全なる意思決定をどう実現するかという問題である。組織社会における個人は，職業人として，一個人として生きていると同時に少なからず何らかの組織の管理者として生きているが，このいずれの局面においても自己実現は必要となる。

　欲求階層説は，人間が生物・動物として必要なものから順にそれを欲求として示していく。まず，食べること・寝ることなどは人間にとって避け難く必要なものである。人間も動物の一種として，これが何よりも優先される。それは，低次であるから重要でないということにはならない。人間が生きていく上で不可欠であり，常に得ていく必要のあるものである。それは少々の危険を冒してでも得なければならないものである。だがそれらが得られるようになれば次には，可能な限り安全を確保しようとする。敵から身を守るべく，例えば，個人で言えば居を構える。こうしたことが可能となってくると，さらに，何らかの集団・組織の一員として所属できるかできないかが心配になってくる。所属できたとしても，今度はその中で自らの存在意義を確認したくなる。それはそうでなければ，いつ何時その集団・組織から追い出されるかわからないからである。そして，人間としての自分自身について可能な限りそうでありうるものであろうとする自己実現の欲求がある。

　マズローの欲求階層説は，人間の個人的・身体的な側面からその社会的側面・精神的側面をも捉えているという意味において現代社会における人間をトータルに描こうとする理論だと言える。

　かつて，5つの基本的欲求を階層で捉えるマズローの欲求階層説は次のように理解されていた。すなわち，昔と違って現代における人々は，衣食住など低次欲求は充足されており，これからの時代は高次欲求を充足していかねばならないということである。しかし，格差社会やブラック企業の問題，世界で頻発するテロとそこから派生する諸問題等々を見るとき，現代がそのような低次欲求が充足されている社会ではなくなりつつあることを思い知らされる。そしてあらためて，マズローが述べた生理・安全・所属・承認・自己実現のすべての欲求が基礎的なものであり，必要なものであるということを認識させられるの

である。

　欲求階層説は人間の基本的な必要物を抽出したというだけのものではない。それは，自己実現＝心理的健康の実現に至るプロセスを描いたものであり，同時に逆に言えば，何が人間の認識を歪めるのかを欲求の観点から明らかにしたものである。

　お腹が減る，疲れる，するとなかなか他人のことには意識が回らなくなる。子どもだけでなく大人でも，生理的な要因・欲求が人の認識を惑わせるということは確かにある。安全の欲求も同様であり，それまでどれだけ高次欲求の段階にあったとしても，法や秩序などが脅かされ混沌の脅威があるときには，マズローが指摘したように安全欲求に後退し独裁政治等を許容するようになるのは現代の世界的動向がそれを示している。現代社会におけるさまざまな犯罪も失業や正規の職が得られていないこと，すなわち所属の欲求が充足されていないことと無縁と言えるであろうか。そして人間は承認が得られる場を探し求めるがそれ自体は必ずしも健全なものではない。例えば，オウム真理教の行動もそこで得られる承認が大きな力を発揮していたことは疑いないし，これほどインターネットであらゆる人が発信し，いわゆるバッシングが横行するのも現実世界で承認を得ることが容易でないからこそである。

　このような欲求階層説を，モチベーションの観点から捉える場合には現代社会における人間を把握する上で不備が出てくる。

　欲求階層説は人間にとって何が必要かを問うている。これに対して，「行動を方向づけ，強化し，持続させる」ことを旨とするモチベーション論は，組織が機能する上で，効率性も考慮に入れながら，どのような欲求に働きかける必要があるかを問うことになる。モチベーション論においては，低次欲求の充足は軽視されることになる。現代において組織に求められるのは不断のイノベーションであり，そうしたイノベーションを担う人材こそが，組織の機能性に貢献する，価値の高い人的資源ということになるが，こうした人々を組織にとどめ動機づけるには低次欲求の充足では不十分だからである。

　しかし，低次の欲求として示されているものは，どれだけイノベーションを担う人材が高次欲求に動機づけられているからと言ってもそれをもって人間に不要となるものではない。生計の資があるということ，安全・安心であるとい

うこと，社会における何らかの地位・役割を得ているということは，それがイノベーションを担う人材であろうとなかろうとあらゆる人が必要とするものであり，組織社会である現代においては組織が，従業員であり消費者であり地域の構成員でもある諸個人にそれを提供しまたその提供が阻害されてはならないものである。

2. 自己実現の概念

　自己実現の概念はどのような意味を現代社会において有しているであろうか。

　経営学が取り上げてきた自己実現は，「欲求」としてのそれである。ただしこのような自己実現の捉え方もまた，動機づけ＝モチベーションの問題として，人事管理の，人々を動機づけるための技法的な武器として自己実現を取り上げることになる。

　自己実現とは，この「欲求」の問題に尽きるであろうか。「自己実現」は，M. P. フォレットの言葉を借りれば，「生きる（life）」ことと直結した概念のはずである。

　例えばフォレットは，『創造的経験』において次のように述べている。

　「どんな経験もその活力の試金石は，次の点にある。すなわち，経験自らが生み出していく相異性を，一つの生き生きした，生成し続けていく活動へとまとめ上げていく力がその経験にあるかどうかなのである。われわれは，豊かに多様性をもつ経験を探し求めている。すなわち，あらゆる相異性が他者を強化し，補強するような経験である。精神と精神の相互浸透を通じて，相異性は，より充実した生（the greater life）の中で保持され，その効果が高められ，そして調和されることになる。このより充実した生こそがまさに経験の成果である。」(Follett, 1924, p.302)

　豊かな多様性，多様性が他者を強化し補強する経験，この意味でのより充実した生が自己実現と言えるであろう。マズローもこのような自己実現を思い描いていたはずである。マズローが考えていたことは，人々をどう動機づけるかということではなかった。それはむしろ，マズローが忌避していたことであり，人間としてどのように生きるか，どのような社会を実現していくかという

観点からアプローチされた概念が自己実現と言える。

　自己実現とは心理的健康の実現であり，健全なる意思決定を為す力を身につけることである。自己実現が容易でないのは論を待たない。いつかその域に達することができると自信をもって言える人も相当に少ないであろう。しかし，組織社会たる現代においては，それが一個人の充実のために必要となってくるし，また同時にそうした諸個人は誰しもさまざまな組織の何らかの管理者として健全な意思決定が求められる存在である。

　意思決定は２つの意思決定前提を材料とする。価値前提と事実前提である。健全なる意思決定の問題もこの二側面にまつわるものとなる。

　マズローは，現代社会を「没価値状態」に陥っていると評した。現代において，人々はますます何が正しいのかを考えることのない状態で生きることとなっている。ネット社会となり，国家，企業，大学，その他さまざまな組織において「リーダーシップ」の名の下に，トップの専制が是とされて，諸個人はますます根本的に考えることができなくなっているのである。だが，あらためて考えてみると，何が正しいのか，何がよいのか悪いのか，そうしたことを考えることなくして充実して生きるということができるであろうか。

　そして，管理者としても，何が正しいか，何がよいか悪いかを考えることなくして，責任ある意思決定を下すことはできない。

　現代においては，さまざまな企業不祥事，先述の格差社会，ブラック企業等々，また，温暖化や微細プラスチックなどさまざまな自然環境破壊の問題を見る。それは，組織の官僚制化・科学的管理の展開によって現代において得られることとなった非常に大きな機能性とともにもたらされる負の随伴的結果の問題である。

　こうした問題は，組織社会たる現代において，人間が個人であると同時に管理者として，組織を機能させるだけでなく組織的意思決定にまつわる諸種の随伴的結果の問題にも対処しなければならないことを示唆する。言い換えると，このことは，組織における健全な意思決定をどう実現するか，一つにはこの意味での自己実現が社会的な課題であり，経営学の大きな課題の一つであることを意味する。

III. 経営学と「人間操作」問題

　経営学においてマズローはそのまま受けとめられることはなかった。それは何故だろうか。
　人間を人間として把握するよりも，組織目的の達成のための要素として，人的資源として捉えてきたからだと考えられる。そのように考える場合には，人間を資源として如何に有効活用するかが問題となる。他の物的資源と同じく，それが確認される範囲においてその機能性を最大限引き出す方法が模索され活用されることとなる。
　そこには「人間操作」という問題が存在する。
　C. I. バーナードが喝破したとおり，組織は活動の体系である以上，経営学は人々からさまざまな活動をどう引き出すかに腐心することになる。官僚制・科学的管理の展開は，このためのいわば努力の結晶であるし，モチベーション論はその代表であるとも言える。
　だが，そこに弊害はないのであろうか。マズローの欲求階層説・自己実現論は，経営学が抱える人間操作による抑圧性の問題をあらわにする。この「人間操作」という問題は，経営学の中で取り組むべき問題でありながら，これまで必ずしも十分に取り上げられてこなかった問題である。これまで経営学においてマズロー理論を援用してきたモチベーション論は，現状，この「人間操作」という問題に対して，あえて言えば無頓着な状態にあったと言える。それに対して，むしろこの問題に向き合い，洞察してきたのがマズローであった。
　現代においては，先ほど述べたとおり，世界的にトップの専制が是とされる傾向を見てとることができるが，それは，言い換えると，国家，企業その他の組織において，人間行動をコントロールするということが行われているということ，またそれが支持されてさえいるということである。このいわば全体主義的な傾向を見るとき，「人間操作」の問題は決して軽視されてはならない問題と言える。
　モチベーションの問題は，「行動をいかに引き出すか」「やる気をいかに引き

出すか」にある。これ自体は，きわめて重要な問題であるし，これ自体が容易な問題ではない。しかし一方で，行動・やる気は引き出せばいいというものではない。例えば，最近，再びオウム真理教が注目された。麻原彰晃は，きわめて優秀な人々のやる気を大いに引き出した。その一つの結果が地下鉄サリン事件である。このことは，やる気を引き出すこともさることながら，一人一人の個人が人間としてどのように考え判断するか，その力を如何に養うかという問題がきわめて重要であることを示唆するものである。

　また，人間操作という発想，やる気を引き出すという発想だけでは諸個人の欲求充足それ自体，すなわち基本的な必要物の充足それ自体が必ずしも重視されなくなる。基本的欲求を用いてやる気を引き出そうとすれば，それは基本的欲求の充足をめぐる競争を用いることになり，勝者の欲求は充足するが敗者の欲求は充足しないということになる。有期雇用者，生活保護のますますの増加において表れているように，現状は生理的欲求・安全の欲求・所属の欲求について誰もが持続的に満たされる状態にあるとは言えない。それは基本的欲求の充足それ自体が重視されることなく，基本的欲求の充足が動機づけの範囲内でのみ用いられようとすることから生じるものである。

　こうしたことは，経営学において「人間操作」という問題についてあらためて考える必要性を示すのであり，自己実現＝心理的健康の実現と人間の基本的な必要物の充足という，モチベーションの領域に収まりきることのない問題を提起するものである。

IV. マズローと経営学

　経営学においてマズローはそのまま受けとめられることはなかったと言った。ただし，経営学においてそうした学者がまったくいなかったかと言えばそうではない。その代表がP. F. ドラッカーである。そして，マズローもまたドラッカーを認めていた。2人はともに，諸個人の自由・自己実現を，社会・組織の機能性を視野に入れながら展望した。ただし，マズローはドラッカーに比べて管理論の現実性においてやや欠けるところがあったことは否めない。そし

てまた，マズローは管理論においては，自己実現＝心理的健康の実現という考え方が十分に貫かれていない部分があった。ドラッカーはマズローに共感しながらも，その点を鋭く指摘したのである。

ドラッカーは自由にして機能する社会を展望し，そのための制度としてマネジメントを位置づけた。それは，全体と部分を統合的に把握する哲学的接近を用いて，規範と理論を追いながらその統合物としての技術を展開し，機能性と人間性を同時に追求したという意味で，経営学の本流に位置づけられる（三戸，2002）。これに対して，科学的接近を用いて組織の機能性のみを追求する経営学の主流が存在する。科学的接近とは対象に対して要素分解・要素還元的に接近していくものである。

ドラッカーとマズローは根本的な部分を共有していた。典型的には，マズローもドラッカーも「人間を操作する」という発想に立つ科学を批判した。

人間操作を目的とする科学について，マズローはこれを「正統派科学」の問題として捉えた。彼は，手段中心主義からの脱却を説く。科学の正統派は「科学的客観性」を追求し，妥当性（validity）や信頼性（reliability）のある方法を採っているかだけを重視することになる。何が大事であるかということ，つまり価値を問わず，また人間自身の経験を軽視することになる。そして，現実の世界においても，この科学に立った法・規則が定立され組織が運営されていくことになる。

これに対してマズローは，「配慮から生まれる客観性」の存在とその重要性を説き，科学に価値と経験を取り入れた科学概念の拡張を提起したのである。

マズローは科学概念の拡張と言ったが，果たしてそれを「科学」と呼んでいいかはわからない。これは実質的には，全体と部分を統合的に把握する哲学的接近を科学的接近とともに用いるということだと言える。ある意味でマズローはこのアプローチを採り，理論・規範・技術を統合的に展開して機能性と人間性を同時に追究したのであり，それは経営学が進むべき道を示している。

経営学がマズローをそのまま受け取ることをしなかったと述べたが，それは経営学における主流であった。経営学における本流，マズローが活躍していた同時代にも生きていたドラッカーは，マズローの根本的な意図を汲み取り，その延長線上に立った管理論を提案し，またマズロー管理論に存する不備を暗に

指摘した。

　ドラッカーの指摘から考えても，マズローが本流として十分であったとは言えない。特に管理の機能性の側面についての把握には不十分さが散見される。しかし，経営学を人間の学として考え展開しようとする場合には，マズローを，その欲求階層説，自己実現をそのまま肯定し受け取ることになる。もちろん，マズローに存する現実性についての不備は補っていかなければならない。そのような経営学は，より人間的・倫理的なものであり，機能的にも決してマイナスにはならないものである。

　マズローは，これで十分とはまったく言えないものの，人間とは何か，社会とは何か，組織がいかにあるべきかを問いかける。マズローが提起する問題は現代的であると同時に，経営学においてこそ問われるべき問題である。

付　翻訳：A. H. マズロー「心理学の哲学」(1957)

(訳者付記)

　これは，A. H. Maslow (1957) "A Philosophy of Psychology" (Fairchild, J. E. (ed.), *Personal Problems & Psychological Frontiers*, Sheridan House, pp.224-244.) を訳出したものである。なお，この論文の初出は，1956年の *Main Currents* 13巻とされている。しかしながら，この雑誌は日本での入手がかなり難しく，1年後に出版されたFairchild編の上記書所収論文を参照することとした。

　この論文については私の知る限り未だ訳出がなされていない。

　マズローはこの論文を重視していた。彼の執筆目録を見ると，彼はこの論文をさまざまな雑誌や本に8回も転載している。彼の論文のうち，この論文以上に転載されているものは，1943年に書かれた論文「人間的な動機理論 (A Theory of Human Motivation)」以外にない（"Bibliography of the writings of Abraham Maslow" in Maslow, A. H. (1987) *Motivation and Personality 3rd ed.*, Addison-Wesley Educational Publishers. 参照）。

〔凡例〕
● 原著のイタリック表記には，傍点を付している。
● 原文に注はないが，適宜，訳注を付した。

A. H. マズロー「心理学の哲学」

　私は本稿を，信条を述べることでもって，つまり個人的な信念の表明でもって始める。私はこれまで，この方法でまったく成功したことがない。というのも，あまりに生意気に聞こえるからである。しかし，私は今こそがこうした表明を為すべきときだと思う。

　かなり無遠慮に述べるとすれば，私は，世界が心理学者によって救われるか，あるいはまったく救われないかのいずれかであろうと考える。心理学者は今日生きている人びととの中で最も重要な存在であると思う。人類の運命は，今を生きているどんなグループの人びとよりも，心理学者の双肩にかかっていると思う。人間の幸せと不幸せを構成する，戦争と平和，搾取と友愛，憎しみと愛，病気と健康，誤解と理解という重要問題のすべては人間性（human nature）のよりすぐれた理解にだけは負けるだろう，と私は考える。医術や物理や法律や政治・教育・経済・工学・ビジネス・産業は道具立てに過ぎない。強力な道具立て，強力な手段であるが，目的ではない，と私は考える。

　私は，心理学者が心を傾けるべき究極の目的は，人間的充実・人間的向上・成長および幸せ（human fulfillment, human betterment, growth and happiness）であると思っている。しかし，これらを実現する手段——産業や生産力など——の方はというと，それはすべて，悪い人間の手にかかれば悪くなり，よい人間の手にかかってのみ，よいもの・望ましいものとなる。悪い人間の不健康さを癒す唯一の道は，よい人間を生みだすことである。よい人間とはどんな人間であるかをよりよく理解するために，何がよい人間を生みだすのかを知るために，そして悪を治癒し善を開花させるために，我々は悪とは何であるか，善とは何であるか，すなわち心理的健康（psychological health）とは何であるか，心理的不健康（psychological sickness）とは何であるかを知る必要がある。そして，これこそが心理学者の仕事である。

　それゆえ，私は，心理学者たる自分自身を重要な人間であると感じている。

私は，私に授けられているこの神の賜物を幸運に感じているということを告白しなければならない。私は，心理学者であることは，最も魅惑的な人生がそこにあるということだと思っている。実は，私は最近，私自身が（これは懺悔でもあるのだが），ひそかに，無意識のうちに，心理学者ではない人間に対して優しくしていることがわかった。それは，自分の幸運についてあまり見せびらかしたくない金持ちのようなものである。

心理学者は幸運と考えられなければならない。それにはいくつかの理由がある。まず，心理学者はのぞき魔であることや自分たちが出会うすべての人びとに無礼な個人的な質問をすることが職務上許されている。（私は人を最も恥ずかしがらせるような質問をすることができる。そのとき私は言うのだ。「あの，これは心理学的な調査です」。そうすると，誰もが私に返答をしてくれるのである。）それだけではない。心理学者は世界で最も魅惑的な対象，つまり人間（human persons）を扱うことができ，さらに自分たち自身の行う研究，自分たち自身の科学的な仕事によって，自分たちの抱える人間としての個人的な問題さえ，より能率的に解くことができる。それだけでなく，心理学者はあらゆることを重要であると感じることができる。心理学者が発見するあらゆることが100万倍に拡大されるだろう。人間性についてさらに学ぶことだ。それは，必然的に人類に関するすべての研究，すべてのその他の科学・法律・歴史・哲学・宗教・産業についてより学ぶことになる。これらのすべては，本質的に人間が生み出したものである。人間について知れば知るほど，よりその人間が生み出したものについて知ることになるし，よりその生み出したものを操つることができ，また生み出したものがよりよいものとなる。法律の研究・教育の研究・経済学・歴史の研究に対する基礎は，人間研究の向上（improved study of human being）であるべきである。人間こそが法律を作り，歴史を作るのである。パウル・ヴァレリー（Paul Valery）はそれをうまく表現している訳注1)。「心が問題になっているなら，そのときはすべてのことが問題になっているのだ。(When the mind is in question, everything is in question.)」

ここまで見てきて，私が心理学者の召命（call）について特別の概念をもっているということ，心理学者が有する使命（mission），天職（vocation）についての私の考えは，まったく明らかであるに違いない。私は，心理学者には，

他の科学者にはないルールと責任があると考える。それが，やや救済者的なもの（Messianic）に聞こえることを私は知っている。しかし，私の理由づけはきわめて単純である。今日，我々の最も差し迫った，喫緊の課題は，人間の弱さ・悲しみ・強欲・搾取・偏見・軽蔑・臆病・愚かさ・ジェラシー・わがままさに起因する人間的な問題である。これらはすべて，人間の不健康さ（human sicknesses）である。我々はすでに，我々がそれらを一つのものとして一度に扱う場合にのみ，これらの不健康さを治すことができるということを知っている。これこそが精神療法（psychotherapy）の過程である。精神分析（psychoanalysis）は一つの特殊な奥深い治療法であって，それは十分な時間とお金と技能があれば，これらの問題を何とかすることができる。これらは，本来，治療できる病気である。

　新たな戦争によって我々が滅びるとすれば，あるいは冷戦が拡張されて緊張と神経症と心配が続くとすれば，これは我々が自分自身を理解していない，そして我々がお互いを理解していないという事実のせいである。人間性（human nature）を向上させるのだ。そうすれば，すべてが改善する。

　しかし，人間を向上させるには，まずは人間を理解しなければならない。そしてここが問題なのだが，可能な限り単純・率直・不可避なものとして人間を理解しなければならない。我々は，まだ人びとについて十分に知らない。ここにこそ心理学者が直面する課題がある。我々は心理学を必要とする。考えうる他のどんなものよりもそれを必要とする。爆弾や宗教や外交家，浴槽や工場，生産性よりも心理学を必要とするのである。身体的な健康，新たな薬品以上に，我々は人間性の向上を必要とするのである。

　その上，我々はすぐにそれを必要とする。私はこれについての歴史的な緊急性を感じている。時間は浪費されており，歴史という犬がいつも我々のすぐ後ろで吠えている。戦争がそのうち我々の周りで起こるかもしれない。

　こう考えてくると，心理学者は聖職者がもつべきであるということと同じ意味における召命を有している。心理学者はゲームを遊んだり，自分自身を思いのままに満たす権利をもたない。心理学者は人類に対する特別の責任を有する。心理学者は自らの肩に乗る義務の重さを感じるべきである。それは他の科学者には必要とされていないものである。そして，心理学者たる者は，使命の

感覚，献身の感覚をもつべきである。

　この信条における別の点は，とても重要なものである。私は心理学者という言葉によって，あらゆる種類の人びとを意味する。心理学の教授だけに限らない。人間性のより真なる，より明確な，より実証的な概念を発展させることに関心があるすべての人を，そしてそのような人だけを含む。ということは，多くの心理学の教授と精神療法医を除外するということである。私は，一部の社会学者・人類学者・教育者・哲学者・芸術家・新聞記者・言語学者・ビジネスマンを含めるだろう。つまり，この方向に向けられている人はどんな人も含めるのである。私が相当に深遠で，重要な課題（task）と考えているこの課題を実際に自身の肩に負わせている者ならば誰でも含めるのである。結局，クレマンソーの言葉を言い換えるならば，「心理学は心理学者に任せておくことができないほど重要なものである」訳注2)。

　最後に次のことを指摘しておきたい。心理学は科学として幼く，我々が知る必要があることに比してほとんど知られていない——知られていることはみじめなくらい少ない——（心理学者はわずかにこれがどのくらい少ないかを知るのみである）ので，そして責任の重さが心理学者の肩に重くのしかかっているので，よい心理学者は謙虚な人であるべきである。心理学者は，自分がどのくらい多くのことを知るべきであり，自分が実際に知っていることがいかに少ないかということを相当意識的に知っておくべきである。不幸なことに，あまりに多くの心理学者が謙虚でなく，その代わりに傲慢である。そうした人々はすべての答えをもっている。そのゲームが何であるか，そのスコアはいくつであるか，それがどのような結果になりつつあるかを自分が知っていると相当の確信をもって感じている傲慢な心理学者や精神科医ほど大きな危険はない。我々はそのような人間を警戒しなければならない。そのような人間はまったく危険な存在である。

　それではここで，心理学を向上させていくための具体的な提案をしよう。次のものである。

　1. 心理学はより人間的であるべきであり，より人間性（humanity）の問題と関わるべきであり，そしてギルド（guild）の問題との関わりをより少なくするべきである訳注3)。

付　翻訳：A. H. マズロー「心理学の哲学」(1957)　257

　悲しいことは，学生はほとんど常に，これらの人間的な関心をもって心理学にやってくる。学生たちは人間について知りたいのである。自分たちを嫌なやつにしてしまうものを知りたいし，自分たちがいかにすれば向上するのかを知りたい。学生たちは愛・嫌悪・希望・恐れ・恍惚・幸福について，生きていることの意味について理解したい。しかし，そのとき，これらの大きな期待や切望に対してしばしばなされていることは何なのか。ほとんどの大卒の教育課程，ほとんどの学部学生向きのコースでさえ，これらの主題から顔をそむけている（私は私の書棚にあるどんな心理学の書物の索引にも「愛」という言葉を見つけることさえできなかったし，結婚に関する言葉も見つからなかった）。それらの言葉は不明瞭・非科学的・観念的・神秘的だと言われる。その代りに得られるものは何であろうか。無味乾燥な骨である。テクニックである。精密さである。学生を心理学へと誘なうそもそもの関心を満足させることのほとんどないちっぽけな事実の巨大な山である。さらに悪いことに，こうしたちっぽけな事実の山が非常に多くの場合，首尾よく，学生にあたかも自分たちがどういうわけか非科学的であったと恥じ入らせるようにしようとする。そしてしばしば，ひらめきが失われ，青年の素晴らしい衝動が失われ，そして学生たちは，そのすべての先入観，正説をもって，ギルドのメンバーであることに落ち着くのである。創造性は勇気・大胆さ・非正統性・高い使命の感覚・預言者的な感覚・人道主義的な献身に向かう。冷笑的な態度で締めくくるならば，私はぞっとするが次のことを告げねばならない。心理学におけるほとんどの大学院の学生は，博士号のことを用心深く「会員証（union card）」と呼び，自分たちが学位論文の研究を進めることを楽しむことなど期待していないのである。それを名誉よりは不愉快な仕事として，自分たちが仕事を得る手段を手に入れるための何ものかとしてみなす傾向がある。

　善良な心をもつ教養人のうちのどんな人が博士論文を読むというのだろうか。あるいは，心理学の基本テキストを読むだろうか。テクニカルな心理学者が承認する心理学の本で，読者に私が薦めうる本はあまりに少ない。人間をよりよく理解し，あなた方自身，あなた方にとって重要な人びとの理解を助けると私が考える唯一のものは，厳密でも，正確でもなく，非科学的ではあるが，臨床的なものである。それらは，科学的な心理学者からというよりも，精神治

療学の伝統から来ている。例えば，私はフロイト（Freud）や新フロイト学派（neo-Freudians）を読むことを薦めるが，フロイトが今日の心理学において博士号を取得できたかは疑わしい。あるいは，彼の著作のいくつかは博士論文として受け入れられないだろう。わずか数カ月前に，心理学の標準的なジャーナル上でその編集者はフロイトを骨相学になぞらえた[訳注4]。フロイトは，少なくとも読者の視点，ギルドのメンバーでない者の視点からみれば，これまで存在する中で最も偉大な心理学者であるが，その心理学者が骨相学になぞらえられてしまうのである。

　フロイト，アドラー（Adler），ユング（Jung），フロム（Fromm），そしてホーナイ（Horney）の代わりに提供されるものは何なのか。美しく仕上げられ，正確で，優雅な実証は，少なくともその半分は，朽ちることのない人間的な問題と関係がない。そして，それらは人類を第一として書かれたのではなく，ギルドの他のメンバーのために書かれている。それは，動物園で，そのカバはオスかメスかを飼育係に尋ねる女性を思い起こさせる。「マダム」と言って，その飼育係は答えるのだ。「私にはあれが別のカバだということだけが重要だと思われます。」

　心理学者は人類の片腕，人々の手助けになる者たちであり，そうあるべきである。心理学者は今生きているすべての人間，そして将来に生きているだろうすべての人間に対して義務（obligations）・責任（responsibilities）・務め（duties）を有する。心理学者は研究所の一角で子供じみた自己性愛のゲームをしている権利を有してはいないのである。

　2．心理学は哲学・科学・美学の研究に，しかしとりわけ，倫理と価値の研究にもっと頻繁に立ち戻るべきである。私は，心理学が表向きは自らを哲学から切り離していることを遺憾に思う。なぜなら，これは悪い哲学のために良い哲学をあきらめることを意味するにすぎないからである。生きているすべての人間は，哲学をもっている。それは批判されておらず，添削されておらず，改善されていない，無意識的なものである。もしその哲学を改善したいならば，そしてその哲学をより現実的で，役に立つ，豊かなものにしたいならば，その哲学に対して意識的にならなければならない。そしてそれを研究の対象とし，批判し，改善しなければならないのである。ほとんどの人びと（そこにはほと

んどの心理学者も含まれる）は，これをしない。

　そうである。私は，科学の哲学（philosophy of science）以上のことを語ろうとしているのである。私は，価値の研究，科学が科学である理由の研究，科学が何のために存在するかの研究について語ろうとしている。科学はともかくどこから来たのか。なぜ我々は科学にこれほどの時間をかけるのか。科学において何が我々のためになるのか。そう，私は美の哲学・創造性の哲学・神秘的経験の哲学を語ろうとしているのである。それは，人間が経験できるものの中で最も高次で，最も深遠な経験である。（私はそれらを至高経験〔the peak-experiences〕と呼ぶ。）これは，底の浅いもの，ごちゃごちゃした研究を避け，志を適切に高いレベルに設定する方法である。もし科学の聖職者自身が限定された，表面的な目標をもつ小さな人びとであるなら，そのときには科学の宗教（the religion of science）もまた小さく，取るに足りないものになるであろう。

　あまりに多くの心理学者が自らの科学の哲学を探して19世紀の数学者や物理学者に向かう。そして，その数学者・物理学者を単純に真似る。多くの心理学者がそうする理由は明らかであって，数学や物理学が成功したからである。つまり，数学や物理学がいかにして成功したかを示し，だから数学や物理学を模倣しよう，そうすれば，我々も成功するであろうと言うのである。しかし，これは相当愚かなことである。科学としての心理学は揺籃期にあり，それ自身の性質（nature），問題（problems），および目標（goals）に合わせて，自らの哲学と方法論を作り上げねばならない。子どもは，その父親の靴を履き，パイプでタバコを吸い，低音でしゃべろうとしても大人にはならない。その子どもは，既に成長していると自らに信じさせるのではなく，現実に成長しなければならない。

　と言っても，私は今，哲学の博士をヒーローにしようとしているのではない。哲学者はおそらく心理学者（あるいは物理学者や化学者）より良くも悪くもない。つまらない心理学者（あるいは化学者や詩人）と同じくらい多くのつまらない哲学者がいる。それでも哲学という領域には，人間の思想（human thought）における洞察・向上・前進についての多くの論点が生まれてきている。もし偉大な哲学者を知らないとすれば，その心理学者は，結局，謙虚であるよりもむしろ横柄に，深遠であるよりもむしろ取るに足りない存在に，創造

的であるよりも反復的な存在になりがちである。そしてそうした心理学者は，うわべを飾り立てた科学者の"まねをする""子供の"努力を実践しようとし続けがちである。うわべを飾り立てた科学者は，白衣を着て厳格でたくましい表情をしながらも，切られて血を流す思いをすることはない。

多くの心理学者の欠点は，人間のまったく一部分を研究することで満足し，実に徳や望ましいものをその人間の一部分から作り出すことさえしているということである。心理学者たちは，自らの果たすべき課題が究極的には人間全体，一般的に言えば人間性（human nature）の，まとめ上げられた，経験的な基礎に立つ概念（a unified, empirically based conception），すなわち人間性の哲学（philosophy of human nature）を我々に与えることだということを忘れている。

しかし，この課題を果たすには，勇気を奮い起こして，確実性という狭いプラットフォームから遠ざかるための思い切りと視野と意志を要求する。このような確実性のプラットフォームは狭いし，狭くなければならないものである。その理由は簡単である。我々は，人間性についてまったく十分には知らないからである。この人間性についての知識が決して知識の小さな欠片でないことは確かである。

このことに関して悲しいことは，すべての人が，1歳の子供でさえ，人間性の概念をもっているということである。人びとがいかに振る舞うか，人びとに何を期待するかの理論なくして，生きることは不可能である。すべての心理学者はどんなにその人が実証主義者で，非感傷的で，反理論的であると主張しても，それにもかかわらずその人の本質の隠された部分に満開の人間性の哲学をもっている。それは，あたかもその人が中途半端な地図で自らを導いているようなものである。この中途半端な地図の存在は，その人が否認し，否定するものであり，それゆえそれは新たに獲得された知識によってずかずか入り込まれたり，それによって修正されようとしても，絶対に影響を受けないものである。この無意識の地図あるいは理論は，その心理学者の態度（reactions）や期待（expectations）を実験室で獲得された実験的知識以上のものに導くことになる。

こうなると，問題は心理学の哲学をもっているか否かを越えて，意識的に心

理学の哲学をもっているのか，それともそれが無意識的であるのかということになる。

　我々が心理学者から学んだもう一つの真理は，もしあなたが時間を浪費したくないならば，地図をもたねばならないということである。次のように述べることは賢明なように思える。「結局，事実（facts）は事実であり，知識（knowledge）は知識である。すべての種類の事実を一つ一つ積み重ねよう。しかし，それらが妥当であり信頼できるということを確かめ，そして我々は未知のことをゆっくりと少しずつかじるだろうということを確かめながら。ゆっくりと，しかし確実に。理論で，つまり確かな事実だけで満足することはしないようにしよう。」

　しかし我々は今，ほとんどの事実，もしかしたらすべての事実は，ある理論の表出（expression of a theory）であるということを知っている。人類学者，特に言語学者は，ある対象に「あれはイスだ」とか「あれは人だ」と名づけることさえが世界観の表出であること，そしてそうした言明を本当に理解するためには世界観を知らなければならないということを証明している。

　これは研究上の細かな作業に反対する訴えでは決してない。そうでないことは，私自身の研究上の細かな作業が証明していることである。幅広い諸問題のすべての対立は，やがてそれ自身小さな欠くことのできない実験に成り下がるし，これらの実験はもちろん，しっかりと，我々が方法を知る限り慎重になされるべきである。もし実験結果があなたに確かなものをもたらさないとしたら，実験することにどんな有用性があるのだろうか。結局，実験者（experimenter）や調査者（researcher）は最高裁判所であって，すべての理論はこの裁判所の眼前でテストされるし，されねばならない。

　我々は人間について確かなものをあまりにも少ししか知らないので（我々が知るべきであり知りたいものに比して），直観（intuition）・共通経験（common experience）・知恵（wisdom）・知性（intelligence）および洞察（insight）はすべて非常に重要なものとなる。愚かな人間でさえ，確かな事実が十分に存在すれば理解ができるが，そうした事実が存在しなければ，生まれつき鋭く，賢明な者だけが知ることができる。人間性の哲学は神学者・詩人・劇作家・芸術家・政治家そして経営者によって詳細に説明されている。我々はこれらの人間

性の哲学を——理論として，あるいは示唆として——哲学者の理論を尊重するのと同じくらい尊重するべきであるし，それらを批判（criticism）のための枠組みとして，あるいは上述の人間性の哲学から示唆される実験のための枠組みとして，はたまた，テストされ検証される際の仮説的な手引き（tentative road maps）のための枠組みとして，用いるべきである。我々はマルクス・アウレリウスから，ゲーテから，スピノザから，コールリッジから，まだ多くのものを学びうる。もちろん，私は，我々はこうした人たちよりも物事を知っていると言える日が来ることを望んでいるし，期待している。ただ，今日の高校生はアリストテレスがしたことよりも生物学についてよく知っているのである。結局，偉大な直観者の本質的な知恵を手に入れ，それを修正し，テストし，選りすぐって，よりよい成果，より確かで信頼できる知識を世に送り出すことができるというのは，科学の功績である。思い出してほしい。科学者は長い年月をかけて理論化し，議論し，実験し，検証し，再検証して，ルソーやシェイクスピアが出した結論と同じ結論を生み出すとき，それは実際には同じ結論ではない。それは新しい知識である。そのとき，理論は過去のものとなる。次には，我々は原理（principle）を必要とする。それは，それによって提供されているさまざまな矛盾する諸理論の中から，正しいものを選び出すためのものである。ルソーの理論が検証されなければならないだけではなく，ルソーの反対者の理論も検証されねばならない。そのとき，科学者以外に誰がそれらを検証し，判断を下すのだろうか。そして，もし実証調査の論拠に基づかないならば，その人はどんな論拠で判断を下すのだろうか。仮説は十分に「知識的（knowledgy）」とは言えない。

我々は大局的思考者（synoptic thinkers），つまりその世界全体を視野に入れた全人（the whole man in his whole world）の理論構築者に特別の注意を払わなければならない。無意味音節の学習，迷路を走り回るネズミの学習，犬の唾液反射の条件づけ学習の正しい理論を発展させるのは非常に容易である。これらのミニチュア理論を心理学全体と統合すること，これは別の問題となる。ミニチュア理論を愛と嫌悪，成長と衰退，幸福と痛み，勇気と心配に関わらせるならば，そのことは現実全体にわたって偵察飛行をするのではなく現実の端っこを少しずつかじることの弱点を明らかにする。

3. アメリカの心理学はより大胆で，より創造的であるべきである。それは，慎重で，注意深く，ミスを避けるばかりでなく，発見に挑むべきである。

こう述べる理由は，大胆な，新しい発見をするという意味においての偉大な心理学者が，アメリカにはいないからである。我々の最もよいアメリカの心理学者は素晴らしく物識りであり，体系化に秀でており，素晴らしい実験者でもあるが，偉大なる発見者（great discoverers）ではない。すべての偉大なる大発見，偉大なるイノベーションは，ヨーロッパの心理学者からもたらされた。つまり，精神分析学のブランドたち，フロイト，アドラー，ユング，ランク，フロム，ホーナイからもたらされ，ゲシュタルト心理学者たち，ウェルトハイマー，コフカ，ケーラー，レヴィン，ロールシャッハ・テスト，ゴールドシュタインの有機体的心理学からもたらされたのである。特にアメリカ的と言える行動主義でさえ，パブロフから始まっている。

同様のことは，他の科学にも当てはまるということがわかっている。言うまでもなく，最もめざましい例は原子物理学である。アインシュタイン，ボーア，フェルミ，シラードは，すべてヨーロッパ人である。アメリカは，人口規模を考慮に入れると，そのリストの中で，ノーベル賞受賞者の数において下方に位置する。また富裕度や機会も考慮するとさらに下がる。

なぜアメリカの科学は本質的にそれほどまでに因習的なのか。なぜ，創造性，初期段階のものや革新者・推測・非正統派・真に新しいアイデアに対してそれほどまでに敵対的なのだろうか。なぜ，アメリカの心理学者は，その特質上，他の人のアイデアの応用者であるのか。なぜアメリカの心理学者は通常，10年，20年もの間，革新者に意地悪をして攻撃し，そのくせ，非因習的な考えの衝撃に慣れてくると，それを従来からあったものとし，他の人のアイデアに何百もの実験を行って群がってくるのだろうか。ピカソが言ったように，「まずあなたが何ものかを創り出し，続いて彼らがそれを上品（pretty）にする」。なぜアメリカの心理学者は，まず最初にそれらのアイデアをどこから得たのかを認識できないのだろうか。私は，心理学の科学とその向上に関するアメリカ心理学会の大委員会の公式レポートによって，どのくらい悲しませられ，いらいらさせられたかを思い出す。その提案は，最終的に大部分が方法論的なものに帰するものであった。つまり，用心深くかつ保守的であるための方

法，検証する方法，失敗しない方法，他の人の失敗を見つけ出す方法，実証する方法，厳密・精密・確実かつ正確であるための方法についての提案だったのである。創造性，新たなアイデア，自らを危険にさらすこと，決まりきったやり方から抜け出すこと，チャンスを掴むこと，不確実性や混沌を奨励すること，吟味することについての言葉はほとんどない。それはガソリン・スタンドで手に入れる道路地図のようなものであり，知っている場所から知っている場所へ行く道を我々に語るだけである。道から外れた誰も人の住んでいない場所について，つまり地図も道路標識も舗装された道路もない場所について，ただの一言もない。地図を作る前に必要となる，開拓すること，道を切り開くこと，素描的な調査をすることについて，ただの一言もない。

　しかし，創造性を一度認めれば，次には，詩人，芸術家，音楽家，その他不純物を含んだ人びとの混沌としたただ中にぶつかることになる。こうした人々は心理学の博士号をもっていないし，それゆえに，人間性に関する何かを知るための何らの権利ももたない，純粋に社会という山をよじ登る者たちである。一度，そのドアをわずかでも開けば，誰もが入ることができる。そして次には，誰もが，物事が何に (where) 結びつく (lead) 可能性があるかを知ることになる。ある女性がかつて言ったように，「殺人・強姦・放火が身の毛のよだつほど危険だというのは，それが皆に蔓延していくことにつながる (lead) 可能性があるから」である。

4. 心理学はより問題中心的であるべきであり，手段や手法に吸収されるべきではない。

　私はこのことについて，拙著『動機と人格』の第2章において詳細に書いている。だから，ここではそのことについて多くは語らないだろう。大まかな主張は次の点にある。すなわち，もしあなたが何よりもまず重要な問い，重要な問題についてなしうることをなすということに関心があるならば，テクニック・手法・装置は2次的なものになる。例えば，問いが「愛とは何か」であるなら，あなたは発見しうる最善の行為を提案し，次には間に合わせの材料で作らなければならないとしても，その問題に忠実であるだろう。そして，その場合には，説明の初期段階における不正確さや不確実さに満足しなければならないだろう。もしあなたが優雅なテクニックだけを用いることを主張し，「科学

的な」正確さ・優雅さ・妥当性および信頼可能性を要求するならば，そのときあなたはこの問題を研究対象とすることはできなくなり，その問題をあきらめなければならなくなる。なぜなら，現在利用できるテクニックや手法や機械は，その問題を解くのにほとんど役に立たないからである。

　それゆえ，その本当に最初の入り口段階から正確さを迫る人は，そもそも何も始めることができない。こうした人びとがなしうることは，その問題が進展した，もう少し後の段階で入場することだけである。

　それゆえ，もしあなたが科学を精密性，正確性，数値化，正確に規定された妥当性，およびそれらの妥当性すべての優れた制御と同一視するならば，何らかの問題をもつ，研究の最初の段階のすべてを「非科学的」として捨て去ることになる。その最初の段階では，虫の知らせ・直観・自然主義的観察・推測および理論が至高のものとして君臨している。

　もっと無遠慮に言えば，もし科学が第１に手法として定義されるならば，それは科学を無意味なゲームや儀式とみなすことになる。それは何のための手法なのだろうか。もし，適切さ（pertinence）・重要さ（worth）・目標（goal）・価値（value）が十分に強調されず，妥当性や信頼可能性が排他的に探究されるならば，これは，「私は自分が何をしているか知らないし，関心もないが，どのくらい正確にそれをしているかはわかっている」と得意げに自慢しているようなものである。

　多くの研究者が，行う必要のあることよりも，上手に行うことができることをしているアメリカ心理学の状況は，私が思うに，主として科学とは何であり何であるべきかについてのこの誤った考えに原因がある。

　5．心理学は今よりも積極的であるべきであり，消極さを減ずるべきである。それはより高い天井をもつべきであり，人間のより高尚な可能性を恐れるべきではない。

　調査心理学（research psychology）（そして精神医学も）の１つの大きな欠点は，人間が達しうる高み（the full height）についての概念が悲観的，消極的で，限定的なものだということである。部分的には調査心理学は，この偏見のために人間の欠点・病気・罪・弱点について多くのことを明らかにしたが，しかし人間の徳・潜在性あるいはその最も高度の向上心についてはほとんど明

らかにしなかった。これは科学のあらゆる領域，その細分化された諸領域のすべてにとって真実である。上述の私の著書において，私は積極的な側面の研究（positive researches）についての提案ばかりを行った章を用意した[訳注5]。積極的な側面の研究は，我々の消極的な側面の描写とバランスさせるために必要なものである。

　これは楽観主義（optimism）に対して求められるものではない。むしろ，その語の最もよい，最も十分な意味での現実主義（realism）に対して求められるものである。現代における多くの小説家が現実主義を暗黒・苦痛・病理・崩壊と同一視しているが，これはばかげたことである。幸福はまさに不幸と同じくらい現実（real）であり，欲求満足はまさに欲求不満と同じくらい現実であり，愛はまさに敵意と同じくらい現実なのである。

　しかしながら，私は特に，この誤りから生ずるもっとも重要な1つの例を強調したい。すなわち，心理的な不健康さについて我々がもっている知識に比して，心理的な健康に対して我々が向けている注意がまったく不十分であるということ，この両者の間にある対照性である。もちろん，自分自身が健康な人間を研究しようとしている今，このことがなぜそうであるのかを私は理解できる。健康な人間の研究は恐ろしく難しい仕事であり，あらゆる種類の哲学的な暗礁と結びついており，とりわけ，それは価値の理論の領域にある。加えて，文化的問題・方法論的問題・臨床的な問題がある。しかもそれは明確になすことを求められているし，それゆえ，我々がなしうる最もよい方法でなすべきである。我々は，その最もよい状態のときに人間がどんな特徴を表しているかを知らねばならない。そのような知識の副産物は想像できないほど重要である。私自身が確信していることは，そのような健康心理学は必ずや人間性の最も深遠な概念へと形を変えるであろうということである。その確信は正常性を異常の特殊ケースとみなすという一般的な考えから我々を引き離すし，健康な人間を単に「まったく病気でない」とみなして満足することから我々を引き離す。それはむしろ，異常は正常の特殊ケースであり，心理的な病気（illness）は，本来，健康へのもがきであるということを我々に教える。

　この同じ失敗を，すなわち消極性への没頭，勇気よりも恐れの強調を別の側面からいえば，防衛的な過程・自己防衛・安全や安心およびホメオスタティッ

クな過程（homeostatic processes）に[訳注6]、あまりにも膨大な時間が浪費されているということである。このホメオスタティックな過程の考え方にある非常に安易な含意は、人生とは痛みを取り除く過程であり、心配や不幸と戦う過程だということである。

しかし、人間を構成する別の側面があるし、動機の別の組み合わせが存在する。それは積極的なものであり、より強い・より賢い・より健康なものに成長する傾向であり、人の潜在性を実現しようとする・好奇心が強い・不思議に思う・関心をもつ・哲学する・創造的である・楽しみをもつ・享受するという傾向である。我々は適応するだけでなく、反逆もまたする。

次のことは完全に真実である。我々は何ものかを恐れているとき、自分自身の中で萎縮する傾向がある。すなわち、我々は痛みは避けようとする。そしてほとんどの人々は、人生の中で多くの痛みがある。それにもかかわらず、もし人生が単に痛みを避けることだけのものであったならば、なぜ我々は自分ののどをかき切らないのだろうか。そうすれば誰もが永遠に痛みを取り除くことができるのである。明らかに、人生は痛み以上のものを与えるものでなければならない。それならば、なぜこの「痛み以上の何ものか」を研究しないのか。

6. こうしたことが真実だとすれば、そのとき治療の場は診察室の中から出て、人生の他の多くの領域に広げられるべきである。その上、治療はより幅広い場で行われるべきであるだけでなく、より野心的に定義されるべきであり、成長を促進するテクニックを含めて定義されるべきである。

より初歩的な精神療法のテクニックのいくつかは、教師・両親・聖職者・医師そしてあらゆる人にさえ教えられうるような、非常に単純なプロセスへと煮詰めることができる。支援・再保証・受容・愛・尊重・安心を与えること、これらすべてが治療に役立つ。我々はよい人生経験の多くが治療に役立つということも知っている。よい人生経験はこれらの支援・再保証・受容・愛・尊重・安心という基礎的な薬を与えるからである。よい人生経験とは、よい結婚・よい教育・よい仕事での成功・よい友人をもつこと・他者を助けることができるということ・創造的な仕事などなどである。これらのすべてはこれまで以上に慎重に研究されうるし、それによって我々はさらにこうしたことについて知ることができる。そして、我々が有する知識はどんなものでも、これまで以上に

より幅広く教えることができるようになる。

　どんな場合でも，症状や不健康さを除くものとしての治療の概念は，あまりに偏狭である。我々は治療の概念を，より人間の成長およびその総合的な向上（general improvement）を促進するためのテクニック，自己実現を助けるテクニックとして考えることを学ばねばならない。これは次のことを意味する。すなわち，我々が治療の意味をすべての成長促進のテクニック，特に教育的なもの，具体的には，芸術・娯楽における創造的な教育，および創造性・自発性・表現の豊かさ・勇気および統合を明白に向上させる他のあらゆる種類の教育を含めて拡張することができるならば，今は精神療法の頭数に含まれていない多くの他のテクニックが実はそこに含まれるであろう。

　7．心理学は表面上の行動だけでなく，人間性のさらなる深遠を研究すべきであるし，意識と同時に無意識も研究すべきである。

　私はこれが愚かで空想的にさえ聞こえるということを承知しているが，それでもなお，正統派の・学術的・実験的心理学は，当然すべきであるその深遠なものの研究をしていないというのが事実である。それは，見ることができ，触れることができ，あるいは聞くことができるものに，意識的であるものに，夢中になっている。これまでなされてきた最も偉大な1つの心理学的発見は，無意識的な動機の発見であった。それにもかかわらず，無意識はいまだ，多くの調査心理学者の守備範囲外にあるというのが実情である。その研究はほとんど，精神分析学者・精神療法医・精神科医の最も大切な仕事になっている。やっとここ2，3年で，いく人かの実験心理学者がこの問題に取り組み始めた。

　一般的な心理学の標準的なテキストによって判断してみると，その結果はいわば半心理学（half-psychology）であって，そこにおいて人間性は示されているが，いわば「中央ハから上（from middle C upward）」が示されている[訳注7]。これは，水面上に見ることができる部分だけを氷山と定義することに似ている。ほとんどの実験心理学のジャーナルは，あたかもフロイトは生きていなかったかのように書かれている。

　その最終的な産物こそが「正統派（official）」心理学である。それは，合理性（rationality）を扱うが非合理性（irrational）を扱わない。動能的なもの（conative）・感情的なもの（emotional）よりも知的・精神的作用によるもの

(cognitive) を扱い[訳注8]，外的な現実への調整を扱うが内的な現実への調整をほとんどまったく扱わない。言葉上のもの・数学的なもの・論理的なもの・物的なものを扱い，古めかしいもの・言葉以前のもの・象徴的なもの・非論理的なもの・流動的なもの・直観的なもの・詩的なもの（精神分析学者が「第1次的過程」と呼ぶもの）をほとんどまったく扱わない。

　我々の深遠さは，我々に対して面倒なことを引き起こすだけではない。それは，我々の喜びが生まれてくる場所でもある。もし我々が自分たちの内面で行っていることを知ることなく，我々が探していることを知ることなく，主として我々の行動を決定している力に気づかずに世の中を歩き回っているとすれば，これは我々の苦悩と快楽の両者の源泉に目隠しをするようなものである。この理解の欠如は，明らかに自分たちの運命を制するコントロールの欠如を意味している。

　8．学術的な心理学はあまりにも排他的に西洋的であり，東洋的なものを十分に取り入れていない。それはあまりに多くのものを客観的なもの（objective）・公開されているもの（public）・外的なもの（outer）・行動（behaviour）に向ける。学術的な心理学は，内的なもの（inner）・主観的なもの（subjective）・黙想的なもの（meditative）・公開されていないもの（private）についてさらに学ぶべきである。内省（introspection）はテクニックであるとして心理学研究から追い出されてしまっているが，もう一度心理学研究の中にその位置づけが与えられるべきである。

　特にアメリカ心理学は行動主義的であり，外側から他者の表立った活動を見ることに集中している。これは「科学的」であろうとする，感心ではあるが神経質な努力に起源がある。もちろん，別の実験室での実験を実演し立証し再現することは，科学者としての我々の望みであり目標である。それにもかかわらず，我々は，これは今現在の目標であるよりもむしろ最終的な目標であるという厳然たる事実に向き合わねばならない。外的な行動の観察に執着することによって，その結果，我々はあらゆる種類の人間的な活動を見落とすにちがいない。そうした活動は外見上単純な形では表れてくれないものなのである。

　行動主義は知覚しうる反応（sensible response）という概念に源を発し，動物心理を擬人化することに反対した。しかし，その裏に，ある罪が生じた。そ

れは人間心理を擬鼠化するということであり，人間を複雑な白ネズミにすぎないかのように研究するということである。人間の動機を実験室の動物に帰するということはまったくの誤りである。しかし，人間の動機を人間に帰するということは誤りだろうか。

　私が内省を心理学研究としてもう一度位置づけなおすべきだと考えるのは，私が最近もつに至ったもう一つの理由のためである。我々は表面上よりもむしろその深みにおいて人格（personality）を研究するとき，ますます次のことを発見しつつある。すなわち，我々が自分自身あるいはある他者により深く入っていけばいくほど，得られるものはより普遍的なもの（universal）になるということである。我々の最も深いレベルで見れば，我々は相違しているというよりは互いによく似ているように思われる。それゆえ，もしあなたが自分自身の中のこれらの深みにうまく到達できるのであれば，あなたは自分自身についてだけでなく人間という種全体についてもその正体を見出すことになる。東洋の非科学的な心理学者は常にこのことをわかっている。今こそ西洋にいる我々もそれを学ばねばならない。

　9. 心理学者は目的（end）に対する手段，つまり実践的なもの・有用なもの・目的にかなうものだけでなく，目的となる経験（the end experiences）を，これまで以上に研究すべきである。

　人間は生きている間にどんな経験をするのか。生（living）を生きがいのあるものにするものは何か。その報酬は何か。人生におけるどんな経験が生きるということの痛み（the pains of existence）を正当化してくれるのか。言い換えれば，どの経験がその経験それ自身において生きがいをもたらすのか。我々は，創造・洞察・審美的経験・神秘的経験・歓喜・愛あるセックスの瞬間に生の高みに達するということを知っている。（私はこれらを「至高経験（peak-experiences）」と呼んでいる。）

　これらのためでないなら，人生にはいかなる意味もないだろう。これらのためでないとすれば我々が生きているのは，あるもののための，そのまたあるもののための，さらにそのまたあるもののための，…のための，という風に永遠に続くことになる。我々は「何のために…」と問わねばならない。

　目的となる経験は人生の至高経験だけである必要はないということも覚えて

おいてほしい。我々は，生活の単純な快い刺激，楽しみをもつこと，他の何かのためではなくそれ自身のためになされるすべての活動を享受することで，より緩やかな報酬・報いを得る。健康な有機体は，存在（*being*）それ自体を享受する（enjoy）。我々の過度に実用的な心理学（overpragmatic psychology）はこのすべてを見落とし，ピンクのビーズのネックレス，ワインやレコードが工場やストップウォッチと同じくらい重要であることを忘れる。むしろネックレスやワインやレコードはより重要である。なぜなら，工場やトラックやハンマーやストップウォッチは，ネックレスやワインやレコードをつくるためにこそあるからである。

10. 心理学は人間を，単に，無力で，外部の力によって動かされる，そして外部の力だけによって決定される受け身的な粘土のようなものとして研究すべきではない。人間はその人生の中で，積極的・自律的・自己統治的な活動者であり，選択者であり，創造者である。

いわゆる刺激－反応心理学（Stimulus-Response psychology）は，意図的ではないにしても，我々が刺激－反応人（Stimulus-Response man）と呼ぶ，受動的で・反応的で・仕込まれ・適応し・学習する人間を生み出した。我々は，この描写と，創造的で活動的な人間を対照しなければならない。こうした人間は，発明し，責任があり，ある刺激は受け入れるとともに他の刺激は拒絶し，その人自身の刺激を創造し，刺激と反応両方について意思決定するのである。

おそらくこの反対物を提示することは，なぜ心理学者がますます「適応（adjustment）」の概念について悩んでいるのかを理解する手助けになるかもしれない。適応は，それが文化に対するものであれ，他の人びとに対するものであれ，自然に対するものであれ，本質的に受動的であること，あなた自身を外側から形作らせること，他者の意思によって生きることを意味する。「私が真にもっている特徴は何か。私の本当の自分はどんなものか」と尋ねる代わりに，「お父さんは私にどうなってほしいのか」と尋ねるのは，他者に幸せにしてもらおうとするようなものである。

次には，これは，心理学者がますます，単に受動的な過程としての学習の概念を批判する理由でもある。ただし，これはギルドの問題であって，私はそうした問題で読者を悩ませることはない。

11. すべての知識人は抽象・言葉・概念に取り込まれるようになり，すべての科学の始まりである生の経験，新鮮で・具体的で・オリジナルな・真の経験を忘れる傾向がある。心理学においてこれは特に危険なことである。

このことに対して私の考える治療薬は，a）特にこの危険性に自らを捧げている一般意味論者（general-semanticists）の研究を調べてみることと，b）芸術家について調べてみることである。芸術家特有の仕事は概念・言葉による表現・抽象・カテゴリーおよび理論の網で覆われている場合の世界ではなく，真にそれがそうであるように，世界を生き生きと経験し，見ること（そして我々がそのように見るのを手助けすること）である。

12. ゲシュタルト心理学や有機体理論の教えは，心理学に十分には取り込まれていない。人間は，少なくとも心理学研究が関わる限りにおいては，それ以上単純化できない単位である。人間におけるすべてのことは，多かれ少なかれ，人間における他のすべてのことに関わる。しかしながら，これも技術的な提案である。

13. 心理学者は，この世に唯一人の独自な人間を徹底的に研究するということにさらなる時間を捧げるべきである。それは心理学者のもつ偏見（preoccupation）と包括的に把握された人間（the generalized man）を比較させるためであり，心理学者は包括的に把握する仕事と抽象化する仕事にさらなる時間を捧げなければならないと私は考える。

さらに言うと，心理学が研究していることと他のすべての科学が研究していることの間には一つの大きな違いがある。心理学だけが個の独自性（uniqueness）を研究する。ある白ネズミは別のネズミと同じであるし，ある原子は別の原子に似ているし，ある化学物質は別の化学物質に似ている。それらの違いは実際重要な問題ではない。だから，他のすべての科学は実際に類似性を研究する。それは抽象化を意味する。ところで，心理学もこのことをしなければならない。しかし，心理学は特別の課題も有している。それは，他の科学の有していないものであり（人類学を除けばであるが），個の独自性を研究するということである。

このことは，少なくとも1つのとても重要な結果をもつことになり，私は言及しなければならない。人間はその最も本質的な核の部分において，他のどん

な人間とも異なる。それゆえ，自分自身に対するその人の理想，その成長の経路もまた独自なものでなければならない。その人自身に対するその人の目標は，その人自身のもつ独自の性質から生じなければならず，他者との比較や競争によって理解されるのではない。その人の父親や先生，いく人かの他の模範となる人やヒーローからその人自身にとっての理想を理解するのは，恐ろしく危険なことである。本質的にその人の果たすべき課題（task）は，世界でもっともよい自分自身になることである。普通の男はアブラハム・リンカーンやトマス・ジェファーソンやその他の誰かのようであろうとしてはならない。その男は，世界でもっともよい普通の男にならなければならない。その男がなしうるのはこれであり，これだけが可能であり，必要でさえある。そして，そこにはその男の競争相手はいないのである。

14. 最後に，我々が，人間が正当にその人の成長・自己充実・すなわち心理的健康のために何を欲し，何を必要としているのかについてさらに知るようになったとき，そのとき我々は健康を育む文化（the health-forstering culture）の創造という課題に我々自身を向かわせるべきである。

これはおそらく原爆を作るよりも難しくはないと私は思う。もちろん，我々は今すぐ真に素晴らしい仕事をできるほど十分なことは分かっていない。しかし，最終的な課題（ultimate task）それ自身の一部については，それに必要な知識を得ているだろう。この点に反対する理論上の理由は存在しないと私は考えている。

そのような試みは，それが実現するとき，利益をもたらすに十分なほど心理学が成熟したという証明となるだろう。この場合の利益がもたらされるというのは，個人的な点だけでなく社会的な向上という点でもまた利益がもたらされるということであり，あるいはさらに厳密に言えば，個人に対する直接的な財産（immediate goods for the individual）だけでなく，多くの諸個人のための長期的な財産（long-run goods for many individuals）という点でも，利益がもたらされるということである。なぜなら，社会的な向上の唯一の真価は，可能な限り多くの諸個人の人生を向上させることだからである。

訳注
1) パウル・ヴァレリーは，フランスの詩人，思想家，評論家。青年時代から詩作を始め，その後，

274 付 翻訳：A. H. マズロー「心理学の哲学」(1957)

モンペリエ大学で法律を学び，パリに出てマラルメに師事。デカルト，レオナルド・ダ・ヴィンチ，ポー等を深く研究するとともに，数学，物理学等の科学的方法を摂取し，常に懐疑と絶望とを秘めながら，個我の究極的完成を理性と形式との調和的な動きの中に求め，また人間精神のあらゆる事象を考察の対象とし，西欧文化に一つの最高表現を与えたとされる（『岩波　西洋人名辞典　増補版』）。

2) クレマンソー（Georges Eugene Benjamin Clemenceau）は，フランスの政治家。ヴェルサイユ会議では議長となり，ウィルソンやロイド・ジョージと3巨頭と呼ばれた（『岩波　西洋人名辞典　増補版』）。

3) ギルド（guild）は，「中世ヨーロッパの都市に行われた「特権的同業者組合」」である（『大辞林　第二版』）。ここでは，心理学者がこのようなギルドを形成してしまっていることを問題視している。

4) 骨相学は「頭部の骨相をみて，その人の性格・運命を判断する占い」（『大辞林　第二版』）。つまり，フロイトを科学として見ていなかったということになる。

5) 『動機と人格（Motivation and Personality）』第18章。なお1970年出版の第2版では除かれた。

6) ホメオスタシスは，次のように説明される。
「生体の内部環境を定常に維持する過程。われわれの体温や血液内の化学物質は常にほぼ一定に保たれており，もしそのレベルから少しでも偏りが生じれば，自律神経系の働きによって，自動的反射的に定常状態への回復が計られる。」（東洋・大山正・詫摩武俊・藤永保編集代表『心理用語の基礎知識』有斐閣ブックス）

7) 「中央ハ（middle C）」は，音楽用語であり，「ピアノの鍵盤のほぼ中央に位置するハ音」を指す（淺香淳編集兼発行者『新訂　標準音楽辞典』音楽之友社）。「ハ音」とはいわゆる「ド」である。したがって，ここでの「中央ハから上」というのはピアノの全鍵盤の音に対して，中央のドより上の音半分だけということを意味すると考えられる。つまり，ここの文脈は「半心理学も，人間性を取り扱っているが，中央ハから上だけ，つまりその全体の半分しか扱っていない」ということになる。

8) *Oxford Advanced Learner's Dictionary 7th edition* によると，conation は，「何かをしたくさせるないし，何かをすることを決定させる精神過程」となっている。何か行動を起こす際の心の動因となるものを指すと考えられる。これに対して cognitive は「理解する精神過程と関わる」とされる。つまり，cognitive は理性的段階を，conative, emotional は，その前の段階，人間の分析の及ばない段階を指すと考えられる。

あとがき

　マズローと経営学について考えてきた。
　ただ，本書には触れるべきでありながら触れていないいくつかの重要な論点が存在する。それには，マズロー理論自身に存する課題と私が行った考察上の課題がある。まずこの点を述べておきたい。
　まず第1に，「心理的健康」という概念についてである。本書においては，この概念をマズロー理論におけるキー概念と把握している。そして実際そうであったと考える。しかし，この概念自体が適切なものかどうかを検討する余地は残されている。すなわち，「心理的健康」という概念が社会科学において用いられるべきものであるかどうかという問題である。誰かある人を心理的に健康であり，他のある人を不健康である，と言うことは果たしてできるのか。非常に重要で慎重な検討を要する問題でありながら，本書ではこの検討をするところまで到達することができなかった。
　第2に，欲求充足による心理的健康の実現というアプローチについてである。人間がより客観的に適切に対象を認識し意思決定する力は，低次欲求の充足だけに依るのではない。修行僧などに典型的に表れているように，むしろ欠乏させることによってその力をつけようとするケースがある。そこで得られる精神性は欲求充足では得られない可能性がある。もとよりマズローは，欲求充足以外のプロセスが存在することも認識しているが，具体的にはそれほど述べているわけではない。欲求充足でいいのかという問題も含めて検討が必要である。
　第3に，自己実現と内発的動機づけの違いをどう捉えるかという問題がある。しばしば自己実現と内発的動機づけが同一視されるが，しかし，例えば，内発的動機づけでは本書で問題としてきた「人間操作」の問題は解決しない。例えば，オウムの例で，どれほどの人が外発的動機づけで動いていたと言えるだろうか。少なくとも誰もお金のために動いたのではないのである。内発的動

機づけの議論も，それだけではモチベーション論の域を出ることはできないと考えられる。

　以上の点について，本書では詳述することができなかった。そしてまだまだ他にも不十分な点が多々ある。マズローの問いかける「人間が生きるとはどういうことか」「科学とは何か，学問とは何か」等々の問いは今後もさらに考えつづけていく必要のある問いである。

　「マズローと経営学」というタイトルで論じようと思えば，さまざまな角度から論じうる。ただ通常は，マズローとモチベーション論の関係，それもモチベーション論の中の肯定派とマズロー，否定派とマズローの関係性について考えることになるであろうし，より具体的にはD. マグレガーとの関係性，C. P. アルダファーとの関係性を問題にするのが自然な流れであろう。本書もこの点を論じることになった。その柱にあるのは，「マズロー理論はモチベーション論ではない」ということであり，心理的健康の実現こそがその意図だということである。ただ，学会等でも行ってきたこの主張に対する反応は芳しいものとは言えなかった。

　興味深かったのは，私がマズローについて初めて書いた論文を日本経営学会誌に投稿したときの査読者の方からのコメントである。それは，論文の趣旨に対しては好意的なものであったが，その中に「マズロー理論がモチベーション論でないとして，それでは経営学の中のどの領域に貢献しうるのかを示すべきではないか」というコメントがあった。

　私は，マズローを経営学の中のどこか一領域に位置づけるべきものとは考えていなかったし，今でもそのように考えてはいない。しかし，そうであるとしても「位置づけ」自体は必要である。モチベーション論でないとすればマズローをどのように位置づければよいのか。経営学におけるマズローの位置づけ，またそれだけでなく，現代社会におけるマズローの位置づけを示すことが必要不可欠だと考えるようになった。

　こうして，E. フロム，P. F. ドラッカー，M. ウェーバーとマズローを対話させることになった。

　この三者を専門領域で分けるとすればバラバラである。ただし，フロムは心

理学であり，ドラッカーは経営学であり，ウェーバーは社会学であるなどと単純に分けることはできないのは言うまでもない。いずれも，その基底において人間とは何か現代社会とは何かを問い，それらの領域に収まり切らないものである。

そして，本書の第2章でも示し，翻訳を付したマズローの論文「心理学の哲学」にも明確に示されているとおり，マズローもまた心理学であって心理学を超えている。心理学者とは何かという問いに対して「人間性のより真なる，より明確な，より実証的な概念を発展させることに関心があるすべての人を，そしてそのような人だけを含む」と述べ，そうであれば，芸術家や新聞記者，ビジネスマンまでもそこに含めると明言しているのである。

このようなマズローであるからこそ現代社会において位置づけるだけの価値があるし，その作業を行おうと思えば，そこにおいて取り上げる人々をいわゆる心理学者だけ経営学者だけに限るということは決して適当とは言えないであろう。

フロム，ドラッカー，ウェーバーとマズローを対話させるという作業は，私のマズロー理解を大きく進めることになった。経営学の中で為されていた「人間は何によってどのように動機づけられるのか」という問いを超えて，資本制社会・組織社会における人間にとって自己実現とは何かどんな意味をもっているか，基本的欲求とは何でありどんな意味をもっているか，その自己実現・基本的欲求が経営・管理においていかなる意味をもっているのかを問うことになった。

もちろん，本書で取り上げた人々だけで十分であるはずがない。社会をどう理解するか，経営学をどう理解するか，まったくもって不十分である。さらに精進したい。

本書が曲がりなりにもまとめられたのは，まったくもって諸先生方のご指導ご鞭撻の賜物である。私事にわたるが，感謝の言葉を述べることをお許しいただきたい。

三戸公先生には，中京大学の学部ゼミで学ばせていただくことになってから今日まで，つねに気にかけていただき，問題を追いつづける姿勢，そして「共

に学ぶ」という姿勢を教わりつづけている。本書の出版についてもいく度となく背中を押していただいた。

　小川英次先生からは，中京大学大学院の修士課程以来，広い視野をもちながら，対象に対してポジティブな視点と当事者意識をもって迫ることの重要性を学ばせていただいている。修士課程後に民間企業に就職したいという私のまことに勝手なお願いに対しても「まずしっかり修士論文を書きなさい」とおっしゃり，学業に専念できる環境をつくってくださった。

　岸田民樹先生には，名古屋大学大学院の博士後期課程以来，一つの問題に対して多様な文献を渉猟・整理し，位置づけを与えることの重要性を学び，鍛えていただいている。本書の基底にあるベルタランフィについて研究することができたのも岸田先生の御陰である。

　中條秀治先生からは，ゼミで学ぶ機会はなかったが，中京大学の「経営組織論」「外書講読」で学んで以来，自説をもち，堅持する姿に魅せられ，学ばせていただいている。中條先生の『組織の概念』をまとめられるプロセスを見ることができたのは有難い経験であった。

　先生方には，いつまでも健康にご留意いただき，ご指導いただきたい。

　その他にも，本当に多くの先生方にお世話になった。学部4年生のときに八王子での研究会に参加させていただいて以来お世話になっている三戸浩先生，池内秀己先生，勝部伸夫先生，三戸ゼミ・小川ゼミの先輩方，林徹先生はじめ岸田ゼミの先生方，内藤勲先生主催の紫苑研究会の先生方，北九州で研究会を開催いただき本書についてもご意見をくださった齋藤貞之先生，西村香織先生，浦野恭平先生，学会報告の際，司会・コメンテーターを務めてくださり親身になってご助言くださった澤野雅彦先生，高橋公夫先生，辻村宏和先生，藤沼司先生，柴田明先生，叢書『フォレット』にお声かけいただいて以来，折に触れて激励くださる三井泉先生をはじめとする執筆者の先生方，本書第1章の基になった論文に対して真剣なるご批判・ご指摘をくださった河野昭三先生，本書の原稿の一部を読みご助言下さった福井直人先生，本書に収録した査読論文で数多くの貴重なコメントを下さった匿名の査読者の先生方，御名前は挙げきれないが，本書はその他多くの諸先生の御陰をこうむっている。そして，前任の高松大学の先生方・職員の方々，現在日々お世話になっている北九州市立

大学の先生方・職員の方々，さらに，高松大学・北九州市立大学での「経営組織論」の講義およびゼミで数多くの質問・意見をくれた学生諸君の御陰である。学恩に感謝したい。

　最後に，厳しい出版情勢の折，本書の出版を快諾してくださり，何度も原稿が遅れる私に対して粘り強くご対応・ご助言いただいた文眞堂前野隆社長・前野眞司専務取締役，編集部山崎勝徳さん，他皆様に感謝申し上げます。

　なお，本書は，北九州市立大学「平成30年度学術図書刊行助成」および「平成30年度　学長選考型研究費B（出版助成）」の助成を受けた。記して感謝申し上げます。

2019年2月9日
山下　剛

第2刷にあたって

　2019年の本書出版後，申し訳なくも有難いことに，お読みいただいた先生方から誤植のご指摘をいただき，本書に対するご教示もいただいた。またその後それ以外の箇所についても，私自身が加筆修正の必要性を感じていた。このたび有難いことに増刷の運びとなり，この機会に，若干ではあるが，許される範囲で目次タイトル・本文・脚注・索引を加筆修正させていただいた。このたびも私のまことに勝手なお願いを快くお引き受けくださり，さらなる校正もお加えくださった文眞堂前野眞司様，他皆様にあらためて感謝申し上げます。

2022年2月22日
山下　剛

参考文献

【日本語文献】

淺香淳編集兼発行者（1991）『新訂　標準音楽辞典』音楽之友社。
東洋・大山正・詫摩武俊・藤永保編集代表（1973）『心理用語の基礎知識』有斐閣ブックス。
池内秀己（1986a）「ウェーバーにおける合理性の諸概念」『三田経済学研究』第33号，16-26頁。
池内秀己（1986b）「『オーガニゼーションズ』とウェーバー官僚制論——ネオ・ウェーバー・モデル説を中心に——」『商経論叢』第27巻第1号，179-207頁。
上田吉一（1988）『人間の完成　マスロー心理学研究』誠信書房。
太田　肇（2005）『認められたい！』日本経済新聞社。
太田　肇（2007）『承認欲求』東洋経済新報社。
太田　肇（2009）『認め上手　人を動かす53の知恵』東洋経済新報社。
太田　肇（2011）『承認とモチベーション　実証されたその効果』同文館出版。
大野耐一（1978）『トヨタ生産方式——脱規模の経営をめざして——』ダイヤモンド社。
岡田邦夫（2015）『「健康経営」推進ガイドブック』経団連出版。
小川英次編（1994）『トヨタ生産方式の研究』日本経済新聞社。
小此木啓吾（1989）『フロイト』講談社学術文庫。
小此木啓吾編集代表（2002）『精神分析事典』岩崎学術出版社。
尾高邦雄（1995）『尾高邦雄選集第1巻　職業社会学』夢窓庵。
金井壽宏（1997）「有能感，自己決定，フロー経験と自己実現——これまでの経営学のモティベーション論を超えて——」『経営学論集』第67巻，56-66頁。
金井壽宏（1999）『経営組織』日経文庫。
金井壽宏（2001）「『完全なる経営』監訳者解説」金井壽宏監訳・大川修二訳『完全なる経営』日本経済新聞社，404-428頁。
岸田民樹（1985）『経営組織と環境適応』三嶺書房。
岸田民樹（1986）「一般システム理論と組織論」『経済論叢』第137巻第1号，42-60頁。
岸田民樹（1999）「組織学説史分析序説」『経済科学』第47巻第3号，1-20頁。
岸見一郎・古賀史健（2013）『嫌われる勇気』ダイヤモンド社。
久保田圭伍（1999）「心理学的健康の一視点——A. H. マズローの自己実現論と自己超越論を中心として——」『桜美林論集』第26号，1-10頁。
河野昭三（2010）「社会・企業（組織）・個人の統合に向けて——マズローZ理論の意義——」甲南大学経営学会編『経営学の伝統と革新』千倉書房，71-85頁。
鈴木秀一（2008）「官僚制とイノベーション——ルーティンの束としての組織——」『立教ビジネスレビュー』創刊号，62-81頁。
田尾雅夫（1991）『組織の心理学』有斐閣。
高橋公夫（2007）「マズロー」中野裕治・貞松茂・勝部伸夫・嵯峨一郎編『はじめて学ぶ経営学　人物との対話』ミネルヴァ書房，94-101頁。
高橋伸夫（2014）「訳者あとがき」J・G. マーチ，H・A. サイモン，高橋伸夫訳『オーガニゼーションズ　第2版——現代組織論の原典』ダイヤモンド社，289-296頁。
寺澤朝子（2005）「組織行動論の展開——現代の人間像と変革への動機づけを考える」岸田民樹編

『現代経営組織論』有斐閣，72-96 頁．
寺澤朝子（2012）『個人と組織変化―意味充実人の視点から―〔改訂版〕』文眞堂．
沼上　幹（2003）『組織戦略の考え方――企業経営の健全性のために』ちくま書房．
野口鐵郎・坂出祥伸・福井文雅・山田利明編（1994）『道教事典』平河出版社．
野中郁次郎（1974）『組織と市場――組織の環境適応理論――』千倉書房．
馬場克三（1989）『個別資本と経営技術　馬場克三著作集第Ⅰ巻』千倉書房．
P. F. ドラッカー（上田惇生編）（2005）『テクノロジストの条件―ものづくりが文明をつくる』ダイヤモンド社．
日野原重明（2017）『生きていくあなたへ　105 歳　どうしても遺したかった言葉』幻冬舎．
二村敏子（1982）「人間資源アプローチと職務充実」二村敏子編『組織の中の人間行動』有斐閣．
二村敏子（2004）「モチベーションの内容論――欲求の理論と共存のなかの自己実現」二村敏子編『現代ミクロ組織論――その発展と課題』有斐閣，39-60 頁．
降旗武彦（1971a）「経営管理におけるシステム概念の変遷について（1）」『経済論叢』第 107 巻第 1 号，1-20 頁．
降旗武彦（1971b）「経営管理におけるシステム概念の変遷について（2）」『経済論叢』第 108 巻第 5 号，150-170 頁．
松山一紀（2000）「人事管理理念としての自己実現――Maslow 再考――」『産業・組織心理学研究』第 13 巻第 2 号，105-112 頁．
松山一紀（2003）「人的資源論」田尾雅夫編『非合理組織論の系譜』文眞堂，24-42 頁．
三島斉紀（2005）「A. H. Maslow の欲求論に関する一考察――正常パーソナリティと基本的欲求の 5 分類――」『研究年報　経済学』（東北大学）第 66 巻第 4 号，209-215 頁．
三島斉紀（2006）「A. H. Maslow の「自己実現」概念について」日本経営学会編『経営学論集第 76 集　日本型経営の動向と課題』千倉書房，152-153 頁．
三島斉紀（2008）「Maslow 理論の経営学的「受容」に関する一考察――D. McGregor の 1957 年論文を中心にして――」藤本雅彦編『経営学の基本視座：河野昭三先生還暦記念論文集』まほろば書房，213-229 頁．
三島斉紀編（2015）『マズロー理論研究序説―「自己実現」概念とその経営学的意義―』まほろば書房．
三島斉紀・河野昭三（2005）「マズロー理論の基本的特質に関する一考察――マレー理論との比較において――」『研究年報　経済学』（東北大学）第 66 巻第 3 号，167-179 頁．
三島斉紀・河野昭三（2006）「ゴールドシュタインの「自己実現」概念に関する覚書――マズロー理論の初期的形成に関する一考察――」『研究年報　経済学』（東北大学）第 67 巻第 4 号，147-161 頁．
三島斉紀・河野昭三（2009）「A. H. Maslow による「自己実現」概念の探究プロセス――GHB ノートと 1950 年論文を中心に――」『経済貿易研究　研究所年報』第 35 号，47-66 頁．
三島斉紀・河野昭三（2015）「A. H. Maslow による「自己実現」概念の探究プロセス――GHB ノートと 1950 年論文を中心に――」三島斉紀編『マズロー理論研究序説――「自己実現」概念とその経営学的意義――』まほろば書房，131-169 頁．
三島重顕（2009a）「経営学におけるマズロー自己実現概念の再考（1）――マグレガー，アージリス，ハーズバーグの概念との比較――」『九州国際大学経営経済論集』第 15 巻第 2・3 合併号，69-93 頁．
三島重顕（2009b）「経営学におけるマズロー自己実現概念の再考（2）――マグレガー，アージリス，ハーズバーグの概念との比較――」『九州国際大学経営経済論集』第 16 巻第 1 号，97-125 頁．
三井　泉（2009）『社会的ネットワーキング論の源流――M. P. フォレットの思想――』文眞堂．

三井　泉編（2012）『フォレット』文眞堂．
三戸　公（1971）『ドラッカー――自由・社会・管理――』未来社．
三戸　公（1982）『財産の終焉――組織社会の支配構造――』文眞堂．
三戸　公（1987a）『恥を捨てた日本人』未来社．
三戸　公（1987b）「組織理論とビューロクラシー」『組織科学』第 20 巻第 4 号，33-43 頁．
三戸　公（1994）『随伴的結果』文眞堂．
三戸　公（2002）『管理とは何か』文眞堂．
三戸　公（2011）『ドラッカー，その思想』文眞堂．
村杉　健（1987）『作業組織の行動科学――モラール・モチベーション研究――』税務経理協会．
村田晋也（2012）「マグレガーの自己実現概念に関する一考察：マズロー概念との比較」『九州国際大学経営経済論集』第 18 巻第 3 号，105-127 頁．
村田晴夫（2018）「文明と経営――経営学史研究と経営学の未来――」『経営学史学会第 26 回全国大会予稿集』22-31 頁．
山下　剛（2005）「P. F. ドラッカーによる D. マグレガー Y 理論批判――〈組織目的と個人目的の統合〉を中心に――」『日本経営学会誌』第 14 号，29-42 頁．
山下　剛（2007a）「HRM と人的資源概念の変容――その〈組織目的と個人目的の統合〉に対する含意――」『日本経営学会誌』第 20 号，75-88 頁．
山下　剛（2007b）「人間操縦と管理論」経営学史学会編〔第 14 輯〕『経営学の現在――ガバナンス論，組織論・戦略論――』文眞堂，185-196 頁．
山下　剛（2008）「Maslow 理論はモチベーション論か――経営学における Maslow 理論の意義再考――」『日本経営学会誌』第 22 号，66-78 頁．
山下　剛（2009）「オープン・システム・アプローチの人間観と組織――L. von Bertalanffy の一般システム理論と人間観――」岸田民樹編『組織論から組織学へ――経営組織論の新展開――』文眞堂，21-38 頁．
山下　剛（2010a）「人的資源アプローチと人間尊重――行動科学，知識労働との関連で――」『研究紀要』（高松大学・高松短期大学）第 52・53 合併号，139-158 頁．
山下　剛（2010b）「Maslow 理論の誤解をめぐって――Maslow 理論と経営学，再論――」『研究紀要』（高松大学・高松短期大学）』第 52・53 合併号，159-186 頁．
山下　剛（2012）「マズローの思想と方法」経営学史学会編〔第 19 輯〕『経営学の思想と方法』文眞堂，151-162 頁．
山下　剛（2014）「L. von ベルタランフィにおける一般システム理論とロボット・モデル批判――その組織論に対する示唆――」『商経論集（北九州市立大学）』第 49 巻第 3・4 号．
吉田松陰（近藤啓吾全訳注）（1979）『講孟劄記』（上・下）講談社．

【外国語文献】
Alderfer, C. P., (1969) "An Empirical Test of a New Theory of Human Needs", *Organizational Behavior and Human Performance*, Vol.4, pp.142-175.
Alderfer, C. P., (1972) *Existence, Relatedness, and Growth －Human Needs in Organizational Settings*, The Free Press.
Ambrose, M. L. & C. T. Kulik, (1999) "Old Friends, New Faces: Motivation Research in the 1990s", *Journal of Management*, Vol.25, No.3, pp.231-292.
Ansoff, H. I., (1968) *Corporate Strategy*, Penguin Books．（広田寿高（1969）『企業戦略論』産業能率大学出版部．）
Atkinson, J. W., (1964) *An Introduction to Motivation*, American Book Company.

Barnard, C. I., (1938) *The Functions of the Executive*, Harvard University Press.（山本安次郎・田杉競・飯野春樹訳（1968）『［新訳］経営者の役割』ダイヤモンド社。）

Berlin, I. (1969) *Four Essays on Liberty*, Oxford University Press.（小川晃一・小池銈・福田歓一・生松敬三訳『自由論』みすず書房，1971 年）

von Bertalanffy, L., (1967) *Robots, Men and Minds －Psychology in The Modern World－*, George Braziller.（長野敬訳（1971）『人間とロボット　現代世界での心理学』みすず書房。）

von Bertalanffy, L., (1968) *General System Theory ——Foundations, Development, Applications——*, George Braziller.（長野敬・太田邦昌訳（1973）『一般システム理論　その基礎・発展・応用』みすず書房。）

Burns, T. & G. M. Stalker, (1961) *The Management of Innovation*, Tavistock Publications.

Campbell, J. P. & R. D. Pritchard, (1976)"Motivation Theory in Industrial and Organizational Psychology", Dunnette, M. D. (ed.), *Handbook of Industrial and Organizational Psychology*, John Wiley & Sons, pp.63-130.

DeCarvalho, R. J., (1991) *The Growth Hypothesis in Psychology - The Humanistic Psychology of Abraham Maslow and Carl Rogers*, Mellen Research University.（伊東博訳（1994）『ヒューマニスティック心理学入門——マズローとロジャーズ——』新水社。）

Deci, E. L., (1975) *Intrinsic Motivation*, Plenum Press.（安藤延男・石田梅男訳（1980）『内発的動機づけ——実験社会心理学的アプローチ——』誠信書房。）

Deci, E. L., (1980) *The Psychology of Self-Determination*, D. C. Health & Company.（石田梅男訳（1985）『自己決定の心理学——内発的動機づけの鍵概念をめぐって』誠信書房。）

Drucker, P. F., (1942) *The Future of Industrial Man*, The John Day Company.（上田惇生訳（1998）『［新訳］産業人の未来』ダイヤモンド社。）

Drucker, P. F., (1954) *The Practice of Management*, Harper & Brothers.（野田一夫監訳（1987）『現代の経営（新装版）』上・下，ダイヤモンド社，上田惇生訳（1996）『［新訳］現代の経営』上・下，ダイヤモンド社。）

Drucker, P. F., (1970), *Technology, Management, and Society*, Harper & Row.

Drucker, P. F., (1993) *Management: Tasks, Responsibilities, Practices* (*Harper Business edition*), Harper Business. Originally published in 1974.（野田一夫・村上恒夫監訳（1974）『マネジメント　課題・責任・実践』上・下，ダイヤモンド社。）

Follett, M. P., (1918) *The New State ——Group Organization, The Solution of Popular Government*, Longmans, Green and Co.（三戸公監訳，榎本世彦・高澤十四久・上田鷲訳（1993）『新しい国家——民主的政治の解決としての集団組織論——』文眞堂。）

Follett, M. P., (1924) *Creative Experience*, Longmans, Green and Co.（三戸公監訳，齋藤貞之・西村香織・山下剛訳（2017）『創造的経験』文眞堂。）

Follett, M. P., [Metcalf, H. C. & L. F. Urwick (eds.)], (1941) *Dynamic Administration: The Collected Papers of Mary Parker Follet*, Harper & Row, Publishers.（米田清貴・三戸公訳（1972）『組織行動の原理』未来社。）

Frankl, V. E., (1960) "Beyond Self-Actualization and Self-Expression", *Journal of Existential Psychiatry*, Vol.1, No.1, pp.5-19.

Frankl, V. E., (1961) "Dynamics, Existence and Values", *Journal of Existential Psychiatry*, Vol.2, No.5, pp.5-13.

Frankl, V. E., (1966) "Self-Transcendence as a Human Phenomenon", *Journal of Humanistic Psychology*, Vol.6, No.2, pp.97-105.

Freud, S. (1940) *SIGM. Freud Gesammelte werke Elter Band Vorlesungen zur Einführung in die*

Psychoanalyse, S. Fischer Verlag.（高橋義孝・下坂幸三訳（1977）『精神分析入門』上・下，新潮文庫。）

Fromm, E., (1947) *Man for Himself*, Holt, Rinehart and Winston.（谷口隆之助・早坂泰次郎訳（1972）『人間における自由（改訳版）』東京創元社。）

Fromm, E., (1994) *Escape From Freedom*, Henry Holt and Company. Originally published in 1941 by Holt, Rinehart and Winston.（日高六郎訳（1965）『自由からの逃走』東京創元社。）

Hall, D. T. & K. E. Nougaim, (1968) "An Examination of Maslow's Need Hierarchy in an Organizational Setting", *Organizational Behavior and Human Performance*, Vol.3, pp.12-35.

Hoffman, E., (1988) *The Right to be Human*, St. Martin's Press.（上田吉一訳（1995）『真実の人間——アブラハム・マズローの生涯』誠信書房。）

Goble, F. G., (1970) *The Third Force: The Psychology of Abraham Maslow*, Grossman.（小口忠彦監訳（1972）『マズローの心理学』産能大学出版部。）

Kanfer, R., (1995) "motivation", in Nicholson, N. (eds.), *The Blackwell Encyclopedic Dictionary of Organizational Behavior*, Blackwell, pp.330-336.

Kovacs, G., (1999) "A New Beginning in Application of Frankl's Work to Emerging Issues in Psychotherapy", *Psychological Reports*, Vol.85, pp.945-946.

Kuhn, T. S. (1970), *The Structure of Scientific Revolutions* (2nd ed.), The University of Chicago Press.（中山茂訳『科学革命の構造』みすず書房，1971 年。）

Latham, G. P. & C. C. Pinder, (2005) "Work Motivation Theory and Research at the Dawn of the Twenty-First Century", *Annual Review of Psychology*, Vol.56, pp.485-516.

Lawrence, P. R. & J. W. Lorsch, (1967) *Organization and Environment: Managing Differentiation and Integration*, Havard University Press.（吉田博訳（1977）『組織の条件適応理論』産業能率大学出版部。）

Locke, E. A., (1991) "The Motivation Sequence, the Motivation Hub, and the Motivation Core", *Organizational Behavior and Human Decision Processes*, Vol.50, pp.288-299.

Locke, E. A., (2008) "Motivation", in Clegg, S. R. & J. R. Bailey (ed.), *International Encyclopedia of Organization Studies*, Sage, pp.919-926.

Locke, E. A. & G. P. Latham, (2004) "What Should We Do about Motivation Theory? Six Recommendations for The Twenty-First Century", *Academy of Management Review*, Vol.29, No.3, pp.388-403.

Lowry, R. J., (1973) *A. H. Maslow: An Intellectual Portrait*, Brooks/Cole.

Maciariello, J. A., & K. E. Linkletter, (2011) *Drucker's Lost Art of Management: Peter Drucker's Timeless Vision for Building Effective Organizations*, New York: McGraw Hill.（坂井和男・高木直二・井坂康志訳『ドラッカー　教養としてのマネジメント』マグロウヒル・エデュケーション，2013 年）

March, J. G. & H. A. Simon, (1958) *Organizations*, John Wiley & Sons.（土屋守章訳（1978）『オーガニゼーションズ』ダイヤモンド社。）

Maslow, A. H., (1945) "Experimentalizing the Clinical Method", *Journal of Clinical Psychology*, Vol.1, pp.241-243.

Maslow, A. H., (1946) "Problem-Centering vs. Means-Centering in Science", *Philosophy of Science*, Vol.13, No.4, pp.326-331.

Maslow, A. H., (1954) *Motivation and Personality*, Harper & Row.（小口忠彦監訳（1971）『人間性の心理学』産能大学出版部。）

Maslow, A. H., (1957) "A Philosophy of Psychology", in Fairchild, J. E. (ed.), *Personal Problems &*

Psychological Frontiers, Sheridan House, pp.224-244.

Maslow, A. H., (1959) "Preface", in Maslow, A. H. (ed.), *New Knowledge in Human Values*, Harper & Low, pp.vii-x.

Maslow, A. H., (1962) *Toward a Psychology of Being*, D. Van Nostrand Company, Inc.

Maslow, A. H., (1964) *Religions, Values and Peak-Experiences*, Ohio State University Press.(佐藤三郎・佐藤全弘訳（1972）『創造的人間――宗教・価値・至高経験』誠信書房。)

Maslow, A. H. (1965) *Eupsychian Management*, Irwin.(原年廣訳『自己実現の経営』産業能率大学出版部，1967年。)

Maslow, A. H., (1966a) "Comments on Dr. Frankl's Paper", *Journal of Humanistic Psychology*, Vol.6, No.2, pp.107-112.

Maslow, A. H., (1966b) *The Psychology of Science ――A Reconnaissance*, Harper & Row.(早坂泰次郎訳（1971）『可能性の心理学』川島書店。)

Maslow, A. H., (1967) "A Theory of Metamotivation: The Biological Rooting of the Value-Life", *Journal of Humanistic Psychology*, Vol.7, No.2, pp.93-127.

Maslow, A. H., (1968) *Toward a Psychology of Being* (2nd ed.), VanNostrand Reinhold Company.(上田吉一訳（1998）『完全なる人間［第2版］――魂のめざすもの』誠信書房。)

Maslow, A. H., (1970) *Motivation and Personality* (2nd ed.), Harper & Row.(小口忠彦訳（1987）『［改訂新版］人間性の心理学』産能大学出版部。)

Maslow, A. H., (1971) *The Farther Reaches of Human Nature*, The Viking Press.(上田吉一訳（1973）『人間性の最高価値』誠信書房。)

Maslow, A. H., (1987) *Motivation and Personality* (3rd ed.), Addison-Wesley Educational Publishers.

Maslow, A. H., [Hoffman, E. (ed.)], (1996) *Future Visions ―― The Unpublished Papers of Abraham Maslow*, Sage Publications.(上田吉一訳（2002）『マスローの人間論――未来に贈る人間主義心理学者のエッセイ――』ナカニシヤ出版。)

Maslow, A. H., (1998) *Maslow on Management*, John Wiley & Sons, Inc.(金井壽宏監訳（2001）『完全なる経営』ダイヤモンド社。)

McGregor, D., (1960) *The Human Side of Enterprise*, McGraw-Hill.(高橋達男訳（1970）『企業の人間的側面［新版］』産能大学出版部。)

McGregor, D., (2006) *The Human Side of Enterprise* (*Annotated Edition*), McGraw-Hill. Originally published in 1960（高橋達男訳（1970）『企業の人間的側面［新版］』産能大学出版部。)

McGregor, D., [Bennis, W. G. & E. H. Shein (eds.)], (1966) *Leadership and Motivation: Essays of Douglas McGregor*, MIT Press.(高橋達男訳（1967）『リーダーシップ』産能大学出版部。)

Merton, R. K., (1957) *Social Theory and Social Structure Toward the Codification of Theory and Research*, The Free Press.(森東吾・森好夫・金沢実・中島竜太郎共訳（1961）『社会理論と社会構造』みすず書房。)

Payne, R. L., (2000) "Eupsychian Management and the Millennium", *Journal of Managerial Psychology*, 15 (3), pp.219-226.

Perrow, C., (1972) *Complex Organizations: A Critical Essay*, Scott, Foreman and Company.(佐藤慶幸監訳（1978）『現代組織論批判』早稲田大学出版部。)

Perrow, C., (1979) *Complex Organizations: A Critical Essay* (2nd ed.), Scott, Foreman and Company.

Perrow, C., (1986) *Complex Organizations: A Critical Essay* (3rd ed.), Newbery Award Records.

Pfeffer, J., (1981) *Power in Organizations*, Pitman Publishing.

Pink, D. H., (2009) *Drive ――The Surprising Truth about What Motivates Us*, Riverhead Books.(大

前研一訳（2010）『モチベーション 3.0』講談社。）
Popper, K. R. (2002), *The Logic of Scientific Discovery*, Routledge Classics. Originally published in 1959, Hutchinson & Co.（大内義一・森博訳『科学的発見の論理』（上・下）恒星社厚生閣、1971・1972年。）
Rauschenberger, J., N. Schmitt & J. E. Hunter, (1980) "A Test of the Need Hierarchy Concept by a Markov Model of Change in Need Strength", *Administrative Science Quarterly*, Vol.25, No.4, pp.654-670.
Robbins, S. P., (1996) *Organizational Behavior – Concept, Controversies, Applications* (7th ed.), Prentice Hall.
Robbins, S. P., (1997) *Essentials of Organizational Behavior* (5th ed.), Prentice-Hall.
Ronen, S., (1994) "An Underlying Structure of Motivational Need Taxonomies: A Cross-cultural Confirmation", in Triandis, C. H., M. D. Dunnette & L. M. Hough (ed.), *Handbook of Industrial and Organizational Psychology* (2nd ed.), Vol.4, Consulting Psychologists Press, pp.241-269.
Ryan, R. M. and E. L. Deci, (2002) "An Overview of Self-Determination Theory: An Organismic-Dialectical Perspective", in Deci, E. L. and R. M. Ryan, *Handbook of Self-Determination Research*, The University of Rochester Press, pp.3-33.
Simon, H. A., (1947) *Administrative Behavior —— A Study of Decision-Making Processes in Administrative Organization ——*, The Free Press.（松田武彦・高柳暁・二村敏子訳（1965）『経営行動——経営組織における意思決定プロセスの研究——』ダイヤモンド社。）
Simon, H. A., (1957) *Administrative Behavior A Study of Decision-Making Process in Administrative Organization* (2nd ed.), The Macmillan Company.
Smith, A., (Campbell, R. H., A. S. Skinner and W. B. Todd eds.) (1976) *An Inquiry into the Nature and Causes of the Wealth of Nations I*, Clarendon Press.（大河内一男監訳（1978）『国富論』中公文庫、山岡洋一訳（2007）『国富論：国の豊かさの本質と原因についての研究』日本経済出版社、など）
Steers, R. M., R. T. Mowday & D. L. Shapiro, (2004) "The Future of Work Motivation Theory", *Academy of Management Review*, Vol.29, No.3, pp.379-387.
Taylor, F. W., (1998) *The Principle of Scientific Management*, Dover Publications, Inc.
Wahba, M. A. & L. G. Bridwell, (1976) "Maslow Reconsidered: A Review of Research on the Need Hierarchy Theory", *Organizational Behavior and Human Performance*, Vol.15, pp.212-240.
Watson, J. B., (1925) *Behaviorism*, W. W. Norton & Company. Inc.
Weber, M., (1963) „Die protestantische Ethik und der Geist des kapitalismus," in *Gesammelte Aufsätze zur Religionssoziologie*, J. C. B. Mohr (Paul Siebeck) Tübingen, S. 17-206.（大塚久雄訳（1989）『プロテスタンティズムの倫理と資本主義の精神』岩波文庫、など）
Weber, M., (1972) „Soziologie der Herrschaft," in *Wirtschaft und Gesellschaft, Fünfte, Revidierte Auflage*, J. C. B. Mohr (Paul Siebeck) Tübingen, S. 541-868.（世良晃志郎訳（1960, 1962）『支配の社会学 I・II』創文社、など）
Weick, K. E., (1979) *The Social Psychology of Organizing* (2nd ed.), McGraw-Hill.（遠田雄志訳（1997）『組織化の社会心理学［第2版］』文眞堂。）
Whitehead, A. N. (1933), *Adventures of Ideas*, Simon & Schuster.（山本誠作・菱木政晴訳『観念の冒険』松籟社、1982年。）
Wicker, F. W., G. Brown, J. A. Wiehe, A. S. Hagen & J. L. Reed, (1993) "On Reconsidering Maslow: An Examination of the Deprivation/Domination Proposition", *Journal of Research in Personality* Vol.27, pp.118-133.

Zimmermann, E. W., (1951) *World Resources and Industries, A Functional Appraisal of The Availability of Agricultural and Industrial Materials, Revised Edition*, Harper & Brothers.（後藤誉之助・小島慶三・黒沢俊一訳 (1954)『世界の資源と産業』時事通信社。）

初出一覧

序章　「自己実現と現代社会――マズローと経営学――」(『商経論集（北九州市立大学)』第53巻第1・2・3・4合併号, 2018年) に加筆修正

第1章　「マズロー理論はモチベーション論か―経営学における Maslow 理論の意義再考―」(『日本経営学会誌』第22号, 2008年) を大幅に加筆修正

第2章　「マズローの心理学・科学観」(『高松大学研究紀要』第54・55合併号, 2011年) に加筆および一部大幅に削除して修正

第3章　「マズロー自己実現論の経営学における意味――フロムの自由論の視点から――」(『商経論集（北九州市立大学)』第50巻第1・2・3・4合併号, 2015年) に加筆修正

第4章　「マズロー〈自己実現の経営〉と Y 理論――マズローとマグレガーの根本的な相違性――」(『高松大学研究紀要』第56・57合併号, 2012年) に加筆修正

第5章　「マズローの思想と方法」(『経営学史学会年報第19輯　経営学の思想と方法』2013年) に加筆修正

第6章　「ドラッカー『マネジメント』における「マズローの批判」」(『経営学論集』第85集, 2015年) に加筆修正

第7章　「マズロー自己実現論と官僚制問題」(『商経論集（北九州市立大学)』第51巻第1・2・3・4合併号, 2016年) を一部削除・加筆修正

第8章　「マズロー自己実現論と経営学――金井壽宏「完全なる経営論」について――」(『経営学史学会年報　第22輯』文眞堂, 2017年) に大幅に加筆

終章　書き下ろし

付．翻訳　A. H. マズロー「心理学の哲学」（未発表）

索　引

【アルファベット】

B パワー（B-power）　142, 153
B フォロワー（B-follower）　143, 148, 153
B リーダーシップ（B-leadership）　142, 148, 153
D 欲求　40-41, 226, 234-236
ERG 理論（Existence, relatedness and growth theory）　33, 39-40, 171-177, 224
　——の限界　175-176
eupsychian と enlightened　163, 239-240
need　123
S-O-R 図式（刺激－有機体－反応図式）　17, 43, 129-130, 150-151, 157, 233
S-R 図式→刺激－反応図式
suchness　67, 70, 84
X-Y 理論（X 理論 -Y 理論）　39, 126-128, 186, 224
X 理論　126-127
Y 理論　127-128, 130, 150, 153, 155-157, 160, 164, 181-182, 187-188, 192

【ア行】

愛（love）　26, 47, 68-69, 97, 100, 106, 108, 116-117, 137, 139, 257
アルダファー, C. P.（Alderfer, C. P.）　171-177
安全の欲求（the safety needs）　2-3, 30, 245
生きることの意味　49
池内秀己　196, 199, 204-205
意思決定　12, 14, 17, 22, 89-90, 207, 209, 230, 236, 247
　——の道徳的側面　45
意味への意志（will to meaning）　33
上田吉一　48-49, 51, 73-76, 84, 162-163, 179, 225
ウェーバー, M.（Weber, M.）　16, 114, 123, 196-199, 206-207, 220-221
　——官僚制論　196-199, 201-202, 204
　マズローと——　212-215
『オーガニゼーションズ』　199-204
太田肇　48
大野耐一　15, 49, 198
オープン・システム・アプローチ　49, 154, 163
小川英次　15, 49, 198
尾高邦雄　27

【カ行】

科学　16, 18-20, 50, 57-70, 77, 169-170, 218-220, 259, 262, 264-265, 272
　——概念の拡張（to enlarge the conception of science）　61-70, 78-81, 83, 131-132, 167-170, 211-212, 214, 229, 250
　——的管理　16-17, 198, 247, 248
　——的客観性（scientific objectivity）　68, 168
　——的接近　77-78
　——と価値　61-64, 218-220
　——と経験　64-69
　——の手段中心的アプローチ　58
　——の責任　156-158
　——の哲学（philosophy of science）　259
　——の目的　58-59
　——の役割区分　60
　アメリカの——　263
学習（learning）　37, 100-103, 175, 262, 271
価値　61-64, 167, 218-220
　——と事実　64, 167
金井壽宏　34-35, 40, 223, 225-226, 231-232, 234-236, 243
完全なる経営　225-226, 236-237
完全なる人間性　236
官僚制（Būrokratie, Bureaucracy）　16-17, 196-199, 201-202, 204-208, 212-215, 220-221, 227, 247-248
岸田民樹　27, 49, 164

技術　169
規則・マニュアル　16
基本的欲求（the basic needs）　1-8, 13, 29-31, 71, 91, 98-103, 111, 120, 123, 210, 213, 227, 234-235, 239, 244-245
逆機能性　202, 205
客観性（objectivity）　20, 67-69
共同体的な社会　9-10
教養人（kultivierte Mensch）　198, 206
ギルド（guild）の問題　256-258
経営学　20, 248-251
経営人（administrative man）　217
経験（experience）　122
経験的知識（experiential knowledge）　65-69, 167-168
啓蒙的な管理論（enlightened management）　134-135, 184
啓蒙的な心理的専制（enlightened psychological despotism）　182
ゲシュタルト心理学　272
欠乏認識（D-cognition）　91, 122
健康（healthy）　107-108
健康を育む文化（the health-forstering culture）　146-147, 273
行動科学（behavioral science）　129
行動主義（behaviorism）　16-17, 74-76, 170, 269
河野昭三　29, 35, 47-48, 164
ゴーブル, F. G.（Goble, F. G.）　51, 74-76, 162
合理性（rationality）　216
　——の限界（the limits of rationality, bounded rationality）　216-217
　——の認知的な限界（Cognitive Limits on Rationality）　203, 216
個人化（individuation）　13-14, 105-106, 115
個人人格と組織人格　10
コンフリクト（conflict）　31, 93, 108, 121-122, 220, 237

【サ行】

サイモン, H. A.（Simon, H. A.）　12, 62, 64, 89-90, 209, 215, 220, 230
　マズローと——　215-220
刺激－反応（S-R）図式（stimulus-response sheme）　16, 42
刺激－反応心理学（Stimulus-Response psychology）　271
資源（resources）　233, 240
自己　108, 115, 136
至高経験（peak-experiences）　94, 259, 270
自己実現（self-actualization）　5-8, 10-17, 88-95, 111-112, 114, 118, 147, 221, 228-229, 236, 246-247
　——的な顧客（eupsychian customer）　145
　——的な仕事（S-A work）　136
　——的なセールスマンシップ　145
　——的人間（self-actualizing people）　5-6, 49, 88-95
　——の経営（ユーサイキアン・マネジメント, eupsychian management）　15, 73, 87, 133-148, 152, 158, 161, 183-186, 212, 226-229, 234, 236-238
　——の欲求（the need for self-actualization）　5, 30, 97
自己の実現（realization of the self, self-realization）　109, 112, 118
自己の強さの伸長（the growth of self-strength）　105
自己保存の欲求（a need for self-preservation）　104-105
自尊（self-esteem）　107
実存心理学（existential psychology）　238
自動人形的従順（automaton conformity）　114
シナジー（synergy）　139, 146-148
自発的（spontaneous）　123
　——な活動（spontaneous activity）　109
資本制社会　8-9, 13, 227-228
社会の純粋理論　182, 191
自由　106, 108-111, 183, 205, 212, 235
　——からの逃走　103-110
宗教　63-64
　——と科学　63-64, 167
　——と価値　64
　——の組織化　63
手段中心主義　56
受動的人間観　45
主流と本流　77-78
消極的自由　240

索　引　291

承認　113
　　——の欲求（the esteem needs）　4-5, 13, 30, 114, 118
職業　8-10
　　——人　10, 14
所属　113, 115
　　——と愛の欲求（the belongingness and love needs）　3-4, 30, 47, 115-117
　　——の欲求　3, 13, 105, 115-116
知り・理解する願望（the desire to know and to understand）の階層　101
人格形成（character formation）　71, 100-103, 175
人的資源　233
　　——管理論　231-232
シンドローム（syndrome）　144, 154
ジンマーマン, E. W.（Zimmermann, E. W.）　233, 240
真理（truth）　62
心理学者　253-255, 256, 258
　　——の召命　254
心理学の哲学（A Philosophy of Psychology）　51-57, 87, 166, 260-261
心理的健康（psychological health）　5-6, 11-12, 14, 88-95, 190, 228-230, 235, 238, 247
心理的操作（psychological manipulation）　182
随伴的な結果　14, 17, 43, 78-79, 206-208, 212, 220, 227, 235, 237-239, 247
スミス, A.（Smith, A.）　8-9, 27
精神なき専門人, 心情なき享楽人（Fachmenschen ohne Geist, Genußmenschen ohne Herz）　114, 199, 207
精神病理の発生（psychopathogenesis）　93, 213
成長欲求　174
正統派心理学（official psychology）　268
正統派科学（official science）　18, 20, 22, 51, 57, 61, 65, 70, 210-211, 218, 250
生理的に条件づけられた欲求（the physiologically conditioned needs）　104
生理的欲求（the physiological needs）　2, 30
セールスパーソンと顧客　145-146
責任（responsibility）　44, 47, 49, 117, 126-127, 136-137, 143, 147-148, 155, 181-182, 184, 228, 238, 247
　　——の組織化（organizing responsibility）　182, 183, 189-190, 192
　　科学の——　156-158
　　自己実現と——　136-138
　　心理学者の——　53-54, 254-255, 258
全体主義　114-118
全体論的（holistic）アプローチ　143, 144, 146
専門人（Fachmensch）　198, 206
精神なき専門人　114, 199, 207
創造性　95
組織行動論　231, 232
組織社会　9, 13-14, 182, 191, 206, 227-228, 239, 246-247
組織と環境　154-155
組織目的と個人目的の統合　127, 159
存在愛（Being-love）　94
存在価値（B 価値, the values of Being, the B-Values）　92-95
存在という状態（states of Being）　142
存在認識（B 認識, Cognition of Being, B-cognition）　90-91, 94-95, 112, 122, 209, 218, 238
存在認識の危険性　72-73

【タ行】

第三勢力（the Third Force）　73-77, 84, 185
田尾雅夫　33, 174
知識の段階　66
抽象的知識（abstract knowledge）　65-66
調査心理学（research psychology）　265
治療の概念　268
治療の場　267
低次欲求　245
適応（adjustment）　271
哲学　20, 77-79, 169-170, 258-259
　　——的接近　77-79
寺澤朝子　34
統合（integration）　93-95, 122
トータルな人間存在の把握　97-99
独創性（originality）　108, 123
徳の報われる社会　146
ドラッカー, P. F.（Drucker, P. F.）　24-25,

122, 134, 160, 169, 178-183, 206-207, 212, 233-235, 249-251
——に対する批判　185-186
マズローと——　186-194

【ナ行】

内省（introspection）　269
二分法の超越（transcendence of dichotomy）　139-140, 146
人気（popularity）　107, 116, 118
人間心理の擬鼠化（rodentomorphizing human psychology）　270
人間性の哲学（philosophy of human nature）　260-261
人間操作　16-17, 43-44, 149-152, 157, 187, 248-250
人間の本性（human nature）　52-54, 56, 84, 104, 111, 185
人間を退歩させる力（the forces toward regression, regressive forces）　213
認識・認知（cognition）　12, 215-218, 245
沼上幹　35, 41
能動的人間観　45

【ハ行】

パーソナリティ全体の統合　109
バーナード, C. I.（Barnard, C. I.）　10, 45-46, 84, 151, 230, 240, 248
——とマズロー　45-46
配慮から生まれる客観性（caring objectivity）　20, 23, 68-73, 79, 95, 131-132, 146, 157-158, 168, 170, 176-177, 211, 250
馬場克三　9-10, 27
パワー　142, 152-153
日野原重明　6
批判的に考える力（the ability to think critically）　108
ピンク, D. H.（Pink, D. H.）　85
フォレット, M. P.（Follett, M. P.）　122-123, 206-207, 246
フォロワー　143, 153
二村敏子　48, 174, 224
フランクル, V. E.（Frankl, V. E.）　33-34, 41, 49

フロイト, S.（Freud, S.）　74-77, 258, 268
——とマズロー　73-77
フロム, E.（Fromm, E.）　13, 47, 103-110, 121, 123, 185, 206, 227-228, 240, 255, 263
——とマズロー　110-119
分業　8-10
ベルタランフィ, L. von（Bertalanffy, L. von）　17, 27, 43-44, 49, 151, 154
ペロー, C.（Perrow, C.）　196, 199, 204, 222
傍観者的知識（spectator knowledge）　65
没価値状態（valuelessness）　62, 84, 247
ホフマン, E.（Hoffman, E.）　103-104, 240
ホワイトヘッド, A. N.（Whitehead, A. N.）　169-170
本流　250

【マ行】

マグレガー, D.（McGregor, D.）　32, 39, 85, 124-130, 160-163, 174, 181, 186, 188, 224-225, 242
——の科学観　128-130
——の管理観　128
マズローと——　148-158
マズロー
——管理論→自己実現の経営, ユーサイキアン・マネジメント　184-185
——管理論の不備　161
——の科学観　57-70
——の心理学観　52
「——の批判（Maslow's criticism）」　180-183, 186-192
——の問題意識　36
——理論の評価　32-35, 224-226
松山一紀　35, 48
満足が生む病理（満足の病弊）　71, 79
マーチ＝サイモン（March, J. G. and H. A. Simon）　44, 196, 198-205
見える化　16
三島斉紀　29, 35, 40, 47-48, 84, 162
三戸公　20, 27, 43, 77-78, 169, 198, 205-206, 227, 250
ミニチュア理論　262
無為（let be）　122
無意識　268

無我（selflessness） 136
村杉健 34
目的となる経験（the end experiences） 270
モチベーション 47, 248
　──論 31-44, 46-48, 82, 85, 165, 169, 171, 224, 226, 242
問題中心 264

【ヤ行】

有機体理論 272
ユーサイキアン・マネジメント（自己実現の経営, eupsychian management） 15, 73, 87, 133-148, 152, 158, 161, 183-186, 212, 226-229, 234, 236-238
抑圧 17, 18, 108-109, 123, 198-199, 204-208, 212-215, 220-221, 227, 248

欲求階層説 1-8, 13, 29-31, 34-40, 42, 47-48, 70-72, 77, 82, 95-103, 111, 113-114, 116, 119-120, 124, 148-149, 168-176, 180-181, 190-191, 210, 214, 221, 224, 235, 243-246
　──と自己実現の概念の関係 81-82
　──における欲求分類 235
　──に対する批判 190
欲求充足の意味 99-100, 102

【ラ行】

リーダーシップ 141, 152-153
利己と利他の二項対立 136, 138
理想 15

【ワ行】

ワトソン, J. B.（Watson, J. B.） 74

著者略歴

山下　剛（やました　つよし）

1974 年　愛知県に生まれる
1997 年　中京大学経営学部卒業
1999 年　中京大学大学院経営学研究科修士課程修了
1999～2003 年　民間企業勤務
2006 年　名古屋大学大学院経済学研究科博士（後期）課程修了
名古屋大学大学院特別研究員，高松大学経営学部専任講師，北九州市立大学経済学部准教授を経て
現　在　北九州市立大学経済学部教授

著書　『組織論から組織学へ』（共著，文眞堂），『経営学史叢書Ⅳ　フォレット』（共著，文眞堂），他
翻訳　M. P. フォレット『創造的経験』（共訳，文眞堂）
論文　「P. F. ドラッカーによる D. マグレガー Y 理論批判——〈組織目的と個人目的の統合〉を中心に——」（『日本経営学会誌』第 14 号），「HRM と人的資源概念の変容——その〈組織目的と個人目的の統合〉に対する含意——」（『日本経営学会誌』第 20 号），「L. von ベルタランフィにおける一般システム理論とロボット・モデル批判——その組織論に対する示唆——」（『商経論集（北九州市立大学）』第 49 巻第 3・4 号），他

文眞堂現代経営学選集
第Ⅱ期第 10 巻

マズローと経営学
——機能性と人間性の統合を求めて——

2019 年 3 月 31 日　第 1 版第 1 刷発行　　　　　　　　検印省略
2022 年 4 月 1 日　第 1 版第 2 刷発行

著　者　山　下　　　剛
発行者　前　野　　　隆
発行所　株式会社　文　眞　堂
　　　　東京都新宿区早稲田鶴巻町 533
　　　　電　話　03（3202）8480
　　　　FAX　　03（3203）2638
　　　　http://www.bunshin-do.co.jp
　　　　郵便番号（162-0041）振替00120-2-96437

印刷・モリモト印刷　　製本・高地製本所
©2019
定価はカバー裏に表示してあります
ISBN978-4-8309-5014-8 C3034